Sara Fürstenau · Mechtild Gomolla (Hrsg.)

Migration und schulischer Wandel: Mehrsprachigkeit

Bereits erschienen:
Migration und schulischer Wandel: Elternbeteiligung, 2009
Migration und schulischer Wandel: Unterricht, 2009

In Vorbereitung:
Migration und schulischer Wandel: Leistungsbeurteilung
Migration und schulischer Wandel: Organisationskultur
Migration und schulischer Wandel: Stadtteilkooperation

Herausgeben von
Sara Fürstenau
Mechtild Gomolla

Konzeptionelle Gesamtleitung des vorliegenden Bandes:
Sara Fürstenau

Sara Fürstenau
Mechtild Gomolla (Hrsg.)

Migration
und schulischer
Wandel:
Mehrsprachigkeit

VS VERLAG

Bibliografische Information der Deutschen Nationalbibliothek
Die Deutsche Nationalbibliothek verzeichnet diese Publikation in der
Deutschen Nationalbibliografie; detaillierte bibliografische Daten sind im Internet über
<http://dnb.d-nb.de> abrufbar.

1. Auflage 2011

Alle Rechte vorbehalten
© VS Verlag für Sozialwissenschaften | Springer Fachmedien Wiesbaden GmbH 2011

Lektorat: Stefanie Laux

VS Verlag für Sozialwissenschaften ist eine Marke von Springer Fachmedien.
Springer Fachmedien ist Teil der Fachverlagsgruppe Springer Science+Business Media.
www.vs-verlag.de

Umschlaggestaltung: KünkelLopka Medienentwicklung, Heidelberg
Druck und buchbinderische Verarbeitung: Ten Brink, Meppel
Gedruckt auf säurefreiem und chlorfrei gebleichtem Papier
Printed in the Netherlands

ISBN 978-3-531-15381-0

Inhalt

Online	Kapitel 12 *Isabella Galling* Sprachenporträts im Unterricht. Eine Unterrichtseinheit über Mehrsprachigkeit	**www.vs-verlag.de/onlinePLUS**

Vorwort

Zu Beginn des 21. Jahrhunderts ist das öffentliche Bewusstsein in Deutschland für die Auswirkungen von Migration auf Bildung, wie umgekehrt für die Bedeutung von Bildung für die Integration Zugewanderter und ihrer Nachfahren, gewachsen. Die Frage, wie es gelingen kann, die Potenziale *aller* Kinder und Jugendlichen optimal zu fördern und das bestehende Gefälle in den Leistungen und Abschlüssen entlang der Trennlinien Ethnizität, sozialer Herkunft und Geschlecht abzubauen, gehört zu den Kernproblemen gegenwärtiger Bildungspolitik. Ein wichtiges Ziel schulischen Wandels ist eine qualitativ hochwertige und sozial gerechte Bildung, durch die alle Heranwachsenden die Kompetenzen erwerben können, die sie benötigen, um in einer pluralen Gesellschaft unter Anerkennung der Menschenrechte zu urteilen, zu handeln und an demokratischen Prozessen teilzuhaben.

Um Lehrkräfte und andere mit der Schule befassten Fachkräfte zu befähigen, einen solchen schulischen Wandel aktiv zu gestalten, verbindet die Lehrbuchreihe ‚Migration und schulischer Wandel' Erkenntnisse der Schul(qualitäts)-forschung mit Perspektiven für eine inklusive Bildungspraxis in der Einwanderungsgesellschaft. Von 2009 bis 2011 erscheinen sechs Bände zu sechs zentralen Feldern der Schul- und Unterrichtsentwicklung:

- Elternbeteiligung
- Unterricht
- Mehrsprachigkeit
- Leistungsbeurteilung
- Stadtteilkooperation
- Organisationskultur

Jeder Band versammelt Beiträge unterschiedlicher Autorinnen und Autoren und enthält theoretisches Grundlagenwissen, Forschungsergebnisse sowie Strategien und Praxisbeispiele.

Fünf leitende Prämissen liegen den Bänden zugrunde und verweben sie zu einer kohärenten Geschichte:

1. Kinder und Jugendliche mit ‚Migrationshintergrund' sind eine heterogene Gruppe. Der sperrig klingende Begriff ‚Migrationshintergrund' ist eine ungenaue Hilfskonstruktion. Ein Migrationshintergrund wird an so unterschiedlichen Merkmalen festgemacht wie einer anderen Staatsangehörigkeit als Deutsch, an einem anderen Geburtsland als Deutschland bzw. an dem Umstand, dass die Eltern oder schon die Großeltern in einem anderen Land geboren wurden oder daran, dass in den Familien andere Sprachen als Deutsch gesprochen werden. Selbstverständlich kommen Kinder mit Migrationshintergrund mit ebenso unterschiedlichen Bildungsvoraussetzungen in die Schule wie Kinder aus autochthon deutschen Familien. Ihre Lebenslagen differieren in Abhängigkeit von zahlreichen sozialen Unterscheidungsmerkmalen; zu diesen Merkmalen gehören u.a. der sozioökonomische Status der Familien, die Bildungs- und Schulerfahrungen der Eltern, das Geschlecht und die Religionszugehörigkeit. Vor diesem Hintergrund ist es nicht überraschend, dass die Bildungsbeteiligung in der Gruppe der Kinder und Jugendlichen mit Migrationshintergrund variiert. Einzelne Schülerinnen und Schüler oder Gruppen mit Migrationshintergrund sind in deutschen Schulen außerordentlich erfolgreich. Im Gesamtbild sind Kinder und Jugendliche mit Migrationshintergrund allerdings deutlich unterrepräsentiert in den oberen Positionen der Bildungshierarchie, während sie auf den unteren Rängen überdurchschnittlich vertreten sind. Sie verfügen nicht über die gleichen Bildungschancen wie Gleichaltrige ohne Migrationshintergrund.

Dieser Befund verweist auf den Entwicklungsbedarf der Schule im Umgang mit migrationsbedingter Heterogenität. Dabei steht die Schul- und Unterrichtsentwicklung vor der Herausforderung, migrationsbedingte Heterogenität zu berücksichtigen, ohne der Vorstellung einer vermeintlich einheitlichen (und womöglich defizitbehafteten) Gruppe von Schülerinnen und Schülern Vorschub zu leisten und ohne dichotomisierende Sichtweisen (‚wir' vs. ‚die Anderen') zu verstärken.

2. Migrationsbedingte Pluralisierungsprozesse sind konstitutiv für die Schule in Deutschland. Migration, d.h. die Tatsache, dass einzelne Menschen oder Gruppen aus ihren Herkunftsregionen aufbrechen und sich in anderen Gebieten niederlassen, ist so alt wie die Geschichte der Menschheit. Im Zuge wachsender globaler Verflechtungen und sich beschleunigender sozialer und technischer Umwälzungen, aber auch bedingt durch (Bürger-)Kriege, Verfolgung und Terror, Hungersnöte und ökologischen Katastrophen, erreichen Migrationsbewegungen seit der Mitte des 20. Jahrhunderts quantitativ und qualitativ eine neue Dimension. Dass Gesellschaften sich durch Migration verändern, ist an kaum einem Ort so deutlich erkennbar wie in den Schulen. In Deutschland, wie in anderen westlichen Einwanderungsgesellschaften, werden besonders in städtischen Gebieten und in den Metropolen immer mehr Schulen zu großen Teilen von Kindern und Jugendlichen mit Migrationshintergrund besucht. An diesen Schulen ist die Verschiedenheit und Vielfalt der sprachlichen Voraussetzungen, der Identitäten, Erfahrungen und Lebenshintergründe längst die Regel. Insofern trägt migrationsbedingte Heterogenität keine ‚Zusatzaufgaben' an Schulen heran, die mit ‚Sondermaßnahmen' zu bewältigen wären. Migration fügt der Vielfalt und Verschiedenheit der Bildungsvoraussetzungen und Bedürfnisse lediglich weitere Facetten hinzu. Migrationsbedingte Heterogenität ist eine grundlegende Bedingung für die Gestaltung von Schule und Unterricht.

3. Eine sozial gerechte Bildungspraxis erfordert institutionellen Wandel. Politik und Schulen reagierten auf Migration und ihre Folgen bisher überwiegend mit zusätzlichen kompensatorischen Fördermaßnahmen. Dabei ging es zunächst vor allem darum, Kindern und Jugendlichen mit anderen Familiensprachen als Deutsch durch Sprachförderung den Anschluss in der Schule zu ermöglichen. In den 1990er Jahren wurden darüber hinaus die unterschiedlichen ‚kulturellen' Lebenshintergründe der Schülerinnen und Schüler vermehrt zum Thema in Unterricht und Schulleben. Erst in jüngster Zeit wächst das Bewusstsein, dass punktuelle Maßnahmen nicht nur zu kurz greifen, um die schulischen Lernprozesse und -ergebnisse positiv zu beeinflussen, sondern häufig sogar dazu beigetragen haben, niedrige Erfolgserwartungen und Risiken der Benachteiligung zu verstärken.

Um eine für alle Kinder und Jugendlichen förderliche und diskriminierungsfreie Lernumgebung zu schaffen, muss die Heterogenität in den Kernbereichen von Unterricht und Schulentwicklung angemessen berücksichtigt werden. Die Herausforderung des schulischen Wandels im Kontext von Migration besteht darin, alle konventionellen schulischen Arbeitsbereiche – vor allem auf den Ebenen von Curricula und Material, Unterricht bzw. pädagogischer Arbeit, Organisationen, Qualifizierung der Fachkräfte, administrativer und politischer Steuerung – aus einer neuen Perspektive zu betrachten und ihre Gestaltung zu überdenken. Dies schließt Strukturveränderungen im Umfeld der Schulen und auf der Systemebene ein.

4. Lernen und Lehren ist eine soziale Aktivität. In den letzten rund 20 Jahren hat die Unterrichts- und Schul(qualitäts)forschung wichtige Erkenntnisse beigetragen, wie Unterricht und Schulen gezielt verändert werden können, um das Lernen und die Entwicklung aller Schülerinnen und Schüler optimal zu fördern und das Gefälle in den Erfolgen unterschiedlicher sozialer Gruppen abzutragen. Dabei sind Klassenräume, Schulhöfe oder Lehrerzimmer keine Inseln, auf denen abgetrennt von breiteren sozialen Prozessen gelernt und unterrichtet, beraten, Leistungen beurteilt und über Schulkarrieren entschieden wird. Lernen und Lehren sind soziale Aktivitäten, die genauso von sozialen Werthaltungen, kulturellen Hintergründen und politischen Diskursen, die das Bildungsgeschehen durchziehen, bestimmt sind wie von eher technischen Fragen des Unterrichts und der Organisation von Schule. Bildungssoziologische Untersuchungen machen seit Jahrzehnten deutlich, dass Bildungserfolg keineswegs allein von den Voraussetzungen der Schülerinnen und Schüler und ihres familialen Umfeldes abhängt. Insbesondere Forschungsarbeiten zur institutionellen Diskriminierung zeigen, dass die Mechanismen der Benachteiligung und des Ausschlusses bestimmter sozialer Gruppen im Schulalltag durch die regulären organisatorischen Strukturen, Programme und Routinen der Schule wesentlich mitverursacht sind.

Eine Bildungspraxis, die eine hohe Qualität der schulischen Prozesse und Ergebnisse – auch im Hinblick auf die Verwirklichung von schulpolitischen Zielen der Gerechtigkeit und demokratischen Partizipation – anstrebt, geht von einem umfassenden Lern- und Leistungsbegriff aus, der die emotionale, soziale und kognitive Entwicklung von Kindern und Jugendlichen berücksichtigt. Sie stellt kritische Fragen, wie konventionelle Denkweisen und Praktiken entstanden sind und wer in der Gesellschaft von ihnen profitiert. Wenn allen Kindern und Jugendlichen ein gleichberechtigter Zugang zu den schulischen Lernangeboten eröffnet werden soll, müssen auch Fragen, wie die Subjekte die Komplexität und Widersprüche unterschiedlicher Zugehörigkeiten leben und mit welchen Identitätsstrategien sich Kinder und Jugendliche, aber auch Lehrpersonen und Eltern im Schulalltag positionieren, thematisiert werden. V.a. kommt es darauf an, dass Lehrerinnen und Lehrer u.a. an der Schulentwicklung Beteiligte lernen, in konzertierten Anstrengungen die im institutionellen Setting in Unterricht, Schule und dem Bildungssystem als Ganzes angelegten Mechanismen der Diskriminierung sichtbar zu machen, kritisch zu reflektieren und Schulorganisationen in Richtung einer antidiskriminatorischen und inklusiven Praxis zu verändern.

5. Professionalisierung ist eine Voraussetzung für schulischen Wandel. In den vergangenen Jahrzehnten sind Ansätze zur Verankerung der ‚Interkulturellen Pädagogik' im Rahmen der Lehrerausbildung festzustellen. Trotzdem kann von einer systematischen Vorbereitung angehender Lehrerinnen und Lehrer und anderer pädagogischer Fachkräfte auf die Erfordernisse der Einwanderungsgesellschaft noch keine Rede sein. Vor diesem Hintergrund verstehen wir die im Rahmen der Lehrbuchreihe bearbeiteten Schwerpunkte auch als zentrale Qualifizierungsbereiche im Rahmen der pädagogischen Ausbildung an Universitäten, Pädagogischen Hochschulen, Fachhochschulen und Fachschulen, ebenso wie in der kontinuierlichen Fort- und Weiterbildung.

Die Erfahrung zeigt, dass pädagogische Fachkräfte die erwünschte Förderhaltung und Sensibilität im Umgang mit Fragen der Differenz und Ungleichheit nicht über Nacht erwerben können. Eine solche Qualifizierung erstreckt sich idealerweise über die aufeinander aufbauenden Phasen der beruflichen Erstausbildung und setzt sich in der beruflichen Praxis fort. Wo Qualifizierungs- und Entwicklungsprozesse institutionell gefördert und ermöglicht werden, zeigen sich oft erstaunliche Veränderungen pädagogischer Arbeits- und Organisationskulturen. Davon profitieren nicht nur die Schülerinnen und Schülern und ihre Eltern. Auch von den Professionellen selbst werden solche gelungenen Prozesse der Qualifizierung und des schulischen Wandels rückblickend oft als sehr befriedigend erlebt.

An dieser Stelle danken wir Stefanie Laux ganz herzlich für ihre Ermutigung, dieses Lehrbuchprojekt anzugehen, und für ihre konstruktive Beratung und Unterstützung! Ein herzlicher Dank geht ebenfalls an Mechthild Dehn, İnci Dirim, Marion Döll, Isabella Galling, Ingrid Gogolin, Britta Hawighorst, Marianne Krüger-Potratz, Imke Lange, Jessica Löser, Ursula Neumann und Heike Niedrig dafür, dass sie aus ihren Praxis- und Forschungszusammenhängen heraus Kapitel zu diesem Lehrbuch beigesteuert haben!

Münster und Hamburg im Mai 2010

Sara Fürstenau und Mechtild Gomolla

11

Einführung

Sara Fürstenau | Mechtild Gomolla

Migration und schulischer Wandel: Mehrsprachigkeit

Dass Zwei- oder Mehrsprachigkeit ein erstrebenswertes Ziel schulischer Bildung ist, gilt gemeinhin als unstrittig. An bilingualen Kindergärten mit Deutsch und Englisch melden Eltern ihre Kinder beispielsweise schon nach der Geburt an, um einen Platz zu ergattern. Bilinguale Schulen wie französische Gymnasien oder deutsch-amerikanische Schulen, die in Kooperation mit anderen Staaten betrieben werden und in beiden Ländern anerkannte Abschlüsse anbieten, sind vielerorts überlaufen. In Anbetracht der wachsenden internationalen Verflechtungen in wirtschaftlichen, politischen und kulturellen Bereichen und der damit einhergehenden Internationalisierung der (Aus-)Bildungs- und Arbeitsmärkte erscheint vielen Eltern und Heranwachsenden der Erwerb zusätzlicher Sprachen als sinnvolle Investition (vgl. FÜRSTENAU 2008).

Gänzlich anders wird jedoch die Bilingualität eines Großteils der Kinder und Jugendlichen mit Migrationshintergrund bewertet. In offiziellen Verlautbarungen ist zwar auch hier oft von Mehrsprachigkeit als ‚Ressource' die Rede (vgl. z.B. DIE BUNDESREGIERUNG 2007). Bei genauerer Betrachtung geht es dabei jedoch hauptsächlich um die Frage, ob die Familiensprachen für den Erwerb von *Deutschkenntnissen* nützlich sind. V.a. Kinder aus Familien türkischer Herkunft erfahren oft, dass ihnen ihre Familiensprache im Unterricht und auf den Schulhöfen eher als eine Behinderung denn als eine Zusatzkompetenz ausgelegt wird. Es gibt sogar Bildungseinrichtungen, in denen der Gebrauch der ‚anderen' Sprachen per Schulordnung untersagt ist. Dass dies – gerade in Anbetracht der allgemeinen positiven Wertschätzung von Mehrsprachigkeit – eine beschämende und verunsichernde Erfahrung für die betroffenen Schülerinnen und Schüler und ihre Familien darstellt, ist offensichtlich.

Über den Stellenwert von Zwei- bzw. Mehrsprachigkeit im Kontext staatlicher Bildung wird in der politischen Arena und im wissenschaftlichen Diskurs in Deutschland wie in vielen anderen Ländern in regelmäßigen Abständen heftig gestritten – und dies nicht erst seit der zweiten Hälfte des letzten Jahrhunderts (vgl. Kapitel 2). Aktuelle Kontroversen über Mehrsprachigkeit sind vor dem Hintergrund großflächiger Schulleistungsstudien (v.a. PISA und IGLU) zu verstehen, die seit Beginn des letzten Jahrzehnts das Gefälle beim Zugang zu höher qualifizierenden Bildungsgängen nach ethnischer Zugehörigkeit, sozialer Herkunft und Geschlecht in den Blick rücken. Dabei wird den sprachlichen Fähigkeiten der Schülerinnen und Schüler eine besonders hohe Bedeutung für das schulische Lernen und den Bildungserfolg beigemessen (vgl. zusammenfassend GOGOLIN 2009). In Bund, Ländern und Kommunen sind seither eine Fülle von Initiativen auf den Weg gebracht worden, um das sprachliche Lernen gezielter und systematischer zu fördern. Diese Entwicklung markiert das Bemühen um seit langem überfällige institutionelle Anpassungsschritte an die – nicht nur migrationsbedingten – sozio-kulturellen Differenzierungsschübe der vergangenen Jahrzehnte. Zugleich ist jedoch eine polarisierende Kontroverse über die Bedeutung der Mehrsprachigkeit von Migrantinnen und Migranten im öffentlichen Raum entbrannt (vgl. GOGOLIN/NEUMANN 2009).

Die aktuelle Mehrsprachigkeitsdebatte in Deutschland kann vor dem Hintergrund eines breiteren Umschwungs im öffentlichen und wissenschaftlichen Diskurs zu der Frage, wie mit Migration und ihren komplexen sozialen Folgen umgegangen werden soll, verstanden werden. Nachdem die Idealvorstellung einer einseitigen Assimilation der Migrantinnen und Migranten seit den 1980er Jahren zunehmend in Frage gestellt und stattdessen die Anerkennung von Differenz und Vielfalt als Ziel betont wurde, erlebt das Assimilationsmodell gegenwärtig eine Art Comeback (für unterschiedliche Positionen in dieser Diskussion vgl. z.B. diverse Beiträge in BADE/BOMMES 2004; OTTO/SCHRÖDTER 2006). Dabei steht die strukturelle und kulturelle Integration von Migrantinnen und Migranten, insbesondere muslimischen Glaubens, im Mittelpunkt.

Die in den 1980er und 1990er Jahren entwickelte Programmatik der Interkulturellen Bildung – so die pauschale Kritik seitens der Vertreterinnen und Vertreter des Assimilationsansatzes – habe die Anerkennung von Kulturunterschieden überbetont. Hingegen seien die strukturelle Integration von Migrantinnen und Migranten in zentrale Institutionen (v.a. Bildung und Arbeitsmarkt) und Fragen der gesamtgesellschaftlichen Solidarität und Kohäsion vernachlässigt worden. Die Renaissance des Assimilationskonzepts im gegenwärtigen Migrationsdiskurs basiert auf der Annahme, in formalen und informellen Verfassungen der nationalstaatlich definierten Aufnahmegesellschaften seien ‚kulturelle Kerne‘ verankert, die Zugewanderte über Generationen zu Assimilation – im Sinne von Anpassung – zwingen. Assimilation stelle eine wichtige Bedingung für Humankapitalentwicklung und damit eine Voraussetzung der Partizipation in zentralen gesellschaftlichen Institutionen wie Schule, Ausbildungs- und Arbeitsmarkt dar (vgl. kritisch BAROS 2006; AMOS 2006). Die erkenntnistheoretischen und methodischen Prämissen des (Neo-)Assimilationismus und seine Implikationen für die Gestaltung bildungspolitischer Programme und pädagogischer Strategien fügen sich nahtlos in die breitere, gegenwärtig in der Bildungs- und Sozialpolitik vorherrschende Ergebnis- und Effizienzorientierung ein (vgl. GOMOLLA 2009):

Im Rückgriff auf den Humankapitalansatz wird Bildung auf Kompetenzen, die Kinder und Jugendliche erwerben sollen, um leistungs- und konkurrenzfähig zu sein, reduziert. Die technische Verwertbarkeit der Wissensbildung wird zum beinahe alleinigen Beurteilungsmaßstab für die Legitimität pädagogischer Interventionen erklärt. Als ‚sichere‘ Basis, um die Wirksamkeit und den Nutzen von (schul-)politischen und pädagogischen Antworten auf die migrationsbedingte sprachliche Diversifizierung beurteilen zu können, gelten beinahe ausschließlich Ergebnisse großflächiger statistischer Untersuchungen. Dabei arbeitet die in erster Linie quantitativ ausgerichtete Wirksamkeitsforschung mit einem engen Set isolierbarer Faktoren, die nicht geeignet sind, komplexe und variable Beziehungen zu erfassen.

In diesem politischen und wissenschaftlichen Rahmen kann die Diskussion über die Bedeutung der Mehrsprachigkeit von Kindern und Jugendlichen mit Migrationshintergrund vorwiegend als Diskussion über die messbare Effektivität unterschiedlicher Vorkehrungen zum sprachlichen Lernen (vgl. Kapitel 4) geführt werden. Die in der Tat nicht einfach zu beantwortende Frage nach einem sozial gerechten und konstruktiven Umgang mit migrationsbedingter sprachlicher Heterogenität in Kindergärten und Schulen wird auf die Kompensation von ‚Sprachdefiziten‘ reduziert. Dem Blick auf ‚Sprachdefizite‘ liegt die normative Prämisse zugrunde, dass Einsprachigkeit im Deutschen die ideale und ‚normale‘ Ausgangslage für das Lernen in deutschen Schulen darstellt. Bildungsprogramme sind demnach ‚erfolgreich‘, wenn mehrsprachige Schülerinnen und Schüler im Vergleich mit einsprachigen ‚unauffällig‘ sind bzw. Unterschiede kompensiert werden. ‚Sprachdefizite‘ werden oft auf pauschalisierende Weise dem individuellen Versagen der betroffenen Kinder und Jugendlichen sowie ihrer Eltern oder dysfunktionalen Nachbarschaften und Stadtteilen zugeschrieben. Nach den speziellen Bedingungen mehrsprachigen Aufwachsens wird dabei kaum gefragt.

V.a. bleiben die zahlreichen *strukturellen Barrieren* in Schule und Gesellschaft, die verhindern, dass viele Heranwachsende mit anderen Familiensprachen als Deutsch in gleicher Weise Zugang zu Bildungsangeboten finden und von ihnen profitieren können wie einsprachige Schülerinnen und Schüler, weitgehend außerhalb der Betrachtung. Zahlreiche Studien, v.a. qualitativ-ethnographische Arbeiten, machen eine erschreckende Fülle an offenen und subtilen Praktiken im Schulalltag sichtbar, bei denen sprachliche Differenz statt zum Anlass für Anerkennung und konstruktives professionelles Handeln zum Aufhänger für Stigmatisierung, Benachteiligung und Ausgrenzung wird (vgl. GOGOLIN/NEUMANN 1997; WEBER 2003; GOMOLLA/RADTKE 2009). Dies ist – nicht allein, aber wesentlich – vor dem Hintergrund zu sehen, dass eine umfassende Berücksichtigung der sprachlichen Heterogenität auf allen Bildungsstufen und eine inklusive Gestaltung sämtlicher schulischer Lernangebote mit Blick auf die realen Bedürfnisse zwei- oder mehrsprachig aufwachsender Kinder und Jugendlicher nach wie vor aussteht. Der neue Assimilationismus im Mainstream der Migrationsforschung ist hier in seiner Beschränkung von ‚Sprachförderung' auf den Ausgleich von ‚Defiziten' im Deutschen wenig hilfreich. Demgegenüber stellen wir in diesem Lehrbuch Konzepte zum Umgang mit migrationsbedingter Mehrsprachigkeit in den Mittelpunkt, in denen auch sprachliche Kompetenzen in den Herkunftssprachen von Migrantinnen und Migranten einen Bildungswert haben und die darauf zielen, Formen der individuellen und institutionellen Diskriminierung aufgrund sprachlicher Differenz konsequent zu überwinden.

Das Lehrbuch vermittelt einen Überblick über theoretisches Grundlagenwissen, Forschungsergebnisse sowie Strategien und Praxisbeispiele zu ausgewählten Aspekten von Mehrsprachigkeit als Anlass einer inklusiven Unterrichts- und Schulentwicklung:

1. Dass migrationsbedingte Mehrsprachigkeit in der deutschen Einwanderungsgesellschaft eine der bedeutendsten Kontextbedingungen für die Gestaltung von Schule und Unterricht darstellt, wird nicht mehr ernsthaft bestritten. Im *ersten* Kapitel präsentiert Sara FÜRSTENAU zunächst ein Grundwissen über Mehrsprachigkeit als *Voraussetzung* schulischer Bildungsprozesse. Dazu gehören zum einen Erkenntnisse über die Struktur gesellschaftlicher Mehrsprachigkeit, so z.B. über die soziale Abwertung der Sprachen eingewanderter Minderheiten. Dazu gehören zum anderen Erkenntnisse über individuelle Mehrsprachigkeit, insbesondere über spezielle Bedingungen des Spracherwerbs im Kontext von Migration. Im ersten Kapitel wird Mehrsprachigkeit aber nicht nur als de facto gegebene Voraussetzung, sondern – dem Anliegen des gesamten Lehrbuchs entsprechend – auch als erstrebenswertes *Ziel* schulischer Bildung beleuchtet. Die Wertentscheidung, Mehrsprachigkeit auch im Falle von Kindern aus eingewanderten Familien als Bildungsziel zu verfolgen, wird im soziopolitischen Kontext betrachtet, und wissenschaftlich fundierte Merkmale entsprechender Konzepte werden vorgestellt. Ausgewählte Forschungsergebnisse eröffnen einen Einblick in die Realität deutscher Schulen, in denen Mehrsprachigkeit für Kinder und Jugendliche aus eingewanderten Minderheiten nach wie vor ein Risikofaktor ist, der Schulerfolgschancen einschränkt. Vor diesem Hintergrund wird ein konstruktiver Umgang mit migrationsbedingter Mehrsprachigkeit als besondere Herausforderung und

Zukunftsaufgabe der Schul- und Unterrichtsentwicklung beschrieben und anhand eines Inverventionsmodells von Jim Cummins konkretisiert.

2. Der ‚Streitfall Mehrsprachigkeit' ist – wie Marianne Krüger-Potratz im *zweiten Kapitel* detailliert nachzeichnet – kein Phänomen der jüngeren Geschichte. Er ist genuin mit dem historischen Auf- und Ausbau des (national-) staatlichen Schulwesens, das perspektivisch alle Kinder und Jugendlichen erfassen und sie auf ihre Rolle als Staatsbürgerinnen und Staatsbürger vorbereiten soll, verschränkt. Um hohe Zahlen von Schülerinnen und Schülern effektiv zu unterrichten, wurde ihre Einteilung in möglichst homogene Lerngruppen als zentrales Strukturprinzip im deutschen Bildungssystem etabliert. Zu den relevanten Merkmalen, nach denen Kinder klassifiziert und sortiert wurden, zählte neben Geschlecht, Konfession, Alter, sozialer Herkunft, körperlichen und psychischen Beeinträchtigungen auch die Sprache. Die Schule hat für die Umsetzung der im Dienste der Nationbildung stehenden Monolingualisierungspolitik eine Schlüsselrolle gespielt. Sie hat wesentlich dazu beigetragen, dass sich die *Idee*, dass eine Einheit von Bevölkerung resp. Volk, Territorium und Sprache quasi *naturgegeben* sei, verfestigen konnte und die faktische sprachlich-kulturelle Heterogenität als ‚unnatürlich' erschien. Im Rückblick auf die Geschichte des ‚Streitfalls Mehrsprachigkeit' im Kontext öffentlicher Schulbildung werden vier Konfliktfelder genauer untersucht: der Streit über die Rolle des Dialekts in der Schule; über Zeitpunkt und Zielsetzung des Fremdsprachenunterrichts; über die Existenzberechtigung nichtdeutscher Minderheitssprachen in der nationalen Schule und schließlich die Reaktion auf die migrationsbedingte Mehrsprachigkeit. Das Kapitel macht deutlich, dass der Streitfall ‚Mehrsprachigkeit' im Laufe der Geschichte – je nach Epoche und Region – (bildungs-)politisch unterschiedlich entschieden wurde. Diese historisch spezifischen Konfliktkonstellationen, Begründungsmuster und Entscheidungsrationalitäten zu kennen, eröffnet nicht zuletzt Chancen, aktuelle Positionen und Argumente genauer prüfen und besser einordnen zu können.

3. Die historische Untersuchung sprachlicher Bildung im Kontext (national-) staatlicher Schulen macht die enge Kopplung von sprachlichen Praxen und gesellschaftlichen Machtverhältnissen deutlich. Die Fragen nach den Zusammenhängen zwischen sozialer Schichtung, Machtverhältnissen und der Rolle von Sprache für die Reproduktion gesellschaftlicher Hierarchien treffen den Kern der kultursoziologischen Studien des französischen Soziologen Pierre Bourdieus, welche im *dritten Kapitel* von Sara Fürstenau und Heike Niedrig für die Analyse sprachlicher Bildung in der Einwanderungsgesellschaft fruchtbar gemacht werden. Bourdieu zufolge ist jegliche Kommunikation in soziale Hie-

rarchie- und Machtverhältnisse eingebunden, und in jedem ‚sprachlichen Austausch' sind diese Machtverhältnisse zwischen den Sprecherinnen und Sprechern bzw. zwischen den jeweiligen sozialen Gruppen, denen sie angehören, präsent. Das gilt, wie in dem Kapitel deutlich wird, in besonderem Maße für die Institution Schule. Das Kapitel führt in Schlüsselbegriffe der Theorie BOURDIEUS ein und skizziert mit BOURDIEU, wie die Schule dafür sorgt, dass die allgemeine Anerkenntnis der sozial dominanten oder ‚legitimen' Sprache gesichert bleibt. Darüber hinaus werden BOURDIEUS Konzept einer ‚rationalen Pädagogik' für den schulischen Umgang mit migrationsbedingter Mehrsprachigkeit fruchtbar gemacht und Ansatzpunke für inklusive pädagogische Sprachbildungskonzepte und bildungspolitische Maßnahmen aufgezeigt.

4. Die Debatte über den Stellenwert der Sprachen eingewanderter Minderheiten im deutschen Bildungssystem ist kontrovers und unübersichtlich. In Deutschland wird sie aus Ermangelung relevanter Forschungsergebnisse vor allem ideologisch oder mit Bezug auf Forschung in den USA und Kanada geführt. Dabei ist allerdings zu berücksichtigen, dass die vorliegenden internationalen Forschungsergebnisse sich weitgehend auf Erfahrungen mit Unterrichtsmodellen beziehen, die es so in Deutschland kaum gibt. Das liegt u.a. daran, dass Kinder aus sprachlichen Minderheiten, anders als z.B. in den USA, in Deutschland keinen Rechtsanspruch auf spezielle Unterstützung beim sprachlichen Lernen in der Schule haben. Im *vierten Kapitel* verschafft Heike NIEDRIG den Leserinnen und Lesern einen Überblick über die komplexe internationale Forschungslage und stellt die Ergebnisse heraus, die für die aktuelle Kontroverse in Deutschland relevant sind. In einer Typologie von Unterrichtsmodellen unterscheidet NIEDRIG grundsätzlich zwischen assimilationsorientierten Ansätzen sprachlicher Bildung, in denen einzig die Entwicklung von Kompetenzen in der sozial dominanten Sprache angestrebt wird, und Ansätzen, in denen Minderheitensprachen mit dem Ziel, mehrsprachige Kompetenzen zu entwickeln, unterrichtet werden. NIEDRIG diskutiert die Reichweite und Aussagekraft der vorliegenden Forschungsergebnisse über Qualität und ‚Wirksamkeit' unterschiedlicher Ansätze und stellt auch in diesem Kapitel heraus, dass es letztlich eine Wertentscheidung ist, ob die Schule den Anspruch verfolgt, die mitgebrachten Sprachen der Kinder weiterzuentwickeln oder nicht – mit zumeist folgenreichen Konsequenzen für die Bildungslaufbahnen von Kindern.

5. Bei der Entwicklung einer inklusiven Schule kann sich die Berücksichtigung sprachlicher Heterogenität nicht auf spezielle Förderprogramme für mehrsprachige Kinder beschränken, sondern ist als Querschnittsaufgabe der Schulen und als Herausforderung in jedem (Fach-)Unterricht zu betrachten. Wir wissen z.B.,

dass zusätzliche Sprachförderung für Kinder mit Deutsch als Zweitsprache, die außerhalb des Regelunterrichts und mit wenig Bezug zu den fachlichen Inhalten durchgeführt wird, die Aussichten dieser Kinder auf Schulerfolg kaum verbessert. Dafür werden unterschiedliche Gründe ins Feld geführt, so z.b. die stigmatisierende Wirkung von Fördermaßnahmen für Kinder mit ‚Schwierigkeiten' oder die zeitliche Begrenzung entsprechender Angebote, die höchstens punktuell eine Unterstützung darstellen können. Im *fünften Kapitel* über ‚Bildungssprache und Durchgängige Sprachbildung' verabschieden Ingrid GOGOLIN und Imke LANGE Formen der schulischen ‚Sprachförderung' als ‚zusätzliche' Maßnahme für spezielle Zielgruppen. Sie stellen ein Konzept vor, nach dem eine sprachliche Bildung, die ein- und mehrsprachigen Schülerinnen und Schülern gerecht wird, Teil einer umfassenden Schul- und Unterrichtsentwicklung ist. Mit der Zielperspektive, die Schulerfolgschancen unabhängig von der sprachlichen Herkunft zu erhöhen, wird danach gefragt, welche sprachlichen Fähigkeiten erfolgreiche Schülerinnen und Schüler brauchen und wie diese Fähigkeiten in jedem (Fach-)Unterricht vermittelt werden können. Ausgehend vom englischsprachigen Fachdiskurs wird ‚Bildungssprache' von ‚Alltagssprache' unterschieden, und das im Modellprogramm FÖRMIG (Förderung von Kindern und Jugendlichen mit Migrationshintergrund) entwickelte Konzept ‚Durchgängige Sprachbildung' wird als Grundlage für die Unterrichtsentwicklung in allen Fächern vorgestellt.

6. Kinder mit anderen Familiensprachen als Deutsch, die von Haus aus wenig Erfahrung mit schriftsprachlichen Praktiken mitbringen, sind eine besondere Risikogruppe in deutschen Schulen. Sie sind vor die Herausforderung gestellt, in der Zweitsprache Deutsch einen Zugang zu ihnen wenig vertrauten schriftsprachlichen Ausdrucksformen zu finden. Im *sechsten Kapitel* entfaltet Mechthild DEHN aus deutschdidaktischer Perspektive Zusammenhänge zwischen dem Schriftspracherwerb im sprachlichen Anfangsunterricht und dem Erwerb eines bildungssprachlichen Registers, das sich von der Alltagssprache unterscheidet (vgl. Kapitel 5). Bildungssprache zeichnet sich durch konzeptionelle Schriftlichkeit aus. Auf der Grundlage theoretischer Ausführungen über ‚Bildungssprache' und ‚Schriftkultur' formuliert DEHN einen Anspruch an den sprachlichen Anfangsunterricht, der weit über die Vermittlung von Lesen und Schreiben als Kulturtechnik hinausgeht. Erst wenn Kinder den Gebrauch der Schrift für sich als sinnvoll erfahren, eignen sie sich die schrift- und bildungssprachlichen Ausdrucksformen an, die für den Schulerfolg ausschlaggebend sind. Anhand von Beispielen bietet das Kapitel Einblicke in Unterrichtsprozesse, in denen (nicht nur) Kindern aus sprachlichen Minderheiten eine Teilhabe an elementarer Schriftkultur eröffnet wird. Es wird deutlich, wie schriftkulturelle Erfahrungen in anderen Familiensprachen als Deutsch dafür fruchtbar gemacht werden können.

7. Um Kinder in ihrem sprachlichen Lernen gezielt unterstützen zu können, ist eine möglichst früh einsetzende und spracherwerbsbegleitende Diagnostik ihrer sprachlichen Kompetenzen unerlässlich. Im Zuge des aktuellen Trends zur verstärkten Ergebnisorientierung, in Verbindung mit der Standardisierung und Normierung schulischer Arbeit, ist auch die Entwicklung und flächendeckende Implementierung von Verfahren zur Sprachstandsfeststellung vorangetrieben worden. Auf eine Phase hektischer Betriebsamkeit zu Beginn des letzten Jahrzehnts folgte allerdings bald die Einsicht, dass die generellen Probleme pädagogisch-psychologischer Diagnostik – einschließlich ihrer ambivalenten Verwendungsmöglichkeit als Anregung für die Umsetzung von Fördermaßnahmen wie als Grundlage von Selektionsentscheidungen – für die Einschätzung des individuellen Sprachstandes mehrsprachig aufwachsender Kinder in besonderer Weise gelten. Marion DÖLL und İnci DIRIM geben im *siebten Kapitel* einen Einblick in die daraufhin einsetzende breitere Fachdiskussion. Die Autorinnen skizzieren eine Reihe sprachlicher Teilqualifikationen, die zur Beurteilung der sprachlichen Fähigkeiten eines Kindes berücksichtigt werden müssen. In ihrer Diskussion von Testgütekriterien unterstreichen DÖLL und DIRIM die Notwendigkeit, dass ein Verfahren neben der deutschen Sprache auch die Kompetenzen in der/den Erstsprache(n) ermittelt – nur so könne ein Bild der ‚Gesamtsprachlichkeit‘ eines Kindes gewonnen werden. Gerade dieser Anspruch werde jedoch bisher nur von wenigen Testinstrumenten eingelöst. Die Autorinnen beleuchten ferner die Dilemmata und Schwierigkeiten, angemessene Beurteilungsmaßstäbe zu entwickeln. Sie schlagen vor, von problematischen normativen Maßstäben Abstand zu nehmen und eher an der Prüfung und Dokumentation des Erreichens individueller Kurzziele anzusetzen. Als konkrete Orientierungshilfe für die Beurteilung und Auswahl von Testinstrumenten werden zum Schluss unterschiedliche Verfahren zur Sprachstandsfeststellung voneinander abgegrenzt und eine Reihe von Instrumenten vorgestellt, die sich dadurch auszeichnen, dass die nicht-deutsche(n) Erstsprache(n) einbezogen werden.

8.-10. Konzepte sprachlicher Bildung, die in Verbindung mit der Förderung des sprachlichen Lernens darauf zielen, die Barrieren abzutragen, die die gleichberechtigte Teilhabe bilingualer Kinder in Unterricht und Schule versperren, müssen in umfassendere Strategien der Schul- und Unterrichtsentwicklung eingebettet sein. Solche Strategien basieren idealerweise auf Grundsätzen der Organisationsentwicklung. D.h. die Beteiligten tauschen ihre Deutungen der bestehenden und der wünschbaren Situation untereinander aus; sie einigen sich auf gemeinsame Ziele, setzen diese um und überprüfen anschließend die Ergebnisse der pädagogischen Entwicklungsarbeit. Die Kapitel acht bis zehn skizzieren drei in dieser Hinsicht vielversprechende Beispiele aus ausgewählten

Schulen: Im *achten Kapitel* stellt Britta HAWIGHORST dar, wie das Kollegium an einer Gesamtschule ein spezielles Konzept sprachlicher Bildung für den (Fach-) Unterricht in den Jahrgangsstufen fünf und sechs entwickelt hat. Als besondere Gelingensfaktoren werden hier die Kooperation im Kollegium und der Aufbau von Organisationsstrukturen, die Verbindlichkeit gewährleisten, genannt. Im *neunten Kapitel* stellt Ursula NEUMANN eine Gesamtschule vor, in der im Zuge eines Modellversuchs eine deutsch-portugiesische bilinguale Grundschulklasse eingerichtet wurde. Die Teilnahme am Modellversuch wird als Ausschlag für eine an Mehrsprachigkeit orientierte strategische Schulentwicklung beschrieben. Im bilingualen Konzept werden inzwischen sowohl Minderheitensprachen (Portugiesisch und Türkisch) als auch die statushohe Fremdsprache Englisch berücksichtigt, um das Profil der Schule für unterschiedliche Zielgruppen interessant zu machen. Im *zehnten Kapitel* zeigt Sara FÜRSTENAU am Beispiel einer Grundschule, wie die schulinterne Organisation herkunftssprachlichen Unterrichts zu der Entwicklung einer inklusiven Schule für Kinder aus sprachlichen Minderheiten beitragen kann. Im dargestellten Fall wird der Herkunftssprachenunterricht (Romanes) dezidiert von der Schulleitung unterstützt, erfolgt in enger Kooperation mit den Klassenlehrerinnen, und die Ziele werden gemeinsam mit den Eltern reflektiert.

11. Trotz der vielfältigen zu berücksichtigenden Unterschiede der historischen Entwicklung, strukturellen Gestaltung und dominanter kultureller Orientierungsmuster in verschiedenen nationalen Bildungssystemen können ländervergleichende Recherchen wichtige Anregungen liefern, um bestehende Vorkehrungen kritisch zu hinterfragen und bislang vernachlässigte Gestaltungsmöglichkeiten und Innovationspotentiale sichtbar zu machen. Auf der Suche nach Modellen für einen konstruktiveren Umgang mit migrationsbedingter sprachlicher Heterogenität im deutschen Bildungssystem lohnt sich der Blick auf Länder, die – anders als es in der Bundesrepublik bis heute überwiegend der Fall ist – nicht primär auf zumeist zeitlich befristete Sonder- und Zusatzmaßnahmen für Migrantinnen und Migranten und ihre Nachfahren gesetzt haben, sondern entsprechende Initiativen – eher im Verständnis eines Mainstreaming – in zentralen gesellschaftlichen Institutionen flächendeckend und auf längere Sicht verankert haben. Im *elften Kapitel* untersucht Jessica LÖSER bildungspolitische Strategien in Kanada und in Schweden, die sich dadurch auszeichnen, dass sie ein breit gefächertes Unterrichtsangebot in den Erstsprachen von Migrantinnen und Migranten eröffnen und diese als Inklusionshilfe in den regulären Schulunterricht systematisch einbeziehen. Der ressourcenorientierte Umgang mit Herkunftssprachen ist im kanadischen und schwedischen Kontext u.a. auch deshalb erfolgversprechend, weil er eng mit der Zweitsprachförderung verzahnt ist. Verschiedene Maßnah-

men, so z.B. die institutionalisierte Zusammenarbeit mit Übersetzerinnen und Übersetzern oder einem *Settlement Worker* unterstützen die schulische Inklusion.

12. *"Die besondere Mehrsprachigkeit eines Menschen ist ein Ertrag seines Lebensweges"* (WANDRUSZKA 1979, S. 41). Dieses Zitat ist den Ausführungen über mehrsprachigen Spracherwerb im ersten Lehrbuchkapitel vorangestellt. Illustriert wird es durch die farbigen Bilder einer dritten Grundschulklasse, die Isabella GALLING in einem *zusätzlichen Kapitel* (OnlinePlus) über Sprachenporträts im Unterricht vorstellt. GALLING beschreibt exemplarisch den Ablauf einer Unterrichtseinheit über Mehrsprachigkeit und lässt die Kinder selbst als Expertinnen und Experten für ihre Mehrsprachigkeit zu Wort kommen.

Literatur

Amos, K. (2006): Neo-Assimilation: Assimilations-Theorie(n) re-visited: Anmerkungen zum Sprachgebrauch. In: Otto, H.-U./Schrödter, M. (Hrsg.): Soziale Arbeit in der Migrationsgesellschaft. Multikulturalismus – Neo-Assimilationismus – Transnationalität. neue praxis, Sonderheft 8. Lahnstein, S. 71-84.

Bade, K.J./Bommes, M. (Hrsg.) (2004): Migration – Integration – Bildung. Grundfragen und Problembereiche. IMIS-Beiträge, H. 23. Osnabrück 2004.

Baros, W. (2006): Neo-Assimilation: Das Ende des Konzeptes der Interkulturellen Öffnung? In: Otto, H.-U./Schrödter, M. (Hrsg.): Soziale Arbeit in der Migrationsgesellschaft. Multikulturalismus – Neo-Assimilationismus – Transnationalität. neue praxis, Sonderheft 8. Lahnstein 2006, 61-70.

Die Bundesregierung: Der Nationale Integrationsplan. Neue Wege, neue Chancen. Baden-Baden 2007. Im Internet verfügbar unter: http://www.bundesregierung.de/Content/DE/Artikel/2007/07/Anlage/2007-10-18-nationaler-integrationsplan,property=publicationFile.pdf

Fürstenau, S. (2008): Transnationalität und Bildung. In: Homfeld, H.G./Schröer, W./Schweppe, C. (Hrsg.): Soziale Arbeit und Transnationalität. Weinheim u.a, S. 203-218.

Gogolin, I. (2009): Chancen und Risiken nach PISA – über Bildungsbeteiligung von Migrantenkindern und Reformvorschläge. In: Auernheimer, G. (Hrsg.): Schieflagen im Bildungssystem. Die Benachteiligung der Migrantenkinder. 3. Aufl. Wiesbaden, S. 33-50.

Gogolin, I./Neumann, U. (Hrsg.) (1997): Großstadt-Grundschule: eine Fallstudie über sprachliche und kulturelle Pluralität als Bedingung der Grundschularbeit. Münster.

Gogolin, I./Neumann, U. (Hrsg.) (2009): Streitfall Zweisprachigkeit – The Bilingualism Controversy. Wiesbaden.

Gomolla, M. (2009): Effektive Schulen in pluralen Gesellschaften: Die Politik der Schulqualität als Herausforderung für die interkulturelle und vergleichende Bildungsforschung. Unveröffentlichtes Manuskript eines Vortrags auf der Tagung ‚Strategien der Ausgrenzung – Exkludierende Effekte staatlicher Politik und alltäglicher Praktiken in Bildung und Gesellschaft' an der FernUniversität in Hagen, am 3. bis 4. Juli 2009.

Gomolla, M./Radtke, F.-O. (2009): Institutionelle Diskriminierung. Die Herstellung ethnischer Differenz in der Schule. 3. Aufl. Wiesbaden.

Otto, H.-U./Schrödter, M. (Hrsg.) (2006): Soziale Arbeit in der Migrationsgesellschaft. Multikulturalismus – Neo-Assimilationismus – Transnationalität. neue praxis, Sonderheft 8. Lahnstein.

Wandruszka, M. (1979): Die Mehrsprachigkeit des Menschen. München u.a.

Weber, M. (2003): Heterogenität im Schulalltag. Konstruktion ethnischer und geschlechtlicher Unterschiede. Opladen.

Kapitel 1

Sara Fürstenau

Mehrsprachigkeit als Voraussetzung und Ziel schulischer Bildung

Die Bedeutung von Mehrsprachigkeit als Bildungsvoraussetzung und der Anspruch, Mehrsprachigkeit als Bildungsziel zu entwickeln, werden in ganz unterschiedlichen wissenschaftlichen Disziplinen erforscht und reflektiert. Für die Konzeption sprachlicher Bildung in der Schule sind u.a. folgende Perspektiven relevant: Die Psycholinguistik beschreibt den Spracherwerb von Kindern, die mit zwei oder mehr Sprachen aufwachsen. Die Soziolinguistik betrachtet die sprachliche Entwicklung und das Sprachverhalten von Kindern und Jugendlichen im sozialen Kontext und fragt z.b. nach dem Einfluss des gesellschaftlichen Stellenwerts von Sprachen oder sprachlichen Varietäten. Die Soziologie der Erziehung deckt Zusammenhänge zwischen sozio-ökonomischer Herkunft, sprachlicher Praxis und Schulerfolg auf. Schulsprachenpolitische Ansätze zum Umgang mit Mehrsprachigkeit werden aus soziopolitischer und historischer Perspektive analysiert. Auch innerhalb der Erziehungswissenschaft gibt es unterschiedliche Schwerpunkte im Themenfeld Mehrsprachigkeit. Mit Fokus auf Unterricht werden didaktische Ansätze für das Lehren und Lernen in mehrsprachigen Klassen entwickelt, und in der Schulentwicklungsforschung wird migrationsbedingte Mehrsprachigkeit zusehends als Herausforderung für die Gestaltung und Organisation von Schule als Institution berücksichtigt. Die Interkulturelle Erziehungswissenschaft betrachtet sprachliche Heterogenität als *eine* Ausgangsbedingung unter vielen anderen, die dazu beiträgt, dass Kinder und Jugendliche grundsätzlich unterschiedliche Lernvoraussetzungen mitbringen; die Unterschiedlichkeit – so eine normative Prämisse der Interkulturellen Erziehungswissenschaft – ist in der Schule vor allem dahingehend zu berücksichtigen, dass allen Schülerinnen und Schülern Wertschätzung entgegengebracht wird und vor allem, unabhängig von den unterschiedlichen Voraussetzungen, gleiche Bildungschancen eröffnet werden.

Die Komplexität des Themenfelds ‚Mehrsprachigkeit und schulische Bildung' ist nur aus einer interdisziplinären Perspektive zu verstehen. Dieses Kapitel klärt grundlegende Begriffe und bietet einen Einblick in relevante Theorien, Forschungsergebnisse und Praxismodelle, die zum Teil in den weiteren Kapiteln des Lehrbuchs vertieft werden.

1 Mehrsprachigkeit als Bildungsvoraussetzung

1.1 Gesellschaftliche Mehrsprachigkeit

Sprachliche Heterogenität innerhalb einer Gesellschaft ist normal. Auch in Deutschland entsprach die Zusammensetzung der Bevölkerung zu keinem Zeitpunkt der seit der Entstehung der europäischen Nationalstaaten im 19. Jahrhundert leitenden Idealvorstellung ‚ein Staat – ein Volk – eine Sprache' (vgl. ausführlich Kapitel 2). Die soziale und politische Konstruktion sprachlicher Homogenität zugunsten einer ‚Nationalsprache' oder einer ‚Standardsprache' geht immer mit der Abwertung anderer auf einem Territorium gebrauchter Sprachen oder sprachlicher Varietäten einher. Schon durch die Festlegung dessen, was als ‚Sprache' gilt und was nur als ‚Dialekt', wird die sprachliche Praxis von Menschen auf- oder abgewertet: "We need to ask who has the (political) power to claim that this is a language or that is a dialect. Naming the world is an act of power" (SKUTNABB-KANGAS 2000, S. 16).

KASTEN 1 ▶ Sprachliche Minderheiten

Die Begriffe ‚sprachliche Mehrheit' und ‚sprachliche Minderheit' beziehen sich so, wie sie in diesem Lehrbuch verwendet werden, nicht auf die zahlenmäßige Größe, sondern auf den sozialen Status von Gruppen. Grundlage für dieses Verständnis ist ein soziologischer Minderheitenbegriff, nach dem eine Minderheit eine Gruppe ist, die soziale Benachteiligung oder gar politische Unterdrückung erfährt. Merkmale von Minderheitengruppen sind nicht von vornherein gegeben und unveränderlich, sondern werden im sozio-politischen Kontext als relevante Unterscheidungsmerkmale konstruiert, wie z.B. sprachlich-kulturelle oder ethnische Zugehörigkeit (vgl. WEBER 1964). Aufgrund von unterdurchschnittlichen Schulerfolgschancen sind bisher z.B. folgende sprachliche Minderheiten in den Fokus der Forschung gerückt: finnische Kinder in Schweden, Maorikinder in Neuseeland, walisische Kinder in Großbritannien, Roma-Kinder in diversen Ländern Europas, aber auch Schwarze Kinder in Südafrika, obwohl sie zahlenmäßig zur überwältigenden Mehrheit der südafrikanischen Schülerschaft gehören (vgl. den Überblick bei SKUTNABB-KANGAS 2000).

Im deutschen Grundgesetz ist kein Minderheitenschutz verankert, aber einzelne Bundesländer haben Schutzregelungen in die Landesverfassungen aufgenommen. Davon profitieren bisher vornehmlich *autochthone* (alteingesessene) Minderheiten. In Schleswig-Holstein, Brandenburg und Sachsen gibt es z.b. in explizit dafür ausgewiesenen Regionen Schulen, in denen Dänisch und Sorbisch als Minderheitensprachen unterrichtet werden. Aktuell und in Zukunft ist die sprachliche Heterogenität in Deutschland allerdings vor allem durch Migration bedingt. Das heißt, mehrsprachige Kinder in den Schulen kommen meistens aus *allochthonen* (eingewanderten) sprachlichen Minderheiten. Ihr Anteil an der Schülerschaft in deutschen Schulen nimmt zu und unterscheidet sich regional. In den westdeutschen Bundesländern sind zwischen 30% und 50% der eingeschulten Kinder mehrsprachig, in den ostdeutschen Bundesländern etwa 10% (vgl. Autorengruppe Bildungsberichterstattung 2008). In vielen Großstädten ist es nicht ungewöhnlich, wenn die Mehrheit der Kinder oder Jugendlichen einer Schulklasse in der Familie eine andere Sprache gebraucht als Deutsch.

In Essen und Hamburg sind Sprachenerhebungen unter allen Grundschulkindern durchgeführt worden, die das Ausmaß migrationsbedingter Mehrsprachigkeit unter Kindern im Grundschulalter in westdeutschen Großstädten belegen und einen Einblick in die sprachliche Praxis dieser Kinder und ihrer Familien eröffnen (vgl. FÜRSTENAU u.a. 2003; CHLOSTA u.a. 2003). Die Ergebnisse der Erhebungen bestätigen unter anderem, dass migrationsbedingte Mehrsprachigkeit keineswegs ein vorübergehendes, sondern ein bleibendes Merkmal der deutschen Einwanderungsgesellschaft ist. Eine vergleichende Auswertung der vier Dimensionen Sprachkompetenz, Sprachdominanz, Sprachpräferenz und Sprachenwahl in der Hamburger Studie hat gezeigt, dass das Deutsche und die Familiensprachen in der Lebensgestaltung der Einwandererfamilien nicht in einem Konkurrenzverhältnis stehen, dass die Sprachen vielmehr situationsbedingt gebraucht werden und die Pflege der Familiensprachen nicht auf Kosten von Deutschkenntnissen geschieht. Mehrsprachigkeit wird gelebt, und Minderheitensprachen sind und bleiben lebendig – auch, wenn die Eltern bereits in Deutschland geboren wurden und wenn es sich um vergleichsweise kleine Sprachgruppen handelt.

	Mehrsprachigkeit unter Hamburger Grundschulkindern:
KASTEN 2 ▶	Angaben der Kinder über andere Familiensprachen als Deutsch

Die 20 größten Sprachgruppen:

Türkisch, Polnisch, Russisch, Englisch, Dari/Pashto/‚Afghanisch', Farsi, Serbisch/Kroatisch/Bosnisch, Arabisch, Spanisch, Albanisch, Portugiesisch, Griechisch, Akan/Twi/‚Ghanaisch', Französisch, Urdu, Romanes, Kurdisch, Italienisch, Vietnamesisch, Chinesisch

Weitere Sprachen:

Armenisch, Thailändisch, Tagalog/‚Philippinisch', Dänisch, Aramäisch/Syrisch, Rumänisch, Niederländisch, Makedonisch, Hind(ustan)i, Japanisch, Ungarisch, Tschechisch, Koreanisch, Schwedisch, Bahasa/Indonesisch, Bulgarisch, Litauisch, Finnisch, Katalanisch, Tigrinya/‚Eritreisch', Lettisch, Turoyo-Aramäisch, Amharisch/‚Äthiopisch', Hebräisch/Ivrit, Wolof/‚Sengalisch', Zaza, Kasachisch, Slowakisch, Sranan Tongo, Georgisch, Hausa, Lao, Lingala, ‚Benin-Togo', Schweizerdeutsch, Afrikaans, Estnisch, Ewe, Ibo, Isländisch, Lasisch, Mina, Mongolisch, Usbekisch, Slowenisch, Swaheli, Abchasisch, Balinesisch, Berber, Bete, Bundu, Fula, Jiddisch, Kapverdisch, Kandahar, Krio, Maltesisch, Malaiisch, Norwegisch, Ukrainisch, Tschetschenisch, Aseri/‚Aserbaidschanisch', Bengali, Miship, Schottisch, Sindhi, Temein, Tscherkessisch, Turkmenisch, Yoruba (vgl. Fürstenau u.a. 2003, S. 49)

1.2 Individuelle Mehrsprachigkeit

> *„Die besondere Mehrsprachigkeit eines Menschen ist ein Ertrag seines Lebensweges"* (Wandruszka 1979, S. 41).

Der Romanist Mario Wandruszka hat einen weiten Begriff von Mehrsprachigkeit geprägt, nach dem jedes Kind mehr oder weniger mehrsprachig aufwächst. Denn jedes Kind macht schon früh die Erfahrung, dass es von verschiedenen Personen unterschiedlich angesprochen wird, und mit der Zeit lernt es, sich sprachlich auf wechselnde Situationen und Gegenüber einzustellen. Unser sprachlicher Horizont wird dadurch erweitert, dass wir „keineswegs nur *einer* Gemeinschaft, *einer* Gruppe" angehören: „Je größer die regionale, soziale, kulturelle Mobilität der Menschen wird, je weiter wir heute herumkommen, desto bunter, abwechslungsreicher, mehrsprachiger (...) wird unser eigener individueller Sprachgebrauch, unser Idiolekt" (Wandruszka 1979, S. 38, Hervorhebung im Original).

Nach WANDRUSZKAS Verständnis der „Mehrsprachigkeit der Muttersprache" (ebd. S. 14) machen also auch vermeintlich einsprachig aufwachsende Kinder Erfahrungen mit sprachlicher Differenz. Dieses Verständnis innersprachlicher Mehrsprachigkeit schärft den Blick auf unterschiedliche Bildungsvoraussetzungen. Denn auch innersprachliche Mehrsprachigkeit ist im schulischen Kontext höchst wirksam, so z.b., wenn die durch bestimmte Sozio- oder Dialekte geprägte sprachliche Praxis von Kindern den in der Schule erwarteten sprachlichen Ausdrucksformen nicht entspricht (vgl. zur Illustration den Auszug aus Ulla HAHNS Roman „Das verborgene Wort" in Kapitel 3, Kasten 4). Die „transregionale, transsoziale Kultursprache, die wir in der Schule lernen, (ist) schon gewissermaßen unsere erste Fremdsprache" (WANDRUSZKA 1979, S. 14f). Davon auszugehen, dass dies für *alle* Kinder gilt, wenn auch in unterschiedlichem Maße, ist eine gute Voraussetzung für die Konzeption sprachlicher Bildung in der Schule.

WANDRUSZKAS Mehrsprachigkeitsbegriff ist deskriptiv. Er erfasst ganz unterschiedliche Konstellationen und mehrsprachige Lebenswege, geprägt durch innersprachliche Varietäten oder aber auch durch Varietäten unterschiedlicher (National-)Sprachen. Aus dieser Beschreibungsperspektive sind die Übergänge zwischen ein-, zwei- und mehrsprachigem Aufwachsen fließend. Allerdings gewinnen die mehrsprachigen Konstellationen in Folge internationaler Migration an Komplexität. Die sprachliche Situation von Kindern und Jugendlichen aus eingewanderten Familien wird im folgenden Zitat aus einer Studie über Jugendliche aus portugiesischen Familien beispielhaft beschrieben:

„Das Portugiesische erwarben sie [die befragten Jugendlichen; S.F.] größtenteils als Familiensprache im Kontext von Migration, also als Sprache einer Minderheit, die dem Einfluss der umgebenden Mehrheitssprache, also des Deutschen, ausgesetzt ist. Aber auch das ‚portugiesische Portugiesisch', das in Portugal gesprochen wird, ist ihnen aus kürzeren oder längeren Aufenthalten dort bekannt. Deutsch ist die dominante Sprache der Gesellschaft, in der die Jugendlichen leben, und sie haben in der Schule die hochsprachliche Norm erfahren. Vertraut sind sie von klein auf auch mit dem Gebrauch des Deutschen durch ihre Eltern, die diese Sprache in vielen Fällen erst als Erwachsene erwarben. Darüber hinaus ist der gleichzeitige und gemischte Gebrauch des Deutschen und des Portugiesischen für sie innerhalb der Familie oder unter Freundinnen und Freunden selbstverständlich." (FÜRSTENAU 2004, S. 35)

Die besondere Mehrsprachigkeit von Kindern aus eingewanderten sprachlichen Minderheiten hat Ingrid GOGOLIN als *„lebensweltliche Mehrsprachigkeit"* be-

zeichnet (vgl. dies. 1988, 2005). Der Begriff ist ebenso deskriptiv wie WAN-
DRUSZKAS Mehrsprachigkeitsbegriff und erfasst die Spezifika des Spracherwerbs
in Migrantenfamilien: die soziale Konstellation von Mehrheitssprache und Min-
derheitensprachen, die dynamische Entwicklung von Migrantensprachen, den
Umstand, dass die Mehrheitssprache meistens nicht unter ‚muttersprachlichen'
Bedingungen erworben wird, die Normalität von Sprachmischungen in vielen
Alltagssituationen und die Situationsabhängigkeit der Sprachenwahl (vgl. zur
Illustration die Bilder mehrsprachiger Kinder, onlinePlus zu diesem Lehrbuch).

Durch den besonderen Fokus auf mehrsprachiges Handeln unterscheidet
sich das Konzept der lebensweltlichen Mehrsprachigkeit von anderen, *normativen* Begriffen von Zwei- oder Mehrsprachigkeit (vgl. ausführlich FÜRSTENAU/
NIEDRIG 2010). Ein Beispiel für Normativität ist der Begriff ‚ausgewogene Zweisprachigkeit'. Der Begriff impliziert die Idealvorstellung eines Zweisprachigen,
der zwei Sprachen ‚gleich gut' beherrscht und womöglich auch in gleicher Weise und Häufigkeit verwendet. Diese Vorstellung hat nichts mit tatsächlich geleb-
ter Zwei- oder Mehrsprachigkeit zu tun. Empirische Studien belegen z.B., dass
mehrsprachige Menschen in jeder ihrer Sprachen einen domänenspezifischen
Wortschatz entwickeln, je nach sozialen Kontexten, Gesprächspartnern, Le-
bensphasen usw., für die die Sprachen gebraucht werden (vgl. BIALYSTOK 2009).
Zwei- oder Mehrsprachigkeit ist etwas anderes als doppelte Einsprachigkeit.
Deshalb werden normative Begriffe, die sprachliche Kompetenzen Mehrsprachiger an einsprachigen Normen messen, dem Phänomen nicht gerecht.

KASTEN 3 ►	Begriffe, die zur Bezeichnung des Sprachbesitzes von Kindern aus eingewanderten sprachlichen Minderheiten verbreitet sind

Muttersprache/Erstsprache, Zweitsprache

Der Begriff *Muttersprache* hat unterschiedliche Konnotationen. Er wird z.B. zur Bezeichnung der Sprache verwendet, die jemand als erste Sprache in der Familie erworben hat und die er ‚am besten‘ beherrscht. Der Begriff kann außerdem darauf verweisen, dass die Sprache eine große emotionale Bedeutung für die Sprecherin oder den Sprecher hat, unabhängig vom Grad der Beherrschung der Sprache. Mit dem Begriff kann darüber hinaus auf den „Topos der ‚Abstammung‘" angespielt werden, also auf die „Vorstellung, dass die Sprache der ‚Mutter‘ auch ‚natürlicher Weise‘ die eigene sei" (DIRIM/MECHERIL 2010); ein solches Konzept enthält Normalitätsvorstellungen, die durch die Situation von Kindern aus eingewanderten sprachlichen Minderheiten, die die deutsche Sprache als ihre Muttersprache bezeichnen, widerlegt werden können.

Die Begriffe *Erstsprache* und *Zweitsprache* verweisen auf eine Reihenfolge im Spracherwerb (sukzessiver bilingualer Spracherwerb). Anders als eine Fremdsprache wird die Zweitsprache normalerweise ungesteuert und außerhalb von Unterricht erworben.

Die Begriffe *Muttersprache*, *Erstsprache* und *Zweitsprache* können bei der Beschreibung des Sprachgebrauchs in eingewanderten Familien insofern irreführend sein, als in den Familien und Lebenswelten der Kinder häufig von Anfang an mindestens zwei Sprachen bedeutsam sind. Zur Bezeichnung dieser Situation hat GOGOLIN (1987) das Konzept „Muttersprache: Zweisprachigkeit" geprägt.

Herkunftssprache, Familiensprache, Migrantensprache

Die Begriffe *Herkunftssprache* und *Familiensprache* werden zur Bezeichnung der mitgebrachten Sprachen eingewanderter Minderheiten verwendet. In der Erziehungswissenschaft ist häufig von ‚Schülerinnen und Schülern mit anderen Familiensprachen als Deutsch‘ die Rede, mit Fokus auf mehrsprachige Lebenswelten auch von ‚Schülerinnen und Schülern mit anderen Familiensprachen *neben* Deutsch‘. Auch wenn Kinder aus sprachlichen Minderheiten meistens mit mehr als einer Familiensprache aufwachsen, zu denen auch die Mehrheitssprache (Deutsch) gehört, ist in ihrem Fall mit Familiensprache meistens eine Minderheitensprache oder Herkunftssprache gemeint. Der Begriff *Herkunftssprache* enthält Implikationen, die im Kontext der Einwanderungsgesellschaft in Frage gestellt werden können. Die regionale Herkunft von Migrantinnen und Migranten ist kein eindeutiger Verweis auf die mitgebrachte Sprache (aus der Türkei kommen z.B. türkisch- und kurdischsprachige Menschen nach Deutschland, aus Polen romanes- und polnischsprachige usw.).

Außerdem erwerben die meisten Kinder aus eingewanderten Familien die Sprache(n) ihrer Eltern in Deutschland (und nicht im Herkunftsland); der Begriff Herkunftssprache kann diskriminierend wirken, weil er diesen Kindern aufgrund ihrer sprachlichen Praxis eine ‚andere' Herkunft zuschreibt (vgl. DIRIM/MECHERIL 2010).

Der Begriff *Migrantensprache* wird u.a. in Abgrenzung zum Begriff Herkunftssprache gebraucht und verweist darauf, dass Sprachen sich im Kontext von Migration weiterentwickeln und dass deshalb in den *Communities* der Migrantinnen und Migranten andere sprachliche Varietäten gebraucht werden als in den Herkunftsländern. Migrantensprachen sind z.B. durch den Kontakt mit der Mehrheitssprache im Einwanderungsland beeinflusst.

Ethnolekt

Der Begriff *Ethnolekt* bezeichnet eine Varietät der Mehrheitssprache (in Deutschland des Deutschen), die durch die sprachlichen Strukturen einer Minderheitensprache beeinflusst ist und von der Standardsprache abweicht (vgl. DIRIM/MECHERIL 2010). Ein Beispiel für einen Ethnolekt ist das vor allem als Jugendsprache bekannte ‚Kiezdeutsch', das sich im Sprachkontakt Türkisch-Deutsch entwickelt hat (vgl. www.kiezdeutsch.de).

Der aktuelle Forschungsstand über mehrsprachigen Spracherwerb belegt, dass lebensweltliche Mehrsprachigkeit in keiner Weise eine Einschränkung für die kognitive und sprachliche Entwicklung von Kindern darstellt, sondern diese Entwicklung im Gegenteil positiv beeinflussen kann (vgl. z.B. FÜRSTENAU/GOGOLIN 2008; MEISEL 2003; TRACY 2007):

- Das menschliche Gehirn befähigt jedes Kind dazu, mehrere Sprachen zu erwerben. Sprachfähigkeit ist, unabhängig von Intelligenz, Teil der genetischen Ausstattung jedes Menschen und umfasst die Fähigkeit zur Mehrsprachigkeit.

- Die angeborene Spracherwerbsfähigkeit versetzt lebensweltlich mehrsprachige Kinder in die Lage, die einzelnen Sprachen früh und ohne explizite Unterweisung zu unterscheiden. Sprachmischungen werden schon von Kindern, wie in mehrsprachigen Gemeinschaften üblich, funktional und strategisch als stilistisches Mittel eingesetzt.

- Lebensweltlich mehrsprachige Kinder entwickeln früh metasprachliche Kompetenzen, sind geübt darin, sich auf komplexe Situationen einzustellen und haben im späteren Leben Vorteile beim Erwerb weiterer Fremdsprachen (vgl. HESSE/GÖBEL 2009) und bei der Bewältigung kognitiver Herausforderungen (vgl. BIALYSTOK 2009).

Den Erkenntnissen der Spracherwerbsforschung zum Trotz wird lebensweltliche Mehrsprachigkeit im öffentlichen und auch im bildungspolitischen Diskurs häufig immer noch als ‚Problem' beschrieben, so z.b. durch die Verwendung des negativ wertenden Begriffs ‚doppelte Halbsprachigkeit', der die Norm der Einsprachigkeit impliziert und die besonderen Bedingungen des mehrsprachigen Spracherwerbs ignoriert. Eine defizitorientierte Sichtweise auf sprachliche Minderheiten ist u.a. im Kontext gesellschaftlicher Hierarchien zu verstehen (deutsch-englische Mehrsprachigkeit wird selten als Problem oder ‚doppelte Halbsprachigkeit' bezeichnet). Darüber hinaus haben die Debatten über internationale Leistungsstudien und das vergleichsweise schlechte Abschneiden von Kindern aus sprachlichen Minderheiten im deutschen Bildungssystem wohl dazu beigetragen, dass lebensweltliche Mehrsprachigkeit häufig als ungünstige Ausgangslage bewertet wird. Der aktuelle Forschungsstand spricht jedoch eindeutig dagegen, die Mehrsprachigkeit der Kinder als *Ursache* für Bildungsmisserfolge zu sehen.

Kinder erwerben die Strukturen von zwei oder mehr Sprachen prinzipiell in gleicher Weise wie im einsprachigen Spracherwerb. Unterschieden wird zwischen dem ‚simultanen Spracherwerb' zweier oder mehr Sprachen von Geburt an und dem ‚sukzessiven Spracherwerb', bei dem das Kind die zweite Sprache erst im Anschluss an den Erstspracherwerb, etwa ab dem vierten Lebensjahr, erwirbt. Empirische Untersuchungen zeigen, dass auch im Fall von Kindern aus sprachlichen Minderheiten, in deren Lebenswelt die deutsche Sprache erst im Kindergartenalter als Zweitsprache bedeutsam wird, ein vollständiger Erwerb der Satzstrukturen des Deutschen innerhalb von etwa zehn Monaten möglich ist (vgl. TRACY 2007). Die Fähigkeiten dafür sind angeboren; um sie zu entwickeln, sind die Kinder allerdings auf entsprechenden sprachlichen Input angewiesen. Kindergartenkinder aus sprachlichen Minderheiten erwerben die komplexe Struktur deutscher Sätze normalerweise problemlos, wenn sie genügend Beispiele dafür in ihrer sprachlichen Umgebung vorfinden. Das heißt nicht, dass sie für den Erwerb explizite Unterweisung benötigten. Aber sie brauchen ein differenziertes deutschsprachiges Angebot, z.B. im Rahmen der alltäglichen sprachlichen Interaktion im Kindergarten. Dafür sollten die vorschulischen Bildungsinstitutionen Verantwortung übernehmen, wenn die Eltern der Kinder zu Hause bevorzugt eine andere Sprache als Deutsch gebrauchen. Um den Transfer von Wissen aus der Erstsprache zu unterstützen, sollten im Kindergarten auch die Familiensprachen der Kinder hörbar und sichtbar sein. Auch aufgrund ihrer emotionalen Bedeutung für die Kinder sollte ihr Gebrauch niemals unterbunden werden.

Ein einseitiger Fokus auf Deutsch als Zweitsprache wird der Situation lebensweltlich mehrsprachiger Kinder nicht gerecht. Eltern aus sprachlichen

Minderheiten zu empfehlen, mit ihren Kindern unbedingt deutsch zu sprechen, widerspricht den Erkenntnissen der Spracherwerbsforschung in mehrfacher Hinsicht. Spracherwerb ist ein sozialer Prozess in natürlichen Lebenssituationen und wird durch emotionale Nähe in der Eltern-Kind-Interaktion begünstigt. Für den Spracherwerb ist es förderlich, wenn Eltern viel mit ihren Kindern sprechen, und zwar am besten in der Sprache, in der sie sich am wohlsten fühlen. Es wäre nicht sinnvoll, den Erwerbsprozess in der Erst- bzw. Familiensprache abzubrechen, denn in der laufenden sprachlichen und kognitiven Entwicklung knüpfen Kinder immer an ihr Vorwissen an, unabhängig davon, in welcher Sprache es erworben wurde. Die Unterstützung beim Erwerb der Zweitsprache in- und außerhalb von Bildungsinstitutionen ist nicht in einem Konkurrenzverhältnis zum Gebrauch der Erstsprache zu sehen.

2 Mehrsprachigkeit als Bildungsziel

> *„Der Lehrer muß sich als Erzieher zur Mehrsprachigkeit begreifen.*
> *Er muß die von den Kindern mitgebrachten Sprachen, Dialekte,*
> *Regiolekte, Soziolekte in ihrem Eigenwert erkennen und anerkennen,*
> *er muß seine Schüler von da aus in eine andersgeartete Bildungssprache*
> *einführen, muß ihnen das Bewusstsein ihrer wachsenden Mehrsprachigkeit*
> *geben, des ganzen Reichtums unserer sprachlichen Möglichkeiten."*
> (WANDRUSZKA 1979, S. 18).

Individuelle Mehrsprachigkeit ist ein Potenzial. Damit es sich nicht nur lebensweltlich, sondern auch in den Bildungsinstitutionen entfalten kann, bedarf es einer entsprechenden sprachlichen Bildung. Mehrsprachigkeit als Bildungsziel zu deklarieren, ist eine *Wertentscheidung*, die meistens durch soziopolitische Kontextbedingungen beeinflusst wird. In internationalen Schulen für Diplomatenkinder gelten meistens andere Maßstäbe als in Schulen mit hohen Anteilen von Kindern aus Arbeitsmigrantenfamilien. Im Falle lebensweltlich mehrsprachiger Kinder aus sprachlichen Minderheiten ist das Bildungsziel Mehrsprachigkeit weltweit nur in Ausnahmefällen institutionell verankert; SKUTNABB-KANGAS (2000) spricht in diesem Zusammenhang von ‚Linguizismus'. Bildungsprogramme für Kinder aus sprachlichen und sozialen Minderheiten sind in der Regel ‚assimilationsorientiert', das heißt, sie zielen auf eine Anpassung an die gesellschaftlich dominanten sprachlichen und kulturellen Normen (vgl. Kapitel 4). Vor diesem Hintergrund ist der schulische Umgang mit der Mehrsprachigkeit von Kindern aus sozialen Minderheiten immer auch ein Umgang mit sozialer

Ungleichheit. Es ist keineswegs selbstverständlich, dass Lehrerinnen und Lehrer – so wie WANDRUSZKA es fordert – auch die Sprachen und Soziolekte von Minderheitenkindern „in ihrem Eigenwert erkennen und anerkennen". Der öffentliche und bildungspolitische Diskurs drängt nicht gerade darauf, und auch in der wissenschaftlichen Auseinandersetzung ist das Bildungsziel Mehrsprachigkeit, das die Sprachen und Soziolekte von Minderheitenkindern berücksichtigt, höchst umstritten (vgl. GOGOLIN/NEUMANN 2009).

In WANDRUSZKAS Sichtweise, die dem Anliegen dieses Lehrbuchs entspricht, ist die Entwicklung mehrsprachiger Ausdrucksformen, unabhängig von ihrem sozialen Status, ein Wert an sich. Für eine entsprechende Konzeption sprachlicher Bildung ist ein Bewusstsein über Unterschiede in den sozialen Status der Ausdrucksformen gleichzeitig höchst relevant. Das bedeutet erstens, *jedem* Sprachgebrauch einen Eigenwert zuzuerkennen; zweitens, die sprachlichen Ausdrucksmöglichkeiten bezogen auf soziale Gebrauchskontexte zu *erweitern* (und die Sprachen der Kinder nicht durch die sozial dominante Sprache der Schule zu *ersetzen*), und schließlich, *alle* Kinder unabhängig von ihren mitgebrachten Sprachen und Sprechweisen „in eine andersgeartete Bildungssprache ein(zu)führen", ihnen also die in der Schule positiv bewerteten Ausdrucksmittel gezielt zu vermitteln. Ein solches Verständnis sprachlicher Bildung bezieht sich, ausgehend von WANDRUSZKAS weit gefasstem Begriff innersprachlicher Mehrsprachigkeit, dezidiert auf alle Schülerinnen und Schüler als gemeinsame Zielgruppe. Besondere Angebote für mehrsprachige Kinder, z.B. die Alphabetisierung in Minderheitensprachen, sind damit vereinbar.

Der Schriftspracherwerb hat in der sprachlichen und kognitiven Entwicklung einen besonderen Stellenwert; er unterstützt die Sprachbewusstheit und eröffnet einen Zugang zu konzeptionell schriftsprachlichen Registern, die beim schulischen Lernen zur Erfassung abstrakter Inhalte an Bedeutung gewinnen (vgl. Kapitel 5 und 6). Damit lebensweltlich mehrsprachige Kinder eine elaborierte Mehrsprachigkeit entwickeln können, brauchen sie Raum und Unterstützung dabei, ihre sprachlichen Ausdrucksmöglichkeiten auf schriftsprachlichem Niveau weiterzuentwickeln. Mit Paulo FREIRE kann es als Teil einer dialogischen Pädagogik verstanden werden, wenn Kinder aus sprachlichen Minderheiten in den Bildungsinstitutionen in ihren Familiensprachen Lesen und Schreiben lernen. FREIRE, der Alphabetisierungsprogramme für arme und sozial ausgegrenzte Menschen in Brasilien und vielen anderen Regionen der Welt entwickelt hat, hat ein umfassendes und emanzipatorisches Verständnis von Lesen und Schreiben vertreten:

> „von Anfang an war es für mich nicht möglich, das Lesen von Wörtern vom Lesen der Welt zu trennen. Zweitens war es für mich auch nicht möglich, das Lesen

der Welt vom Schreiben der Welt zu trennen. Das heißt, dass Sprache – und das ist eine linguistische Frage – nicht ohne ein kritisches Verständnis der Präsenz von Menschen in der Welt verstanden werden kann." (FREIRE 1997, S. 124).

In diesem Sinne sind Entscheidungen über den Stellen- und Bildungswert der Familiensprachen von Kindern in der Schule weitreichende Entscheidungen über die Repräsentanz von Menschen aus sprachlichen Minderheiten in den Bildungsinstitutionen. Aus FREIRES Perspektive haben diese Entscheidungen etwas mit „Unterdrückung" oder „Respekt vor dem Anderen" zu tun (ebd., S. 129).

Auch wenn die Erkenntnisse der Forschung über Bildungsprogramme für Kinder aus sprachlichen Minderheiten unübersichtlich und uneinheitlich sind (vgl. auch Kapitel 4), gibt es einige grundlegende, weitgehend unumstrittene Erkenntnisse, die als Basis für die Beurteilung und Konzeption schulischer Sprachbildung dienen können (vgl. BAKER 2006; CUMMINS 2006; MEISEL 2003; REICH/ROTH 2002):

Die meisten in Deutschland aufgewachsenen Kinder aus sprachlichen Minderheiten haben Deutsch als Zweitsprache bei Schuleintritt so weit erworben, dass sie im alltäglichen Gespräch sprachlich unauffällig sind. Aufgrund der Unterschiede zwischen ‚Alltagssprache' und ‚Bildungssprache' (vgl. Kapitel 5 und 6) kann es dennoch fünf bis acht Jahre dauern, bis Schülerinnen und Schüler aus sprachlichen Minderheiten am schulischen Unterricht in der Mehrheitssprache ohne größere Anstrengung teilhaben können. Deshalb benötigen sie kontinuierliche Unterstützung beim schulischen Lernen im Medium der Zweitsprache. Vorschulische Sprachförderung reicht nicht aus. Sprachliche Bildung für eine mehrsprachige Schülerschaft muss als Aufgabe *aller* Schulstufen begriffen werden, wenn die Bildungschancen von Schülerinnen und Schülern aus sprachlichen Minderheiten verbessert werden sollen.

Sinnvoll ist eine Integration sprachlicher Bildung in den Fachunterricht. Davon profitieren auch einsprachige Schülerinnen und Schüler, die vor Schuleintritt wenig Kontakt mit ‚Bildungssprache' hatten. Demgegenüber wirkt sich eine Förderung von Deutsch als Zweitsprache, die unabhängig vom Regelunterricht und ohne Berücksichtigung der fachlichen Inhalte erfolgt, kaum positiv auf die Bildungslaufbahnen aus.

Über das Verhältnis der Entwicklung von Erst- und Zweitsprache hat die Mehrsprachigkeitsforschung in der Vergangenheit verschiedene Hypothesen hervorgebracht, auf deren Grundlage Sprachbildungsempfehlungen ausgesprochen worden sind (vgl. CUMMINS 2000). Inzwischen gilt die Annahme, die Erstsprache eines Kindes müsse bis zu einem bestimmten Niveau entwickelt sein, damit sich die Fähigkeiten in der Zweitsprache angemessen entfalten könnten (‚Schwellenniveauhypothese'), als widerlegt. Konsens besteht aber darüber, dass die gesamte sprachliche Entwicklung als einheitlicher Prozess zu betrachten ist, bei dem Fähigkeiten und Wissen aus der einen in die andere Sprache übertragen werden. „Aus psycholinguistischer Sicht ist (...) der entscheidende Grund für die Förderung der Familiensprachen, dass unter allen Umständen ein Bruch in der sprachlichen Entwicklung zu vermeiden ist." (MEISEL 2003, S. 39). Zu besseren Schulerfolgen führt der Unterricht in den Familiensprachen aber nur, wenn die Familiensprachen systematisch und langfristig für das Lernen im Regelunterricht genutzt werden; darauf verweisen erfolgreiche bilinguale Unterrichtsmodelle (vgl. Kapitel 4 und 9).

Stigmatisierungen können sich negativ auf die sprachliche Entwicklung und das schulische Lernen auswirken; deshalb ist eine anerkennende und wertschätzende Haltung gegenüber den Kompetenzen von Kindern aus sprachlichen Minderheiten auch in einsprachigen Unterrichtskonstellationen eine Voraussetzung für Lernerfolge.

3 Mehrsprachigkeit als Herausforderung für die Schul- und Unterrichtsentwicklung

> *„Die Lehrer haben zu mir nie gesagt, ‚ja, das (Portugiesisch, S.F.)*
> *brauchst du'. Bei Englisch haben sie immer gesagt, ‚ja, das brauchst du*
> *im Leben', ja, und was war das noch, Algebra brauche ich auch im Leben*
> *(lacht). Aber die portugiesische Sprache nicht."*
> (Manuel, 16 Jahre, Sohn portugiesischer Arbeitsmigranten,
> zitiert nach FÜRSTENAU 2004, S. 107).

Im deutschen Bildungssystem ist ein Ausbau der sprachlichen Kompetenzen von Kindern aus eingewanderten sprachlichen Minderheiten in ihrer Gesamtheit nicht vorgesehen, da Minderheitensprachen nur in Ausnahmefällen unterrichtet werden. Mit Blick auf die Situation von lebensweltlich mehrsprachigen Kindern lässt sich die Normalität in deutschen Schulen ungefähr so zusammenfassen: „In der Breite (...) herrscht ein wenig koordiniertes Nebeneinander von Regelunterricht, Zweitsprachförderung und Herkunftssprachenunterricht" (REICH/ROTH 2002, S. 42).

Eine Beschreibung der Sprachbildungslaufbahnen der portugiesischsprachigen Jugendlichen aus der oben bereits zitierten Studie illustriert die Normalität:

„Die Jugendlichen nahmen am regulären, auf einsprachige Kinder ausgerichteten Deutschunterricht teil, in dem die Lernvoraussetzungen mehrsprachig Aufwachsender normalerweise allenfalls als ‚Fehlerquelle', wenn nicht gar als eine Form von ‚Sprachlosigkeit' wahrgenommen werden. Nur wenige der Befragten erhielten für einen kurzen Zeitraum im Rahmen der Sondereinrichtung einer ‚Vorbereitungsklasse' eine Förderung des Deutschen als Zweitsprache (...). Der Ausbau der portugiesischen Sprache blieb der Eigeninitiative der Jugendlichen bzw. ihrer Familien überlassen." (FÜRSTENAU 2004, S. 39).

Herkunftssprachlicher Unterricht ist in deutschen Schulen meistens nicht in den regulären Schultag integriert und wenig verbindlich. Der Regelunterricht hat sich durch die bisherigen Ansätze zum Umgang mit Mehrsprachigkeit (vgl. Kasten 4) wenig verändert; selbstverständlich gibt es hier große Unterschiede zwischen einzelnen Schulen (vgl. zur Illustration Kapitel 8, 9 und 10).

| KASTEN 4 ▶ | Rahmenbedingungen für den Umgang mit Mehrsprachigkeit im deutschen Bildungssystem |

Die Rahmenbedingungen für den schulischen Umgang mit Mehrsprachigkeit werden im deutschen Bildungssystem durch die bildungspolitischen Entscheidungen in den Bundesländern bestimmt, und es gibt große Unterschiede zwischen den Bundesländern. Eine Orientierung bieten die Beschlüsse und Empfehlungen der Kultusministerkonferenz (KMK, vgl. www.kmk.org). Alle Bundesländer haben rechtliche Rahmenbedingungen für die sprachliche Förderung von Schülerinnen und Schülern aus sprachlichen Minderheiten in den Schulen geschaffen. Das heißt aber nicht, dass diese Schülerinnen und Schüler einen Rechtsanspruch auf Unterstützung beim Lernen in der Zweitsprache haben, wie es z.B. in den USA der Fall ist. Besondere Angebote richten sich bisher entweder auf die Förderung von Deutsch als Zweitsprache, oder es handelt sich um ‚Muttersprachlichen Ergänzungsunterricht' bzw. ‚Herkunftssprachenunterricht'.

Die meisten Bundesländer weisen den Schulen Lehrerstunden für die Förderung von Deutsch als Zweitsprache zu. In diesem Bereich existieren vor allem zeitlich begrenzte Organisationsformen, so z.B. in vielen Bundesländern ein- bis zweijährige ‚Vorbereitungs- oder Auffangklassen' für neu eingewanderte Schülerinnen und Schüler, zusätzliche Sprachförderangebote für Kinder am Schulanfang oder für Schülerinnen und Schüler mit besonderen Schwierigkeiten. Die Förderangebote konzentrieren sich tendenziell auf die unteren Schulstufen und -formen.

Im Jahr 2005 gab es einen Beschluss der KMK über „Sprachstandsdiagnosen und Sprachförderung im vorschulischen Bereich und in Zusammenarbeit zwischen Vorschule und Grundschule" als vorrangiges Arbeitsfeld. Daraufhin wurden die Schulanmeldetermine vorverlegt, und die Bundesländer entwickelten unterschiedliche Verfahren und Konzepte für vorschulische Sprachstandserhebungen und Deutschförderung. In den meisten Bundesländern dürfen Kinder nicht aufgrund ihres Sprachstandes von der Einschulung zurückgestellt werden; in einigen Bundesländern ist dies möglich.

Bereits im Jahr 1964 empfahl die KMK die Einrichtung von Muttersprachlichem Ergänzungsunterricht für die Kinder der Arbeitsmigrantinnen und -migranten. Es folgten Vereinbarungen über entsprechende Angebote mit den Konsulaten der offiziellen ‚Anwerbeländer' der Arbeitsmigration nach Deutschland (Italien, Spanien, Portugal, Jugoslawien, Griechenland, Türkei, Tunesien und Marokko). In einigen Bundesländern übernahmen die zuständigen Kultusministerien die Verantwortung für den Unterricht in den Muttersprachen, in anderen Bundesländern wurde dieser Unterricht in Verantwortung der Konsulate der Herkunftsstaaten eingerichtet. Bis heute existieren beide Modelle. Beschlüsse der KMK aus den Jahren 1971 und 1976 definieren Muttersprachlichen Ergänzungsunterricht als zusätzliches und freiwilliges Angebot im Umfang von zwei bis fünf Wochenstunden. Im Laufe der Jahrzehnte haben einige Bundesländer Rahmenpläne für diesen Unterricht entwickelt (z.B. Nordrhein-Westfalen, Hessen, Hamburg). Die Zielsetzung entwickelte sich tendenziell weg von der Eröffnung einer ‚Rückkehrperspektive' hin zu dem Ziel, mehrsprachige Kompetenzen innerhalb der Einwanderungsgesellschaft als Ressource zu nutzen. Etwa seit dem Ende der 1990er-Jahre werden die Angebote in einigen Bundesländern abgebaut (Hessen, Bayern). Zwar empfiehlt die KMK im Jahr 2002 weiterhin, Muttersprachlichen Unterricht einzurichten. Im Jahr 2006 stellt sie trotzdem fest: „Im Zuge der verstärkten Deutschförderung und insgesamt beschränkter Ressourcen wird zunehmend in den Ländern eine Übernahme des Mutter- oder Herkunftssprachenunterrichts durch die Konsulate oder zumindest eine Mitfinanzierung angestrebt." (S. 12). Insgesamt ist davon auszugehen, dass nur eine Minderheit der mehrsprachigen Kinder in deutschen Schulen ein herkunftssprachliches Unterrichtsangebot wahrnehmen kann. Zahlen liegen nicht vor. Viele Migranten-Communities organisieren private Angebote, um die Kinder in den Herkunftssprachen zu alphabetisieren.

In der regulären Lehrerausbildung gewinnt der Bereich Deutsch als Zweitsprache einer Empfehlung der KMK von 2002 entsprechend seit einigen Jahren an Bedeutung. Ein Beispiel ist das Lehrerausbildungsgesetz in Nordrhein-Westfalen aus dem Jahr 2009, das ein Modul mit dem Titel „Deutsch für Schülerinnen und Schüler mit Zuwanderungsgeschichte" in allen Lehramtsstudiengängen vorsieht.

Eine weitere Rahmenbedingung ist die Mehrsprachigkeitspolitik der Europäischen Union, konkret das deklarierte Ziel, dass alle Menschen in der EU dreisprachig werden sollen. Auch wenn dieses Ziel in den deutschen Bundesländern bisher vor allem mit Blick auf das klassische schulische Fremdsprachenangebot diskutiert wird, besteht theoretisch und perspektivisch die Möglichkeit, in diesem Rahmen auch den Minderheitensprachen einen neuen Platz in einem Gesamtsprachenkonzept zu verschaffen (vgl. Europäische Kommission 2005). 2006 weist die KMK (2006) darauf hin, dass die Entwicklung einer ‚Didaktik der Mehrsprachigkeit‘ und von ‚Konzepte(n) für die Sprachförderung im Fachunterricht‘ eine Zukunftsaufgabe sei. In zehn Bundesländern wurden entsprechende Ansätze im Rahmen des Modellprogramms FörMig (Förderung von Kindern und Jugendlichen mit Migrationshintergrund, 2004-2009) entwickelt und erprobt (vgl. Kapitel 5 in diesem Lehrbuch).

Die Rahmenbedingungen der Bildungsprogramme für Kinder aus eingewanderten Minderheiten werden laufend durch bildungspolitische und -rechtliche Entwicklungen verändert. Eine vergleichende Darstellung der rechtlichen, organisatorischen und curricularen Bedingungen in allen deutschen Bundesländern liegt für den Zeitraum 1989-1999 vor (GOGOLIN/NEUMANN/REUTER 2001). Einen neueren Überblick über die Bedingungen herkunftssprachlichen Unterrichts bietet REICH (2008). Der aktuelle Stand ist am besten den entsprechenden Internetseiten der einzelnen Bundesländer zu entnehmen.

Die sprachliche Bildung im deutschen Bildungssystem ist nach wie vor an einer einsprachigen Schülerschaft orientiert. Erziehungswissenschaftliche Untersuchungen haben gezeigt, dass Benachteiligungen mehrsprachiger Kinder meistens nicht von den Lehrkräften intendiert, sondern eine Folge der an sprachlicher Homogenität ausgerichteten Handlungsmuster und Strukturen sind:

GOGOLIN und NEUMANN (1997) sind in der Fallstudie einer „Großstadtgrundschule" zu dem Ergebnis gekommen, dass alle an der Schule Beteiligten trotz eines hohen Anteils mehrsprachiger Kinder „im Rahmen eines common sense über öffentliche Einsprachigkeit im Deutschen" agierten (ebd., S. 311). Der „Konsens über die Anforderung öffentlicher Monolingualität im Deutschen" ist nicht nur von den Lehrkräften der Schule, sondern auch von Eltern aus eingewanderten Minderheiten zum Ausdruck gebracht worden (ebd., S. 313). Im Alltag der „Großstadtgrundschule" ist die tatsächlich vorhandene Heterogenität als belastender Ausnahmezustand angesehen worden, auf den nicht konzeptionell, sondern mit ad-hoc-Maßnahmen reagiert worden sei; diese Konstellation sei mit BOURDIEU auf einen „monolingualen Habitus" der Schule zurückzuführen (vgl. GOGOLIN 1994). Aufgrund des monolingualen Habitus erfahren Kinder aus sprachlichen Minderheiten ihre von Haus aus mitgebrachte Sprachpraxis auch dann als Abweichung von der Norm, wenn sie in einer Schule de facto die Mehrheit stellen.

Das Bestreben, den ‚Normalzustand' sprachlicher Homogenität herzustellen, beeinflusst auch die Organisation von Lerngruppen und kann dadurch benachteiligend wirken. GOMOLLA und RADTKE (2009, 3. Auflage) haben in einer Regionalstudie im Bielefelder Schulsystem über institutionelle Diskriminierung die „Herstellung ethnischer Differenz in der Schule" untersucht. Institutionelle Diskriminierung liegt vor, wenn politisch-rechtliche Rahmenbedingungen und organisatorische Strukturen die Alltagspraxis in den gesellschaftlichen Institutionen dahingehend beeinflussen, dass bestimmte Gruppen von Menschen benachteiligt werden. Die Studie enthält Hinweise darauf, dass Kinder aus sprachlichen Minderheiten im Bildungssystem davon betroffen sind. Untersucht wurden Selektionsprozesse zum Zeitpunkt der Einschulung, bei Überweisungen von der Grundschule in eine Sonderschule und beim Übergang von der Grundschule an weiterführende Schulen. An allen drei Schnittstellen fungierten ‚Sprachdefizit'-Diagnosen als subtil wirksamer Exklusionsmechanismus. So bereits in Schuleingangsuntersuchungen, in denen Kinder aus sprachlichen Minderheiten für ein Jahr vom Zugang zur Schule zurückgestellt und unter anderem auf Schulkindergärten verwiesen wurden. Die von vornherein ‚überalterten' Schulkinder, die im Kindergarten normalerweise wenig Gelegenheit haben, die für das schulische Lernen notwendigen bildungssprachlichen Fähigkeiten zu erwerben, erfüllen aufgrund des erhöhten Alters – neben ‚Sprachdefiziten' – bereits ein weiteres Kriterium für eine Sonderschulüberweisung. Und auch beim Übergang in die Sekundarschule erhalten vermeintliche sprachliche ‚Defizite' Exklusionsfunktion; das illustriert die folgende Argumentation einer Grundschulleiterin (SL = Schulleiterin, I = Interviewerin):

„SL: (...) wir haben wenige [türkische, d. V.] Kinder, die auf das Gymnasium gehen, Realschule schon eher bei uns, daß die Kinder nach einer gewissen Zeit dann also auch wieder runtergehen müssen, weil sie einfach im Sprachlichen so große Defizite haben. [...] einfach vom Satzbau her, daß sie über keinen großen Wortschatz verfügen; daß sie manche Dinge auch noch gar nicht verstehen, weil ihnen die Begriffe nicht klar sind. [...] Und wenn ich jetzt die Sprache nicht vollständig beherrsche, kann ich zum Teil die Sachaufgaben auch nicht und ich kann auch im Sachunterricht nicht so mitarbeiten."
I: Solche Überlegungen, fließen die auch in die Übergangsempfehlungen ein?
SL: Die fließen darin ein, jaja." (GOMOLLA/RADTKE 2009, S. 244).

In einer solchen Argumentation wird die Zugehörigkeit zu einer sprachlichen Minderheit auch bei guten fachlichen Leistungen als Grund für den Ausschluss vom Gymnasium gesehen.

Für Schülerinnen und Schüler aus Minderheiten war und ist lebensweltliche Mehrsprachigkeit im deutschen Bildungssystem ein *Risikofaktor*. Die internationalen Leistungsvergleichsstudien der letzten Jahre haben auf das Ausmaß dieses Problems aufmerksam gemacht (vgl. die Darstellung entsprechender IGLU- und PISA-Ergebnisse in Kapitel 5). Im internationalen Vergleich von Leistungsergebnissen wurde deutlich, dass es für Schülerinnen und Schüler aus sprachlichen Minderheiten ein besonderer Nachteil ist, eine Schule in Deutschland zu besuchen (vgl. GOGOLIN 2009). Vor diesem Hintergrund ist migrationsbedingte Mehrsprachigkeit eine enorme Herausforderung für die Veränderung und Entwicklung von Schule und Unterricht.

4 Schul- und Unterrichtsentwicklung unter Berücksichtigung von Mehrsprachigkeit

> *„Students who are empowered by their school experiences develop the ability, confidence, and motivation to succeed academically. They participate competently in instruction as a result of having developed a confident cultural identity as well as appropriate school-based knowledge and interactional structures."*
> (CUMMINS 1986, p. 106).

Die Konzeption sprachlicher Bildung wird im Folgenden als Teil der umfassenden Entwicklung einer ‚inklusiven Schule' betrachtet (vgl. GOMOLLA 2009, S. 22; HALFHIDE 2009, S. 106f). Eine inklusive Pädagogik berücksichtigt (sprachliche) Heterogenität als Grundvoraussetzung in jeder Lerngruppe, ohne Schülerinnen oder Schülern aufgrund ihrer sprachlichen Herkunft einen besonderen Status zuzuweisen. Eine inklusive Schule ist dem Anspruch nach demokratisch und sozial gerecht, denn alle Stimmen sollen Gehör finden, und unterschiedliche Chancen auf Bildungserfolg und soziale Partizipation sollen ausgeglichen werden. Wenn von einem weiten Sprachbegriff ausgegangen wird, der Sprache nicht nur als linguistisches System, sondern als kulturelle Ausdrucksform und symbolische Ressource bei sozialen Platzierungsprozessen fasst, ist die Konzeption sprachlicher Bildung zentraler Bestandteil der Entwicklung einer inklusiven Schule. Exemplarisch wird hier ein Interventionsmodell von Jim CUMMINS vorgestellt.

Cummins, der sich intensiv mit den psycholinguistischen Voraussetzungen bilingualer Sprachentwicklung beschäftigt hat, besteht darauf, dass bei der Konzeption von (sprachlichen) Bildungsprogrammen, die die Bildungschancen von Minderheitenangehörigen verbessern sollen, die Berücksichtigung der sozio-politischen Rahmenbedingungen ebenso wichtig ist wie die Erkenntnisse der Psycholinguistik. Die Frage, ob gesellschaftliche Machtbeziehungen in der Schule und im Unterricht reproduziert oder hinterfragt werden, sei für die Bildungserfolge von Minderheitenangehörigen mindestens ebenso relevant wie die Frage, ob der Unterricht in der Erst- oder Zweitsprache eines Kindes erteilt wird: „What matters is not whether a program is called ‚bilingual', ‚ESL' [English as a second language, S.F.] (…) or ‚mainstream'; much more significant is what is being transacted in the interactions between educators and students" (Cummins 2000, S. 49). Ganz unabhängig vom Unterrichtsmodell oder Sprachförderkonzept könnten die Interaktionen und Routinen in den Bildungsinstitutionen Schülerinnen und Schüler aus sprachlichen Minderheiten in ihrer Persönlichkeit und in ihrem Lernen entweder stärken oder schwächen. Ausgehend von dieser Überzeugung entwirft Cummins den Ansatz des „Kooperativen Empowerment" („collaborative empowerment") als ein Interventionsmodell, das darauf ausgerichtet ist, die Benachteiligung und Diskriminierung von Schülerinnen und Schülern aus sprachlich-kulturellen Minderheiten zu überwinden (vgl. Kasten 5). In der psychosozialen Praxis gilt ‚Empowerment' als Ansatz, Menschen in schwierigen Lebenslagen darin zu unterstützen, ihre Stärken zu nutzen und ihre Lebenskontexte selbstbestimmt zu gestalten (vgl. Rupp/Smolka 2006).

Cummins skizziert in seinem Modell eine „*transformatorisch-interkulturelle Orientierung*" als Leitvorstellung für die Schul- und Unterrichtsentwicklung. Er unterscheidet die transformatorisch-interkulturelle Orientierung von einer ausschließend-assimilatorischen Orientierung. Man muss sich hier zwei extreme Pole vorstellen, zwischen denen sich die Orientierungen und Selbstverständnisse von Schulen und Lehrkräften auf einem Kontinuum bewegen, und zwar mit dem Ergebnis, dass die Schülerinnen und Schüler in den Extremfällen entweder unterstützt und gestärkt werden *(empowerment)* oder aber das Gegenteil erreicht wird *(disabling)*. Cummins unterscheidet weiterhin vier zentrale Bereiche der Schul- und Unterrichtspraxis, die bei der Reflexion und Intervention beachtet werden sollten: die Einbeziehung von Sprache und Kultur der Schülerinnen und Schüler *(cultural and linguistic incorporation)*, die Partizipation von Eltern und Community *(community participation)*, pädagogische Ansätze (pedagogy) und Leistungsmessung *(assessment)*. Anhand der Schlagworte aus Cummins' Schaubild sei kurz erläutert, wie die vier Bereiche im Sinne einer transformatorisch-interkulturellen Orientierung entwickelt werden sollen: 1. Die Einbeziehung von Sprache und Kultur soll „*additiv*" sein. Das bedeutet, die von Haus aus mit-

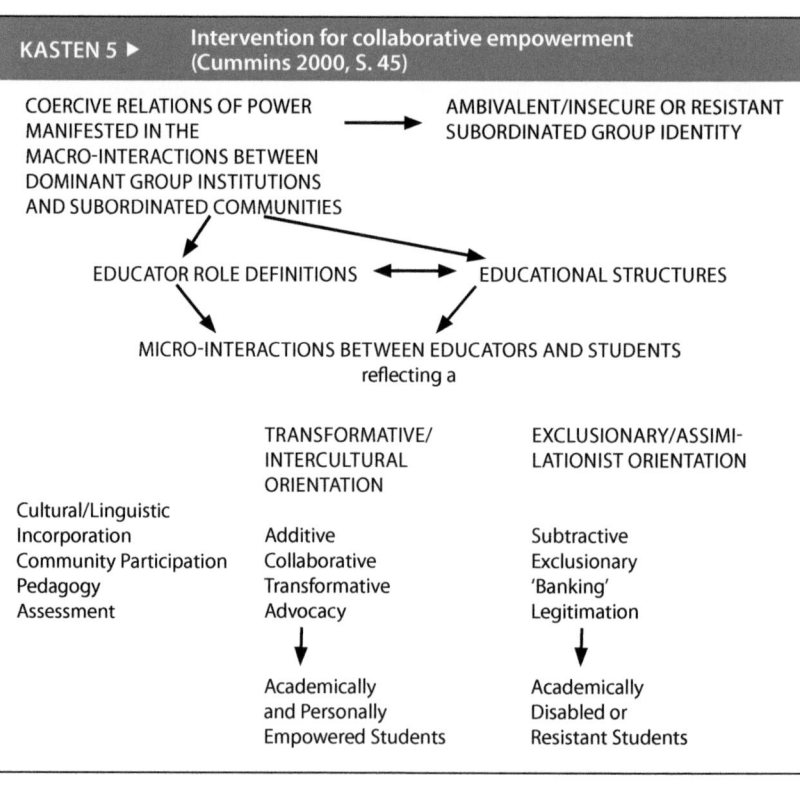

KASTEN 5 ▶ **Intervention for collaborative empowerment (Cummins 2000, S. 45)**

COERCIVE RELATIONS OF POWER
MANIFESTED IN THE
MACRO-INTERACTIONS BETWEEN
DOMINANT GROUP INSTITUTIONS
AND SUBORDINATED COMMUNITIES
→
AMBIVALENT/INSECURE OR RESISTANT
SUBORDINATED GROUP IDENTITY

EDUCATOR ROLE DEFINITIONS ◄──► EDUCATIONAL STRUCTURES

MICRO-INTERACTIONS BETWEEN EDUCATORS AND STUDENTS
reflecting a

	TRANSFORMATIVE/ INTERCULTURAL ORIENTATION	EXCLUSIONARY/ASSIMI-LATIONIST ORIENTATION
Cultural/Linguistic Incorporation	Additive	Subtractive
Community Participation	Collaborative	Exclusionary
Pedagogy	Transformative	'Banking'
Assessment	Advocacy	Legitimation
	↓	↓
	Academically and Personally Empowered Students	Academically Disabled or Resistant Students

gebrachten Ausdrucksformen der Schülerinnen und Schüler anzuerkennen und zu stärken und gleichzeitig unter Berücksichtigung der schulischen Inhalte zu erweitern. 2. Dabei sollen Eltern und die weitere Community „*kooperativ*" einbezogen und nicht ausgeschlossen werden. Wie solche additiven und kooperativen Ansätze konkret aussehen können – und welche Herausforderungen damit verbunden sind – zeigt das in Kapitel 10 dargestellte Beispiel einer Grundschule, die besondere Strategien zur Unterstützung des Bildungserfolgs von Kindern aus Roma-Familien verfolgt. 3. Pädagogische Ansätze sind in CUMMINS' Sinne „*transformatorisch*", wenn sie reziproke Interaktionsprozesse im Unterricht unterstützen (vgl. CUMMINS 1986). Dem entspricht es, wenn Schülerinnen und Schüler im Unterricht Raum haben, eigene Gedanken sprachlich zu entwickeln, die Lehrkräfte sich Zeit nehmen, zuzuhören und die Schülerinnen und Schüler durch Nachfragen darin unterstützen, sich differenziert auszudrücken (vgl. FÜRSTENAU 2009). Die Interaktion sollte sich sowohl an den Interessen und Vorerfahrungen der Schülerinnen und Schüler als auch an den Normen der Schule orientieren. Durch die gemeinsame Konstruktion von Bedeutung im Unterricht können Schülerinnen und Schüler ‚Bildungssprache' als Erweiterung ihrer eigenen Ausdrucksmöglichkeiten erfahren. 4. Im Bereich der Leistungsmessung entspricht die transformatorische Perspektive einer Anwaltschaft des Kindes (*„advocacy"*). Auch hier geht es darum, dass die unterschiedlichen Ausdrucksformen der Schülerinnen und Schüler anerkannt und bestärkt und gleichzeitig die gesellschaftlich legitimen bzw. schulerfolgsrelevanten Ausdrucksformen als Zielperspektive für *alle* berücksichtigt werden – im Bewusstsein der sozialen Hierarchien. Eine Illustration ist ein in Kapitel 3 dargestellter Ansatz aus dem südafrikanischen Kontext, der Lehrkräfte zu einem reflektierten Umgang mit unterschiedlichen Varietäten der englischen Sprache *(‚standard' English, ‚black' English)* befähigen soll (vgl. Kapitel 3, Kasten 8).

CUMMINS betrachtet die Interventionen für eine transformatorisch-interkulturelle Orientierung auf der Ebene von einzelnen Schulen und Unterricht im Kontext gesellschaftlicher Rahmenbedingungen. In seinem Modell beeinflussen soziale Hierarchien, die die Partizipationsmöglichkeiten sprachlich-kultureller Minderheiten tendenziell einschränken (*„coercive relations of power")*, die Rolle der Lehrkräfte und die Strukturen der Bildungsinstitutionen.

> „Micro-interactions between educators, students and communities are never neutral; in varying degrees, they either reinforce coercive relations of power or promote collaborative relations of power; (…) in the latter case, the micro-interactions constitute a process of empowerment that enables educators, students and communities to challenge the operation of coercive power structures." (CUMMINS 2000, S. 44f).

CUMMINS ist optimistisch: Sein Modell schreibt dem Handeln in der Schule ein transformatorisches Potenzial zu.

Zusammenfassung

Gesellschaftliche Mehrsprachigkeit ist aktuell und zukünftig in hohem Maße durch die Vitalität der Sprachen eingewanderter Minderheiten bedingt. Da der Anteil von Kindern aus sprachlichen Minderheiten in deutschen Schulen hoch ist, bringen viele Kinder *individuelle Mehrsprachigkeit* mit in die Schule. Obwohl individuelle Mehrsprachigkeit – auch im Kontext von Migration – aus spracherwerbstheoretischer Perspektive eine günstige Voraussetzung für die sprachliche und kognitive Entwicklung darstellt, ist Mehrsprachigkeit für Kinder aus sprachlichen Minderheiten im deutschen Bildungssystem ein Risikofaktor. Dieser Widerspruch verweist auf einen enormen Entwicklungsbedarf der sprachlichen Bildung in deutschen Schulen. Interventionsmodelle sollten die spezifischen sprachlichen Voraussetzungen von Schülerinnen und Schülern aus sprachlichen Minderheiten (an)erkennen, berücksichtigen und ausbauen. Das gelingt am besten, wenn *Mehrsprachigkeit als Bildungsziel* deklariert, gefördert und in den Schulen institutionalisiert wird.

Fragen und Denkanstöße

1. Betrachten Sie die Sprachen der Hamburger Grundschulkinder in Kasten 2 und überlegen Sie: Aus welchen Herkunftsländern könnten die Familien der Kinder nach Deutschland gekommen sein? Sind die Sprecherinnen und Sprecher der genannten Sprachen Angehörige einer sprachlichen Minderheit – im Herkunftsland/im Einwanderungsland Deutschland? Warum (nicht)?
2. Lesen Sie das Gutachten „Zur Entwicklung der kindlichen Mehrsprachigkeit" von Jürgen MEISEL (2003), verfügbar unter http://www1.uni-hamburg. de/romanistik/personal/pdf-Dateien/Zur Entwicklung der kindlichen Mehr sprachigkeit.pdf (oder einen anderen wissenschaftlichen Text über Mehrsprachigkeit). Bereiten Sie eine Informationsveranstaltung für Eltern zum Thema Mehrsprachigkeit vor: Formulieren Sie ein für alle Eltern verständliches Thesenpapier mit den Aussagen aus dem Text, die Sie für relevant halten. Bereiten Sie einen an die Eltern gerichteten Kurzvortrag (5-10 Minuten) zum Thesenpapier vor.
3. Sollen die Familiensprachen von Kindern aus sprachlichen Minderheiten in der Schule unterrichtet werden? Listen Sie ausgehend von den Informationen in diesem Kapitel Pro- und Contra-Argumente auf.
4. a) Erläutern Sie CUMMINS' Interventionsmodell für ein Kooperatives Empowerment (Kasten 5) in eigenen Worten. b) Welche normativen Prämissen und Wertvorstellungen impliziert das Modell?
5. Lesen Sie Kapitel 10 in diesem Lehrbuch: Welche Aspekte des Kooperativen Empowerment nach CUMMINS finden Sie in dem Schulbeispiel wieder, welche nicht?

Literaturempfehlungen

TRACY, R. (2007, zweite Auflage 2008): Wie Kinder Sprachen lernen. Und wie wir sie dabei unterstützen können. Tübingen.

Rosemarie TRACY ist Professorin für anglistische Linguistik an der Universität Mannheim und untersucht den mehrsprachigen Spracherwerb von Kindern im Vorschulalter. In dem Buch möchte TRACY alle „Zutaten" vermitteln, „die wir für eine effektive Unterstützung und Förderung der Kinder brauchen: Kenntnisse über die Zielsprache (Deutsch, S.F.) und die Erwerbsaufgabe, Information über Mehrsprachigkeit, Einsicht in das natürliche (Erwerbs-)Programm von Lernern und hoffentlich Selbstvertrauen in die eigene kommunikative Kompetenz, Leidenschaft für das Miteinander-Reden sowie Neugier auf das, was Kinder in Unterhaltungen einbringen können" (TRACY 2007, S. 185). In zahlreichen Zitaten aus Gesprächen zwischen Kindern und Erwachsenen werden Sprache und Kommunikation lebendig. Exkurse und Gedankenexperimente beziehen die Leserinnen und Leser ein und regen zum Nachdenken an. Das Buch enthält viele konkrete Anregungen, wie die Erkenntnisse der Spracherwerbsforschung in der Praxis umgesetzt werden können.

CUMMINS, J. (2000): Language, Power, Pedagogy. Bilingual Children in the Crossfire. Clevedon u.a.; CUMMINS, J. (2006): Sprachliche Interaktionen im Klassenzimmer: Von zwangsweise auferlegten zu kooperativen Formen von Machtbeziehungen. In: MECHERIL P./QUEHL, T. (Hrsg.): Die Macht der Sprachen. Englische Perspektiven auf die mehrsprachige Schule. Münster, S. 36-62.
Jim CUMMINS ist Professor an der Universität Toronto (Ontario Institute for Studies in Education). Sein Buch aus dem Jahr 2000 (neu aufgelegt 2006) bietet einen umfassenden Überblick über den internationalen Stand der Forschung und die Diskussion über die Gestaltung schulischer (Sprach-)Bildung für Kinder aus sprachlichen Minderheiten. Die Hypothesen und Konzepte, die CUMMINS selbst in seinen Untersuchungen entwickelt hat, werden in der Auseinandersetzung mit kritischen Einwänden gegen sein Modell ausführlich diskutiert; so auch die Unterscheidung zwischen „*Conversational*" und „*Academic Language Proficiency*" (‚bildungssprachliche Kompetenz', vgl. Kapitel 5 und 6 in diesem Lehrbuch). CUMMINS Interventionsmodell für ein Kooperatives Empowerment wird in einem eigenen Kapitel ausführlich dargestellt; dieses Kapitel liegt in dem Band von MECHERIL und QUEHL in deutscher Übersetzung vor.

SCHADER, B. (2000): Sprachenvielfalt als Chance. Handbuch für den Unterricht in mehrsprachigen Klassen. Zürich.
Das Buch enthält 95 konkrete Unterrichtsvorschläge, die darauf abzielen, das sprachlich-kulturelle Potenzial in mehrsprachigen Lerngruppen auszuschöpfen. Zu den Vorschlägen gehören sowohl kleine Übungen und Spiele als auch größere Projekte. Sie berücksichtigen verschiedene Facetten sprachlicher Heterogenität

(Dialekte, Minderheitensprachen, Fremdsprachen) und sind für unterschiedliche Altersgruppen, vom Kindergarten bis zur Oberstufe, geeignet.

Literaturverzeichnis

Autorengruppe Bildungsberichterstattung (2008): Bildung in Deutschland 2008. Ein indikatorengestützter Bericht mit einer Analyse zu Übergängen im Anschluss an den Sekundarbereich I. Bielefeld.

Baker, C. (2006): Foundations of Bilingual Education and Bilingualism. 4th Edition. Clevedon.

Bialystok, E. (2009): Effects of Bilingualism on Cognitive and Linguistic Performance across the Lifespan. In: Gogolin, I./Neumann, U. (Hrsg.): Streitfall Zweisprachigkeit – The Bilingualism Controversy. Wiesbaden, S. 53-67.

Chlosta, C./Ostermann, T., et al. (2003): Die Durchschnittsschule und ihre Sprachen. Ergebnisse des Projekts "Spracherhebung an Essener Grundschulen" (SPREEG). In: ELISE (Heft 1). Essen, S. 43-139.

Cummins, J. (1986): Empowering Minority Students: A Framework for Intervention. Harvard Educational Review (Heft 1). Cambrigde.

Cummins, J. (2000): Language, Power and Pedagogy. Bilingual Children in the Crossfire. Clevedon u.a..

Dirim, İ./Mecheril, P. (2010): Die Sprache(n) der Migrationsgesellschaft. In: Mecheril, P./Kalpaka, A./Castro Varela, M./Dirim, İ./Melter, C.: Migrationspädagogik. Weinheim u.a., S. 99-120.

Europäische Kommission (2005): Communication from the Commission: A New Framework Strategy for Multilingualism (COM 2005, 596 final). Verfügbar unter http://europa.eu/languages/en/document/74 (Letzter Zugriff 5.5.2010).

Freire, P. (1997): Eine Antwort. In: Schreiner, P./ Mette, N./Oesselmann, D./ Kinkelbur, D. (Hrsg.): Bildung und Hoffnung. Münster u.a., S. 122-153.

Fürstenau, S. (2004): Mehrsprachigkeit als Kapital im transnationalen Raum. Perspektiven portugiesischsprachiger Jugendlicher beim Übergang von der Schule in die Arbeitswelt. Münster u.a.

Fürstenau, S. (2009): Lernen und Lehren in heterogenen Gruppen. In: Fürstenau, S./ Gomolla, M. (Hrsg.): Migration und schulischer Wandel: Unterricht. Wiesbaden, S. 61-84.

Fürstenau, S./Gogolin, I. (2008): Editorial zum Themenheft Kindliche Sprachentwicklung bei Mehrsprachigkeit. In: Diskurs Kindheits- und Jugendforschung (Heft 3). Opladen, S. 243-248.

Fürstenau, S./Gogolin, I./Yagmur, K. (2003): Mehrsprachigkeit in Hamburg. Ergebnisse einer Sprachenerhebung an den Grundschulen in Hamburg. Münster u.a.

Fürstenau, S./Niedrig, H. (2010): Bilder und Begriffe von Mehrsprachigkeit. In: Krüger-Potratz, M./Neumann, U./Reich, H.H. (Hrsg.): Bei Vielfalt Chancengleichheit. Münster u.a.

Gogolin, I. (1987): Muttersprache: Zweisprachigkeit. In: Pädagogische Beiträge (Heft 12). Hamburg, S. 26-29.

Gogolin, I. (1988): Erziehungsziel Zweisprachigkeit. Hamburg.

Gogolin, I. (1994): Der monolinguale Habitus der multilingualen Schule. Münster u.a.

Gogolin, I. (2005): Erziehungsziel Mehrsprachigkeit. In: C. Röhner (Hrg.): Erziehungsziel Mehrsprachigkeit. Diagnose von Sprachentwicklung und Förderung von Deutsch als Zweitsprache. Weinheim u.a., S. 13-24.

Gogolin, I. (2009): Zweisprachigkeit und die Entwicklung bildungssprachlicher Fähigkeiten. In: Gogolin, I./Neumann, U. (Hrsg.): Streitfall Zweisprachigkeit - The Bilingualism Controversy. Wiesbaden, S. 263-278.

Gogolin, I./Neumann, U. (1997): Großstadt-Grundschule. Sprachliche und kulturelle Pluralität als Bedingung der Grundschularbeit. Münster u.a.

Gogolin, I./Neumann, U. (Hrsg.) (2009): Streitfall Zweisprachigkeit - The Bilingualism Controversy. Wiesbaden.

Gogolin, I./Neumann, U., et al., (Hrsg.) (2001): Schulbildung für Kinder aus Minderheiten in Deutschland 1989-1999. Schulrecht, Schulorganisation, curriculare Fragen, sprachliche Bildung. Münster u.a.

Gomolla, M. (2009): Heterogenität, Unterrichtsqualität und Inklusion. In: Fürstenau, S./Gomolla, M. (Hrsg.): Migration und schulischer Wandel: Unterricht. Wiesbaden, S. 21-43.

Gomolla, M./Radtke, F.-O. (2009³): Institutionelle Diskriminierung. Die Herstellung ethnischer Differenz in der Schule. Wiesbaden.

Halfhide, T. (2009): Teamteaching. In: Fürstenau, S./Gomolla, M. (Hrsg.): Migration und schulischer Wandel: Unterricht. Wiesbaden, S. 103-120.

Hesse, H.-G./Göbel, K. (2009): Mehrsprachigkeit als Kapital: Ergebnisse der DESI-Studie. In: Gogolin, I./Neumann, U. (Hrsg.): Streitfall Zweisprachigkeit - The Bilingualism Controversy. Wiesbaden, S. 281-287.

Meisel, J. (2003): Zur Entwicklung der kindlichen Mehrsprachigkeit. Expertise als Beitrag zur 6. Empfehlung der Bildungskommission der Heinrich-Böll-Stiftung: Bildung und Migration. Berlin.

Reich, H. H. (2008): Herkunftssprachenunterricht. In: Ahrenholz, B./Oomen-Welke, I. (Hrsg.): Deutsch als Zweitsprache. Hohengehren, S. 445-456.

Reich, H. H./Roth, H.-J. (2002): Spracherwerb zweisprachig aufwachsender Kinder und Jugendlicher. Ein Überblick über den Stand der nationalen und internationalen Forschung. Hamburg, Behörde für Bildung und Sport.

Rupp, M./Smolka, A. (2006): Empowerment statt Pädagogisierung - Die Bedeutung niedrigschwelliger Konzepte für die Familienbildung. In: P. Bauer/Brunner, E. J. (Hrsg.): Elternpädagogik. Von der Elternarbeit zur Erziehungspartnerschaft. Freiburg i.B., S. 193-214.

Skutnabb-Kangas, T. (2000): Linguistic Genocide in Education - or Worldwide Diversity and Human Rights? Mahwah, NJ, Lawrence Erlbaum Associates.

Tracy, R. (2007): Wie Kinder Sprachen lernen. Und wie wir sie dabei unterstützen können. Tübingen.

Wandruszka, M. (1979): Die Mehrsprachigkeit des Menschen. München u.a.

Weber, M. (1964): Ethnische Gemeinschaftsbeziehungen. In: M. Weber (Hrg.): Wirtschaft und Gesellschaft. Grundriss der verstehenden Soziologie. Studienausgabe. Köln u.a., S. 303-316.

Kapitel 2

Marianne Krüger-Potratz

Mehrsprachigkeit:
Konfliktfelder in der Schulgeschichte

Mehrsprachigkeit und Schulentwicklung war bis in die späten 1990er Jahre ein nur von einzelnen Expertinnen und Experten beachtetes Thema. Doch seitdem wird, nicht zuletzt infolge der Kontroversen über die Ergebnisse der internationalen Schulleistungsstudien, über den ‚richtigen Umgang mit Mehrsprachigkeit‘ in der Schule nicht nur verstärkt in Fachkreisen, sondern auch öffentlich gestritten. Dabei sind sich die Beteiligten in der Regel nicht bewusst, dass in Deutschland – wie auch in vielen anderen europäischen Ländern – der Streit über Vor- bzw. Nachteile von Zwei- und Mehrsprachigkeit und die daraus folgende Aufgabe der Schule schon seit mehr als 200 Jahren andauert und je nach zeitlicher Epoche und Region (bildungs-)politisch unterschiedlich entschieden und pädagogisch entsprechend legitimiert worden ist.

Dieser Text zeichnet nach, wie das staatliche Schulwesen in Deutschland im Prozess der Nationbildung zur Herausbildung eines ‚monolingualen Habitus‘ beigetragen hat (vgl. GOGOLIN 1994): zur Vorstellung, dass es sozusagen ‚natürlich‘ sei, dass in einem Staat nur *eine* Sprache gesprochen wird, dass *diese* Sprache *die* Sprache der Schule ist und dass anderen (fremden) Sprachen nur eingeschränkt Platz zustehe.

1   Politisch-historischer Kontext

Wichtige Gründe dafür, dass gegen Ende des 18., Anfang des 19. Jahrhunderts Mehrsprachigkeit zum schulpolitischen Streitfall wird, sind politischer Natur. Ende des 18. Jahrhunderts, unter dem Einfluss der Französischen Revolution, beginnt der Siegeszug des Staatsmodells, mit dem der „Staat als die institutionalisierte Form der Nation" definiert wurde, „die sich ihrerseits auch als Sprach-

und Kulturgemeinschaft verstand" (KREMNITZ 1990, S. 86). Mit der Umgestaltung der feudalen Gesellschaften in Nationalgesellschaften und der Neufassung „staatlicher Politik als nationaler Politik fand eine enorme Kompetenzerweiterung des Staates statt, die man auch als Expansion des Staates bzw. staatlichen Handelns in die Gesellschaft hinein bezeichnen kann. Auf vielen Gebieten, seien es die Sozialpolitik, die Kultur, die Bildung, die Sprache, die Wirtschaft, maßte sich der Staat regulierende und bestimmende Kompetenzen an" (HAHN 1999, S. 208).

Im Bildungsbereich ging es insbesondere um den Beitrag der (Volks-)Schule zur Durchsetzung der deutschen Sprache als *Nationalsprache* sowie der Lebensformen, Sichtweisen, Normalitätsmuster und weltanschaulichen bzw. religiösen Überzeugungen, die unter ‚deutscher Kultur' zusammengefasst wurden. Damit änderte sich das Verhältnis der in den deutschen Staaten lebenden, nach Sprache, Ethnizität und Kultur (Volkstum) unterschiedlichen Bevölkerungsgruppen zueinander: Indem die einen sich unter Bezug auf ‚ihre' deutsche Sprache und Volkszugehörigkeit zur ‚Mehrheitsnation' erklärten, wiesen sie den nicht deutschsprachigen Bevölkerungsgruppen den Status von Minderheiten zu, definierten sie als ‚fremd' und als ‚Störfaktor' im Nationbildungsprozess und drängten sie in die Defensive. Im Unterschied zu zentralistisch organisierten Staaten mit relativ stabilen Außengrenzen, wie z.B. Frankreich, gestaltete sich in Deutschland der Nationbildungsprozess u.a. angesichts der mehrfach wechselnden Zusammenschlüsse von kleineren und größeren Territorien mit unterschiedlichen Herrschaftsstrukturen und sich vielfach verändernden Grenzen (s. Kasten 1) deutlich schwieriger, auch wenn – wie HAHN zu Recht anmerkt – letztlich „kein Staat in Europa [...] ein ‚perfekter' Nationalstaat [...] war (und ist)" (HAHN 1999, S. 205; s. auch KREMNITZ 1997).

KASTEN 1 ▶   Deutschland – auf dem Weg zum Nationalstaat

Die tabellarische Aufstellung bietet einen groben Überblick über die verschiedenen Zusammenschlüsse, die ab dem 19. Jahrhundert in der Geschichte Deutschlands eine Rolle gespielt haben und vermittelt somit zumindest einen Eindruck von der Komplexität der Entwicklung und der Instabilität der Grenzen.

... bis 1806	Heiliges Römisches Reich Deutscher Nation	1803 nur noch 34 Gliedstaaten	Staatenverbünde unterschiedlicher Zusammenset-
1806 bis 1815	Rheinbund	z.B. 1808 39 Staaten	zung bestehend aus Königreichen,
1815 bis 1866	Deutscher Bund	39 Gliedstaaten	Großherzogtümern, Herzogtümern,
1866 bis 1871	Norddeutscher Bund	22 Gliedstaaten	Fürstentümern, freien Städten etc.
1871 bis 1918	Kaiserreich	25 Bundesstaaten	Monarchie
1918 bis 1933	Weimarer Republik	18 Bundesstaaten	Semipräsidentielle Republik
1933 bis 1945	NS Zeit	15 Teilstaaten	Totalitärer Staat
1949 bis 1990	DDR	zentralisiert	Sozialistische Diktatur
	BRD	10+1 Bundesländer	Parlamentarische Demokratie
Seit 1990	BRD	16 Bundesländer	Parlamentarische Demokratie

(Für die Zeilen 1871 bis 1945 vertikal beschriftet: Deutsches Reich)

Jeder der deutschen (Glied-)Staaten regelte die Schul- und Sprachenpolitik in eigener Regie, auch wenn es im Verlauf des 19. Jahrhunderts und insbesondere ab dem Kaiserreich erste Versuche gab, die Schulpolitik untereinander abzustimmen. Über alle Unterschiede hinweg war die Zielsetzung letztlich gleich: Die Schule sollte aus Kindern Schülerinnen und Schüler und aus diesen Untertanen resp. Staatsbürger formen, die sich mit ‚ihrem' Souverän bzw. ‚ihrem' Staat (und ab 1871 auch mit dem Reich) identifizierten. Diesem Ziel entsprechend wurden Curriculum, Didaktik und Methodik und vor allem die Sprachpolitik national – deutsch – ausgerichtet, allerdings immer mit deutlichem Bezug zum jeweiligen Gliedstaat bzw. zur ‚Heimatregion'. Preußen spielte schul- und sprachpolitisch eine wichtige Rolle, nicht nur weil Preußen der größte der deutschen Staaten war und seiner Größe entsprechend hier auch die Mehrzahl der Ausländerinnen und Ausländer lebte (s. Kasten 2), sondern vor allem weil zu Preußen die meisten der Territorien gehörten, in denen die Untertanen resp. Staatsbürger und -bürgerinnen lebten, die den sprachlichen und ethnischen Minderheiten zugerechnet wurden (s. Kasten 3).

KASTEN 2 ▶   Die Kategorie ‚Ausländer' – historisch-rechtliche Entwicklung

Wer als Ausländerin bzw. Ausländer galt, war und ist durch Gesetz (ggf. auch durch die Verfassung) geregelt. Für Deutschland ist zu beachten, dass bis zur Reichsgründung 1871 die deutschen Staaten einander Ausland waren. D.h., wenn in preußischen Schulerlassen vor 1871 die Rede von ‚ausländischen Schülern' ist, so kann sich dies ebenso auf Schüler aus Hessen, Württemberg, Sachsen usw. beziehen wie auf Schüler aus Dänemark, Frankreich, Russland usw. Zur Unterscheidung beider Gruppen sprach man in Preußen auch von ‚außerpreußischen' im Unterschied zu ‚außerdeutschen Ausländern'. Erstere waren schulpolitisch besser gestellt als letztere. Mit der Reichsgründung fiel diese Unterscheidung weg. Ab 1871 wurden als ‚Ausländer' ausschließlich Staatsangehörige nicht deutscher Staaten bezeichnet, und mit dem 1913 verabschiedeten Reichs- und Staatsangehörigkeitsgesetz wurde für sie der Begriff ‚Reichsausländer' eingeführt. Zahlenmäßig bedeutende Ausländergruppen kamen aus europäischen Staaten; insgesamt bewegte sich ihre Zahl vor 1945 im Schnitt um knapp 2% der Gesamtbevölkerung (ausgenommen in der Zeit des Ersten Weltkriegs und der NS-Diktatur).

1.1   Deutsch – die ‚eine' und ‚richtige' Sprache

Im Verlauf des 19. Jahrhunderts kam der deutschen Sprache „als Gruppensymbol zur inneren Konsolidierung und zur Abgrenzung nach außen" (MATTHEIER 2000, S. 1952) zunehmend mehr Bedeutung zu. Deutsch wurde Zentralfach und durchgängige Bildungssprache. Die national ausgerichteten Unterrichtsinhalte der (Volks-)Schule und die deutsche Sprache als wichtigstes Medium der Bildung sollten über alle regionalen und ethnischen Unterschiede hinweg loyalitäts- und identitätsstiftend wirken. Allen Kindern sollte das Gefühl vermittelt werden, Mitglieder eines gemeinsamen Ganzen, *eines deutschen Volkes*, zu sein, das sich von anderen (fremden) Völkern durch eine spezifische Geschichte und Kultur, die sich gerade auch in der *einen Sprache* spiegele, unterscheidet. Daher, so z.B. Kultusminister FALK 1872, sei es für die „Bevölkerung des preußischen Staates, die die deutsche Sprache nicht als Muttersprache spricht", eine „Nothwendigkeit von Staatswegen", ihre Kinder „in dieser [deutschen] Sprache zu unterrichten […]; sie bedürfen dessen, um *taugliche Bürger des preußischen Staates* zu werden" (FALK/REDE 1872; Hervorh. M.K.-P.).

Mit diesem Konstrukt der Sprach- und Kulturnation war zugleich die *Idee* von einer Rangordnung der Sprachen und Kulturen verbunden. Als höherwertig und bildungsrelevant wurden allein die ‚Nationalsprachen' (zugleich definiert als Ausdruck der jeweiligen ‚Nationalkultur'), angesehen, nicht aber die von den

Minderheiten gesprochenen Sprachen bzw. Sprachvarietäten (s. Konfliktfeld 2 und 3). Einen Eindruck von dieser Art des Denkens und Argumentierens vermittelt die folgende Passage aus einem Bericht, in dem unter Bezug auf das Schulaufsichtsgesetz von 1872 und der dort verfügten Abschaffung der geistlichen Schulaufsicht zugleich gegen den – von der katholischen Kirche unterstützten – polnischsprachigen Unterricht polemisiert wird:

„Deutsch lehren – Deutsch lernen! das ist die Loosung, welche die Staatsregierung aus guten Gründen mit und seit Erlaß des bekannten Schulaufsichtsgesetzes vom 11. März d.J. [1872] für die polnische und deutsch-polnische (gemischte) Schule dieser Provinz ausgegeben hat. […] Die Zeit ist vorüber, wo der Schulinspector, wo der Lehrer noch wähnen konnte, was in den ‚Grundzügen' über den Unterricht im Deutschen gesagt ist, habe nicht so viel auf sich und es genüge schon, wenn die polnischen Kinder nothdürftig deutsch lesen lernten, ohne das Gelesene zu verstehen, oder wenn ihnen ein Paar deutsche Vocabeln eingeprägt würden, mit denen sie sonst Nichts anzufangen wüßten; [...]. Ist es denn nicht eine Wohlthat, welche diesen [polnischen] Kindern erwiesen wird, wenn sie mit der Kenntniß derjenigen Sprache ausgerüstet werden, welche sie in ihrem späteren Berufsleben auf Schritt und Tritt zu ihrem besseren Fortkommen brauchen, wie das tägliche Brod? Wenn sie fähig gemacht werden, aus den zahlreichen Schriften einer edlen Culturspache unmittelbar ihre Kenntnisse zu berichtigen und zu erweitern und das darin Dargebotene für ihre Verhältnisse mit Nutzen anzuwenden und zu verwerthen?" (Zentralblatt/Deutscher Unterricht 1872, S. 359).

KASTEN 3 ►   Autochthone sprachliche Minderheiten

Die zur Bezeichnung der alteingesessenen Minderheiten herangezogenen Beifügungen variieren. So ist die Rede von nationalen M., sprachlichen M., angestammten M., fremdsprachigen Volksteilen oder – insbesondere in der neueren Forschungsliteratur – autochthonen M. Dieser Begriff bezieht sich auf rechtliche Untertanen bzw. Staatsbürgerinnen und -bürger des Landes, in dem sie als ansässig galten und als solche anerkannt waren bzw. um ihre Anerkennung stritten. Welche dieser Gruppen aufgrund welcher Kriterien als Minderheit anzusehen war, war zu keinem Zeitpunkt eindeutig geklärt, sondern ergab sich infolge von Fremd- und Selbstzuordnungen. Ein entscheidendes Kriterium war die nichtdeutsche Sprache, weitere Kriterien die Herkunft aus einer als Minderheiten- bzw. zweisprachig bezeichneten Region, nichtdeutsche Ethnizität und Kultur (Volkstum) und im Fall der polnischsprachigen Minderheiten galt im protestantischen Preußen auch die katholische Konfession als weiterer Fremdheitsmarker.

Zu den in Preußen ansässigen Minderheiten gehörten Ende des 18., Anfang des 19. Jahrhunderts je nach Grenzverlauf die Dänen an der Nordgrenze, ebenso im Norden die Friesen, die Sorben in der Niederlausitz und preußischen Oberlausitz, die Litauer, Kuren, Polen, Masuren, Kaschuben sowie die tschechisch resp. böhmisch oder mährisch sprechenden Minderheitsgruppen entlang der Ostgrenze Preußens und wallonisch Sprechende im Westen im Kreis Malmédy. Für Elsaß-Lothringen, das von 1871 bis 1918 zum Deutschen Reich gehörte, gab es eine gesetzliche Regelung (1873) für die Schulsprachenfrage, derzufolge nur eine Unterrichtssprache pro Landesteil zugelassen war, entweder Französisch oder Deutsch.

Wichtig ist das Kriterium ‚ansässig' bzw. ‚angestammt', da der Minderheitenstatus stets an ein spezifisches Territorium gebunden war. Daher wurden z.B. die ‚Ruhrpolen', die im Zuge der Industrialisierung aus den polnischsprachigen Regionen der östlichen preußischen Provinzen in das Ruhrgebiet zugewandert sind, nicht zur polnischen Minderheit gezählt. Infolgedessen gab es keine rechtliche Grundlage, um für diese durchaus beachtliche Zahl von Kindern polnischen Unterricht in der Schule einzufordern.

1.2 Schulpflicht und Mehrsprachigkeit

Der Streit um die ‚richtige Sprache' in der Schule des jeweiligen Bundesstaats bezog sich immer nur auf die ‚einheimischen' Kinder resp. Jugendlichen, die rechtmäßige Untertanen oder Staatsbürger und -bürgerinnen des jeweiligen Gliedstaates und damit dort schul(besuchs)pflichtig waren. Dass auch mit der Zuwanderung von Ausländerinnen und Ausländern weitere Sprachen in Preußen präsent waren (s. Kasten 3), spielte sprach- und schulpolitisch keine Rolle, da ihre Kinder *nicht* schul*pflichtig* sondern nur schul*berechtigt waren* (s. 2.4).

In dem Maße, wie die national motivierte Homogenisierungs- und Monolingualisierungspolitik durchgesetzt und die Strukturen der staatlichen Institutionen, darunter auch der Schule, danach ausgerichtet wurden, verfestigte sich die *Idee*, dass eine Einheit von Bevölkerung resp. Volk, Territorium und Sprache quasi *naturgegeben* sei, und die faktisch gegebene sprachlich-kulturelle Heterogenität erschien als etwas ‚Unnatürliches', Hinderliches und zu Bekämpfendes. Damit verbunden war die Propagierung der *Idee*, Mehrsprachigkeit sei – von Ausnahmen abgesehen – schädlich; sie gefährde die ‚normale' geistige, psychische und physische Entwicklung des Kindes und erzeuge politisch-kulturell illoyale Staatsbürger und -bürgerinnen. Zu den positiven Effekten dieser Politik gehört, dass das Erlernen der Standardvariante des Deutschen – und sei es in noch so rudimentärer Form – dazu beigetragen hat, nicht nur die Kommunikationsmöglichkeiten und die Mobilität innerhalb des Staats- und Reichsterritoriums, sondern auch die Möglichkeiten der politischen Partizipation zu verbessern.

2 Mehrsprachigkeit und Schule – vier Konfliktfelder

Der ‚Streitfall Mehrsprachigkeit' ist Teil eines konfliktreich und widersprüchlich verlaufenen Prozesses, im Verlauf dessen das öffentliche, staatliche (Volks-) Schulwesens, das perspektivisch alle Kinder und Jugendlichen erfassen und sie auf ihre historisch jeweils spezifische Rolle als Staatsbürger und Staatsbürgerinnen vorbereiten sollte, auf- und ausgebaut wurde. Ein entscheidender, weil strukturbezogener Schritt war die Umstellung auf die gemeinsame Unterrichtung einer großen Zahl von Kindern, soweit möglich und nötig geordnet nach sozialer Herkunft, Alter, ‚Begabung', Geschlecht, Religion bzw. Konfession und auch Gesundheit. Für eine straff organisierte, auf Effektivität und hohe Schülerzahlen ausgerichtete Unterrichtserteilung sind verschiedene Modelle der kollektiven Beschulung – Zusammenunterricht, Generalklasse, Jahrgangsklasse –, der Systematisierung wie auch ‚Nationalisierung' des Lehrstoffes einschließlich neuer Unterrichtsmethoden und – nicht zuletzt – eine homogenisierende Sprachpolitik entwickelt worden. Letztere lässt sich in der Formel ‚Einsprachigkeit ist der gesunde Normalfall' zusammenfassen.

Im Rückblick auf die Geschichte des ‚Streitfalls Mehrsprachigkeit und Bildung' lassen sich insgesamt sechs Konfliktfelder unterscheiden, von denen im Folgenden vier unterschiedlich ausführlich vorgestellt werden: der Streit über die Rolle des Dialekts in der Schule (2.1), über Zeitpunkt und Zielsetzung des Fremdsprachenunterrichts (2.2), über die Existenzberechtigung nichtdeutscher Minderheitssprachen in der nationalen Schule (2.3) und schließlich die Reaktion auf die migrationsbedingte Mehrsprachigkeit (2.4). Nicht vorgestellt werden die politisch unterschiedlich gestalteten, aber insgesamt gesehen rassistischen Schul- und Sprachenpolitiken in den Kolonien (1884-1918) bzw. in den von Deutschland während des Zweiten Weltkriegs besetzten Gebieten (vgl. hierzu ADICK 1996; HANSEN 2007; KRÜGER-POTRATZ 2005a, Kap. 3; GOGOLIN/KRÜGER-POTRATZ 2006, Kap. 3.2).

2.1 Konfliktfeld 1: Der Streit über die ‚Mundarten'

Über lange Zeit ist der Unterricht, insbesondere in den ‚niedrigen Schulen' – den Schulen des Volkes – in der regionalen Sprachvarietät abgehalten worden, die Kinder und Lehrer im Alltag sprachen, z.B. in Plattdeutsch, Hessisch,

Westfälisch, Bayerisch usw. (s. Sprachatlas des Deutschen Reiches: http://www. diwa.info/). Doch mit Beginn des 19. Jahrhunderts begann der Streit über die Rolle der Dialekte (Mundarten) in der Schule. Einig waren sich die Kontrahenten darin, dass die Schule die Kinder auf jeden Fall an die ‚richtige', die Standard- oder Hochsprache heranführen müsse. Die einen sprachen sich für den Gebrauch der ‚Volkssprache' aus, von der ausgehend zum ‚Standarddeutsch' überzugehen sei, so z.z.B. HILDEBRAND 1867) oder – um auch einen zeitlich jüngeren Vertreter dieser Position zu nennen – DRACH (1930, Sp. 762f), der mit Bezug auf vor allem ländliche oder kleinstädtische Umgebung darlegte, dass „die von zuhause mitgebrachte *natürliche* Sprachfertigkeit [zwar] den Mutterboden bildet, aus dem die *geläuterte Ausdrucksfähigkeit der Bildungssprache* aufgezogen werden" müsse. Letztere sei jedoch „nicht der Mundart aufzupfropfen, sondern allmählich herauszuentwickeln" (Hervorh. M.K.-P.).

Andere hingegen plädierten gegen den Gebrauch der regionalen Sprachen, wie z.B. WIENBARG (1834, S. 10f.), der über die plattdeutsche Sprache schrieb, dass sie „dem Verstand der Zeit längst zu enge geworden" sei und die „Volksmasse in Norddeutschland, dem sie annoch tägliches Organ ist, zu einem Zustand der Unmündigkeit, Rohheit und Ideallosigkeit [verurteile], der vom Zustand der gebildeten auf die grellste und empörendste Weise absticht". Daher sei der Unterricht grundsätzlich nur in der ‚Hochsprache' abzuhalten. Nicht anders später WEICKEN (1914, Sp. 792), der als Folge des (nur) Mundartsprechens „geistige Verarmung" und „sittliche Verwahrlosung" fürchtete und betonte, dass allein die „h[och]d[eutsche] Schriftsprache (…) der Schlüssel zu den Geistesschätzen der Nation" sei; sie „schlingt ihr Band um alle Kinder des Volkes in Höhen u[nd] Tiefen".

Letztlich sind die Dialekte jedoch nie ganz aus der Schule verdrängt worden. Zum einen kommunizier(t)en Schülerinnen und Schüler sowie die Lehrkräfte weiterhin in der jeweiligen regionalen Varietät, und zum anderen wurde die Mundart in gesonderten Lesestunden zur Stärkung der Volks- und Heimatverbundenheit gepflegt. Seit den 1990er Jahren wird erneut über die Rolle und Bedeutung der Dialekte resp. Regionalsprachen diskutiert. Dies geschieht zum einen auf europäischer Ebene – hier haben sie im Rahmen der vom Europarat initiierten Sprachen-Charta als Teil des europäischen Erbes eine Aufwertung erfahren (s. Kasten 4). Zum anderen ist neuerdings zu beobachten, dass dialektstandardsprachliche Zweisprachigkeit positiv bewertet und – wie berechtigt auch immer – sogar zur Erklärung der besseren PISA-Ergebnisse der Schülerinnen und Schüler aus Bayern, Sachsen und Baden-Württemberg herangezogen wird, u.a. mit der Begründung, dass diese Kinder sich schon früh mit dem Unterschied zwischen gesprochener und geschriebener Sprache hätten auseinandersetzen müssen (s. Focus-online 24.07.2005; Süddeutsche Zeitung 7.05.2008).

KASTEN 4 ▶ **Europäische Charta der Regional- und Minderheitensprachen**

Die Europäische Charta der Regional- und Minderheitensprachen wurde vom Europarat initiiert und 1992 veröffentlicht. In fünf Absätzen wird auf die in vielen scheinbar sprachlich homogenen Staaten weiterhin existierenden Regional- und Minderheitensprachen als Teil des europäischen Erbes hingewiesen und dazu aufgefordert, diese Sprachen/Dialekte in den Bereichen Bildung, Justiz, Verwaltung, Kultur, Medien usw. zu berücksichtigen. Die Bundesregierung hat 1998 die Charta unterzeichnet und ratifiziert (vgl.: http://www.bmi.bund.de). Inzwischen gibt es erste Forderungen, die Regionalsprachen, z.B. das Niederdeutsche, auch als Unterrichtssprachen zu nutzen (vgl. Ostfriesische Landschaft 2003).

2.2 Konfliktfeld 2: Die fremde Sprache als Schulfach

Unterricht in modernen Fremdsprachen wurde bis in die zweite Hälfte des 20. Jahrhunderts nur in höheren, später auch mittleren Schulen, nicht aber in der Volksschule angeboten. Erst mit dem Hamburger Abkommen aus dem Jahr 1964 etablierte sich Englisch als Fremdsprache auch in der Hauptschule (ehemals Oberstufe der Volksschule). Daher war die Volksschule historisch nicht in den Streit darüber, ob und wie man die ,Muttersprachen' anderer Nationalstaaten lernen soll, involviert. Für sie galt der Satz: Das Volk brauche nur eine, die deutsche Sprache.

In der nationalen Logik, dass Einsprachigkeit der ,gesunde Normalfall' auch in Deutschland sei, galten alle nicht deutschen Nationalsprachen als ,nationalfremd'. Dementsprechend konnten sie nicht Medium der Bildung, sondern nur Unterrichtsfach sein. Auch wenn sich im Verlauf der Geschichte des Fremdsprachenunterrichts Zielsetzungen, Methodik und Didaktik oder auch das Angebot verändert haben (vgl. CHRIST/RANG 1985), so bestand hinsichtlich folgender Prinzipien weitgehend Einigkeit: Der Unterricht sollte erst nach Festigung der Muttersprache (Deutsch) ab dem Alter von 10 oder 12 Jahren einsetzen. Dies richtete sich u.a. gegen die in adeligen und teilweise auch bürgerlichen Familien verbreitete Praxis, ihre Kinder durch Einstellung (ausländischer) Kindermädchen, Gouvernanten oder Hauslehrer zwei- oder mehrsprachig aufwachsen zu lassen. Denn, so z.B. eine der kritischen Stimmen Mitte des 19. Jahrhunderts, wenn „man die Kinder um der frühen und leichten Gewöhnung willen von Anfang an mehrere Sprachen neben einander lernen lässt, z.B. neben der deutschen gleich auch die französische, bedenkt man nicht, daß die Vorteile dieses Verfahrens durch den tiefen Schaden weit überwogen werden, der für die weitere

Ausbildung des Kindes darin liegt, daß es dann in keiner Sprache eine feste, geistige Heimath hat" (Wiese 1859, S. 32). In gleicher Weise warnt Blocher, Anfang des 20. Jahrhunderts, vor jedweder Form der Zwei- und Mehrsprachigkeit und ,diagnostizierte' zudem noch, dass Zweisprachigkeit zu kulturellem Hochmut und politischer Illoyalität verführe, weil man meine, sich in zwei Kulturen auszukennen und mit zwei Sprachen zwei Nationen verbunden zu sein. Zwei Herren könne man jedoch nicht dienen (vgl. Blocher 1910).

Diese nationalpolitische Argumentation wurde nach dem Ersten Weltkrieg kulturkundlich gewendet und der Bezug zur deutschen Geschichte betont. Gelernt werden sollten vor allem Sprachen, „deren Völker im Verlauf der Geschichte die deutsche Kultur wesentlich beeinflusst haben" (Gronau 1929, Sp. 222) und Ziel der Fremdsprachenunterrichts sollte es sein, dass die Schüler und Schülerinnen im Durchgang durch die fremde Kultur und Sprache die eigene schätzen lernten. Spuren dieser historisch herausgebildeten Denkfiguren sind auch aktuell noch erkennbar. So ist erst in jüngster Zeit der Widerstand gegen das Erlernen einer fremden Sprache in der Grundschule oder auch im Kindergarten aufgegeben worden, allerdings nicht generell, sondern vor allem in Bezug auf Englisch bzw. in Grenzregionen, wenn es sich um die Standardsprache des Nachbarlandes handelt (s. hierzu kritisch Trabant 2009).

2.3 Konfliktfeld 3: Die Sprachen der autochthonen Minderheiten

Das dritte Konfliktfeld ist für die Geschichte des ,Streitfalls Mehrsprachigkeit' von zentraler Bedeutung, insofern die hier historisch herausgebildeten Deutungsmuster, Argumentationsfiguren und Handlungsstrategien ab den 1960er/1970er Jahren von bildungspolitischer und teilweise auch wissenschaftlicher Seite im vierten Konfliktfeld genutzt werden, ohne dass dies den Beteiligten bewusst gewesen sein dürfte bzw. bewusst ist.

Die nichtdeutschen Minderheitensprachen (s. Kasten 3) standen ab dem ersten Viertel des 19. Jahrhunderts im Zentrum des Streits über Vor- und Nachteile der Mehrsprachigkeit. Ziel war es, sie zugunsten der *einen* (deutschen) ,Muttersprache des Vaterlandes' als ,nicht kulturfähige' und ,bildungshinderliche' Sprachen zu markieren und aus der Schule wie aus dem öffentlichen Leben zu verdrängen. Gelungen ist dies letztlich nur bedingt: Zum einen wehrten sich der Minderheiten gegen die Marginalisierung ihrer Sprachen und wurden darin auch verschiedentlich von ,Mehrheitsseite' unterstützt, so z.B. die polnische, zumeist katholische Minderheit von der katholischen Kirche oder die dänische Minderheit von der dänischen Regierung. Nach dem Ersten Weltkrieg verbesserte sich ihre Situation infolge der Minderheitenpolitik des Völkerbundes, doch auch dann blieb die Unterstützung eng an eigene, seien es kirchen- oder staatspolitische Interessen gebunden.

Dass einige Minderheitengruppen und -sprachen entschiedener als andere bekämpft wurden, hatte ebenfalls politische Gründe. Deutlich wird dies am Beispiel der polnischen Minderheit. Sicherlich hat es auch eine Rolle gespielt, dass sie mit Abstand die größte Minderheit war. Entscheidend aber war, dass sie aufgrund der sogenannten polnischen Teilungen in Gebieten entlang der instabilen preußischen Ostgrenzen ansässig war. Daher interpretierte die preußischdeutsche Regierung jede Bestrebung auf Erhalt der polnischen Sprache und Pflege der polnischen Kultur als möglichen Schritt zu einer ‚Wiederherstellung‘ Polens als selbständigem Staat und suchte sie zu unterbinden. Auch in der Region, in der die dänische Minderheit lebte, war die Grenzsituation prekär. Allerdings musste Preußen hier vorsichtiger agieren, da die Interessen Dänemarks, des angrenzenden Nationalstaats gleicher Sprache, in dem zudem eine deutschsprachige Minderheit lebte, mitbedacht werden mussten, eine Situation, die im Verhältnis zu Polen erst nach 1918 gegeben war.

Für die Bekämpfung der Minderheitssprachen verfügten die (Bildungs-)Behörden über einen Katalog an Maßnahmen, die je nach historischem Zeitpunkt und politischer Bedeutung der Minderheitsgruppe sowie lokaler/regionaler Situation angeordnet wurden: Verstärkung des Deutschunterrichts; Kürzung bzw. Verbot der Minderheitensprache(n) als Unterrichtssprache(n) und/oder Fach; Verbot des Minderheitssprachunterrichts in der Lehrerausbildung; gesonderte Fortbildungsangebote im Deutschen für ansässige Lehrkräfte; Prämien für Lehrkräfte, die herausragende Erfolge in der ‚Deutschbildung‘ von Minderheitsschülerinnen und -schülern aufweisen konnten, aber auch Sanktionen für diejenigen, denen dies nicht gelang. Gelegentlich wurden Lehrkräfte aus den rein deutschsprachigen Gebieten in die Grenzregionen geschickt – im Austausch mit Lehrkräften aus den Minderheitsgebieten, die in rein deutschsprachigen Gebieten ihre Sprachkompetenzen verbessern sollten.

Die ersten Anzeichen dafür, dass die Minderheitsprachen als Hindernis für eine ‚moderne‘, auf nationale Einheit ausgerichtete Schul- und Sprachenpolitik angesehen wurden, sind einem 1798 von König Friedrich Wilhelm III verabschiedeten Reskript zu entnehmen, in dem er für die infolge der zweiten und dritten Teilung Polens frisch hinzu gewonnene südpreußische Provinz auf die schnelle Einführung des Deutschen drängt. Wenige Jahre später, nach erneuter Grenzveränderung, klagt ein Autor in der Zeitschrift „Der Schulrath an der Oder" (1815, S. 134), dass das Nebeneinander von Polnisch und Deutsch den Lehrern die Unterrichtstätigkeit zur Qual werden lasse und „dem Aufschwunge für Bildung [wie] ein großes Bleigewicht" anhänge. Er fordert, dass der Staat sich „mit allem Eifer" dafür einsetzen möge, „dieses Gezwitter zu vertilgen" und dass die „Geistliche[n] und Schullehrer (...) ihm Hand bieten [müssen], wenn sie es redlich meinen mit dem Vaterlande."

Noch zielte die Politik jedoch nicht auf die Durchsetzung des Deutschen als alleiniger Sprache ab, sondern darauf, der deutschen Sprache überhaupt erst einmal zu einem angemessenen Platz in den Minderheitenschulen zu verhelfen. Wie schwierig die Einführung des Deutschen als Unterrichtssprache war, zeigt z.B. eine 1862 durchgeführte Untersuchung in Posen, derzufolge die Deutschkenntnisse der Kinder beklagenswert niedrig gewesen seien. Der daraufhin in Gang gesetzte Austausch von Lehrkräften (s. oben), um die polnischsprachigen Schüler und Schülerinnen zu zwingen, dem Unterricht in Deutsch zu folgen, blieb letztlich erfolglos (vgl. SCHNEIDER 1887, S. 337). Mit der Gründung des Norddeutschen Bundes 1866 und vor allem mit der Reichsgründung 1871 bekam die Frage der nationalen Einheit und Identität, auch symbolisiert in der *einen, deutschen* Sprache, ein immer größeres Gewicht mit der Folge, dass der Minderheitssprachunterricht fast gänzlich verboten wurde (vgl. KNABE 2000).

Nach dem Ersten Weltkrieg und mit den Friedensverträgen veränderte sich die internationale politisch-rechtliche Situation grundlegend. Minderheitenschutz wurde ein wichtiges Element internationaler Politik, wenn auch der Schutz durch den Völkerbund letztlich nur schwach war. Das Deutsche Reich (1919) sowie Preußen (1920) fügten einen Minderheitenschutzartikel in ihre Verfassungen ein. Noch Ende des Jahres 1918 verabschiedete das preußische Kultusministerium einen Erlass, nach dem zunächst für die polnische, dann auch für die dänische und sorbische Minderheit – den drei Gruppen, deren Territorien weiterhin zu Preußen bzw. zum Deutschen Reich gehörten – der Lese-, Schreib- und Religionsunterricht in der ‚eigenen' Sprache wieder erlaubt wurde. Gegen Ende der 1920er Jahre wurde sogar die rechtliche Möglichkeit geschaffen, Minderheitenvolksschulen mit der ‚eigenen' Sprache als Unterrichtssprache einzurichten (für weitere Besonderheiten, wie z.B. für Oberschlesien, und zu den Strategien, Minderheitssprachunterricht dennoch zu verhindern vgl. KRÜGER-POTRATZ/JASPER/KNABE 1998).

Die Weimarer Republik hat nur knapp 15 Jahre gedauert und die wirtschaftlich-politischen Schwierigkeiten haben sich negativ in allen Politikfeldern, so auch in der Bildungs- und Minderheitenpolitik ausgewirkt. Daher kann man letztlich nur darüber spekulieren, wie sich die preußische Sprach- und Schulpolitik unter sich stabilisierenden ökonomischen und politischen Verhältnissen entwickelt hätte. Fakt ist, dass ab 1933, mit Beginn der Nazi-Diktatur, die sprachlichen Minderheiten erneut und zum Teil bis zur Vernichtung ausgegrenzt worden sind, diesmal vor allem als ‚ethnisch'- resp. ‚rassisch-Fremde'.

Die beiden deutschen Staaten, die nach einer relativ kurzen Besatzungszeit 1949 gegründet wurden, knüpften auf unterschiedliche Weise und nicht konfliktfrei an die Minderheiten(sprach)politik der Weimarer Republik an: in der Bundesrepublik in Bezug auf die dänische Minderheit in Schleswig-Holstein und in der Deutschen Demokratischen Republik in Bezug auf die Sorben (vgl. HANSEN/WENNING 2003). Nach dem Beitritt der DDR zur Bundesrepublik im Oktober 1990 sind die Bundesländer Sachsen und Brandenburg für die sorbische Minderheit zuständig. Zweisprachigkeit ist in diesen Minderheitengebieten aktuell kein Streitfall mehr, bzw. wenn, so nur noch einer mit lokaler Bedeutung.

2.4 Konfliktfeld 4: Migrationsbedingte Mehrsprachigkeit

(Reichs)ausländische Kinder waren in Preußen, im Gegensatz zu einigen süddeutschen Staaten, grundsätzlich von der Schul(besuchs)*pflicht* ausgenommen, da – so die Begründung – ein Nationalstaat an der Ausbildung „leistungsfähiger Staatsbürger" nur in Bezug auf die „eigenen Staatsbürger (…) nicht jedoch für Ausländer" Interesse haben könne (GRAEBER 1925). Somit erübrigte sich aus Sicht der Bildungsbehörden jegliche Diskussion über die Berücksichtigung der ‚zugewanderten' Sprachen. Ausländische Kinder waren allerdings schul*berechtigt*, sofern ein entsprechendes Abkommen mit dem jeweiligen Heimatstaat des Kindes bestand. In diesen zwischenstaatlichen Verträgen, die auch die Schulberechtigung preußischer Schulkinder im jeweiligen Vertragsstaat gewährleistete, war jedoch nur der Zugang zur staatlichen Schule und ggf. die Höhe des Schulgeldes geregelt.

Die Frage der Berücksichtigung der jeweils anderen Sprache oder einer speziellen Förderung in Deutsch – im Fall des Schulbesuchs in Preußen – war *nicht* Gegenstand solcher Abkommen: „Eine positive Vorschrift, daß stets ein Mindestmaß von Deutschunterricht erteilt werden muß, *ist nicht gegeben*; es ist jedoch davon auszugehen, daß ein Unterricht im allgemeinen nur dann als ausreichend angesehen werden wird, wenn auch angemessener Deutsch-Unterricht erteilt wird", heißt es in einem Schreiben des preußischen Kultusministeriums an das Auswärtige Amt vom 26.02.1930 (BArch R4901 Nr. 3309 Gen. 1; Hervorh. M.K.-P.). Für diesen „angemessenen Unterricht" mussten Eltern (reichs-) ausländischer Kinder jedoch selbst sorgen, sofern sie ihre Kinder in eine staatliche Schule schickten, oder sie mussten eine der anderen Lösungen wählen: die Anmeldung in einer (anderssprachigen) Privatschule, Hausunterricht, Internatsbesuch bzw. die Beschulung im Herkunftsland (s. auch KRÜGER-POTRATZ 2005a, S. 81-93, 98-101).

Ausländischen Arbeitern und Arbeiterinnen war es untersagt, ihre Kinder im schulpflichtigen Alter mitzubringen. Dass sie es dennoch taten, geht z.B. aus Berichten von Arbeitsinspektoren oder Wohlfahrtsorganisationen hervor, allerdings galt ihr Interesse nicht dem Schulbesuch sondern der Mitarbeit der Kinder zur Aufbesserung des Familieneinkommens. Diese Politik der Ausgrenzung hat ihre Wirkung bis weit in die zweite Hälfte des 20. Jahrhunderts entfaltet. Im Verlauf der zweiten Hälfte der 1960er Jahre wurde zwar mit der Tradition der *rechtlichen* Ausgrenzung ausländischer Kinder und Jugendliche in der Bundesrepublik gebrochen und die allgemeine Schul*pflicht* auf ausländische Kinder und Jugendliche ausgeweitet. Daraus folgte, dass sich die bildungspolitisch Verantwortlichen erstmals mit der Frage auseinandersetzen mussten, wie sie mit der ,eingewanderten' Mehrsprachigkeit umgehen wollten. Ihre Antworten und ,Lösungen' bezogen sie – ohne dass dies so wahrgenommen oder gar explizit diskutiert wurde – aus der Geschichte der Minderheitenbeschulung (s. Konfliktfeld 3), verbunden mit der unausgesprochenen Erwartung, dass die in den 1970er/1980er Jahren eingeführten Eingliederungshilfen, wie Vorbereitungsklassen, Deutschförderunterricht oder auch Herkunftssprachenunterricht, nur für eine begrenzte Zeit notwendig seien (vgl. KRÜGER-POTRATZ 2005b). Die deutsche, monolinguale Schule blieb in ihren Strukturen und Inhalten unangetastet.

Erst im Rahmen der Ende der 1990er, Anfang der 2000er Jahre eingeleiteten neuen Migrations- und Integrationspolitik sind Ansätze zu erkennen, mit der aus dem 19. Jahrhundert überkommenen, auf Abwehr bzw. Assimilation ausgerichteten Sprach- und Bildungspolitik zu brechen und Mehrsprachigkeit bzw. generell Heterogenität nicht mehr explizit oder implizit als Störfaktor, sondern auch als Ressource anzusehen (s. hierzu die anderen Beiträgen im vorliegenden Band).

3 Zusammenfassung

In der konfliktreichen, wechselvollen, mehr als 200jährigen Geschichte des Streits über Zwei- und Mehrsprachigkeit haben sich die Linien der Diskussion mehrfach verändert. Hinzugekommen ist im Zuge des europäischen Integrationsprozesses die europäische Mehrsprachigkeit als neues sprachpolitisches Konfliktfeld mit einer eigenen Dynamik. Bei aller Problematik ist durchaus erkennbar, dass die politische Notwendigkeit, sich im europäischen Kontext produktiv mit Mehrsprachigkeit auseinandersetzen zu müssen (und sei es im Interesse der eigenen [National-]Sprache), sich auch positiv auf die Debatten über Mehrsprachigkeit in den vier Konfliktfeldern auswirkt. Beobachtbar ist, dass in den europäischen Staaten – je nachdem in welche europäische Region man schaut – entweder die Minderheitssprachenfrage oder die migrationsbedingte

Mehrsprachigkeit im Mittelpunkt des Interesses steht. In den (süd-)osteuropäischen Staaten ist eher ersteres der Fall, in den westeuropäischen, darunter auch in Deutschland, eher letzteres. Die hier zu beobachtenden Ansätze in Theorie und Praxis, Mehrsprachigkeit (unter Einbezug aller Sprachen) als Ressource zu verstehen, dies datengestützt auch zu belegen und praxisfähige Konzeptionen für einen produktiven Umgang mit Mehrsprachigkeit in allen ihren Facetten zu entwickeln, ist ein wichtiger Beitrag für eine demokratische, auf Inklusion ausgerichtete Schulentwicklung in der Einwanderungsgesellschaft.

Fragen und Denkanstöße

1. Erläutern Sie bitte die Begriffe *Mehrheit* und *Minderheit* unter Beachtung des Prozesses, infolgedessen ein Teil der Bevölkerung zur Mehrheit wird und ein anderer bzw. andere Teile der Bevölkerung zu Minderheit(en) werden.
2. Fassen Sie bitte – in einem ersten Schritt – die Argumente und Strategien zusammen, die zur Rechtfertigung und Durchsetzung der nationalen Sprache, hier der deutschen Sprache, entwickelt worden sind und prüfen Sie – in einem zweiten Schritt –, welche dieser Argumente und Strategien auch in der aktuellen Diskussion in gleicher oder auch in leicht veränderter Form noch präsent sind.
3. Im Konfliktfeld 4 wird dargestellt, dass Kinder fremder Staatsangehörigkeit in Preußen prinzipiell nicht schulpflichtig, sondern nur schulberechtigt waren und dass die Schulen auch nicht gehalten waren, sie aufzunehmen. Höhere Schulen, für die Schulgeld bezahlt werden musste, konnten über lange Zeit von ausländischen Schülerinnen oder Schülern sogar ein deutlich höheres Schulgeld verlangen. Doch es gab auch bestimmte Ausländergruppen, für deren problemlose Aufnahme und Gleichbehandlung in den staatlichen Schulen sich das Kultusministerium nachdrücklich einsetzte. So wird z.B. in einem Erlass von 1923 empfohlen, „Reichsausländer deutscher Abstammung und Muttersprache, die in abgetretenen Gebieten oder in der Diaspora beheimatet sind [und] Schüler (Schülerinnen), deren Eltern die deutsche Staatsangehörigkeit zwar nicht haben, aber bereits längere Zeit im Inlande ansässig sind [gemeint ist vor 1914] und ihr Einkommen wesentlich aus dem Inlande beziehen", den inländischen Kindern gleichzustellen, d.h. sie zu den gleichen Bedingungen wie reichsinländische/preußische Kinder zu beschulen (Zentralblatt 1923, S. 78; zit. nach KRÜGER-POTRATZ 2005a, S. 70f.).
   Erklären Sie *erstens,* welches Merkmal dieser Gruppe(n) die fremde Staatsangehörigkeit als zweitrangig erscheinen lässt und überlegen Sie *zweitens,* welche von den in die Bundesrepublik Deutschland aus dem Ausland zugewanderten Gruppen in Kontinuität dieses Argumentationsmusters in den

Schulen aufgenommen und (zumindest bis Anfang der 1990er Jahre) bevorzugt eingegliedert worden ist.

Literaturempfehlungen

GOGOLIN, I./KRÜGER-POTRATZ, M. (2006): Einführung in die Interkulturelle Pädagogik. Opladen.
Diese umfassende Einführung in Fragen von Bildung und Migration enthält zwei Kapitel, in denen es um die Geschichte des Umgangs mit sprachlichkulturellerer, ethnischer und nationaler Heterogenität geht. Im letzten Kapitel („Hilfen zur Orientierung und zum wissenschaftlichen Arbeiten") sind weitere, für das Thema relevante Publikationen (z.B. Quellensammlungen, Handbücher) angegeben. 2011 wird eine 2. vollständig überarbeitete Auflage erscheinen.

HANSEN, G./WENNING, N. (2003): Schulpolitik für andere Ethnien in Deutschland. Zwischen Autonomie und Unterdrückung. Münster .
Das Buch vermittelt anhand von historischen und aktuellen Beispielen einen Eindruck von der Situation von Kindern und Jugendlichen aus unterschiedlichen ethnischen Gruppen. Gezeigt wird, dass und wie die Unterschiedlichkeit der Bildungssituationen mit den jeweiligen politischen, wirtschaftlichen und gesellschaftlichen Entwicklungen zusammenhängt. Das Spektrum der Beispiele reicht zeitlich von der Wende des 17. zum 18. Jahrhundert bis zur Wende vom 20. zum 21. Jahrhundert. Berücksichtigt werden ansässige Minderheiten, Migrantinnen und Migranten (Flüchtlinge, Arbeitsmigranten, Aussiedler), nicht territorial gebundene Minderheiten wie Sinti und Roma oder besondere, auch exterritoriale Schülergruppen, wie die Kinder der Angehörigen der NATO-Streitkräfte.

KRÜGER-POTRATZ, M./JASPER, D./KNABE, F. (1994): ,Fremdsprachige Volksteile' und deutsche Schule. Schulpolitik für die Kinder der autochthonen Minderheiten in der Weimarer Republik. Münster.
Das Besondere dieses Buches ist, dass jedem Kapitel zentrale rechtliche Dokumente und/oder charakteristische Texte beigefügt sind, so dass die Leserinnen und Leser sich selbst ein Bild von der Art der Argumentation auf Seiten der Bildungsbehörden, der Mehrheitsvertreter wie der Minderheiten machen können. Ergänzt wird dies durch eine Chronik, in der die wichtigsten Etappen der Auseinandersetzung zeitlich geordnet dokumentiert sind.

Literaturverzeichnis

Adick, C. (1996): Muttersprachliche und fremdsprachliche Bildung im Missions- und Kolonialschulwesen. In: Bildung und Erziehung, 46, S. 283-298.

Blocher, E. (1910): Zweisprachigkeit. Vorteile und Nachteile. In: Rein, W. (Hrg.): Enzyklopädisches Handbuch der Pädagogik, Bd. 10. Langensalza, S. 665-670.

Christ, H./Rang, H.J. (Hrsg.) (1985): Fremdsprachenunterricht unter staatlicher Verwaltung 1700 bis 1945. Eine Dokumentation amtlicher Richtlinien und Verordnungen. Tübingen (= Neuere Fremdsprachen II, 4).

Der Schulrath an der Oder (1815): Für Vorsteher der Volksschulen, Lehrer an den selben und andere Freunde und Befürworter des Volksschulwesens. Hrsg. von D. Krüger und W. Harnisch. Breslau.

Drach, [o.Vn.] (1930): Mundart. In: Schwartz, H. (Hrg.), in Verbindung mit der Gesellschaft für evangelische Pädagogik und unter Mitwirkung zahlreicher Fachleute: Pädagogisches Lexikon, Bd. 3. Bielefeld, Sp. 760-763.

Graeber, [o.Vn.] (1925): IV: Keine Schulpflicht, auch keine Fortbildungsschulpflicht von Ausländern in Preußen. Bedeutung des Artikels 195 der Reichsverfassung. Entscheidung des Preußischen Kammergerichts (I. Strafsenat) vom 24.06.1924; I S 457/24 (Original) eingesandt vom Kammergerichtsrat Geh. Justizrat Dr. Graeber. In: Preußisches Volksschularchiv 1925, S. 250f.

Falk [o.Vn.] (1872): Zweck und Bedeutung des Gesetzentwurf über die Schulaufsicht. Rede des Kultusministers Falk im Abgeordnetenhaus am 14.2.1872. In: Provinzial-Correspondenz. Berlin 10. Jg.. http://amtspresse.staatsbibliothek-berlin.de/vollanzeige.php?file=9838247/1872/1872-02-14.xml&s=3 (Stand: 12.1.2010).

Europarat (1992): Europäische Charta der Regional- und Minderheitensprachen (1998 von Deutschland unterzeichnet und ratifiziert). http://www.bmi.bund.de (Stand 21.1.2010).

Forschungszentrum Deutscher Sprachatlas, FB 09 Universität Marburg. http://www.uni-marburg.de/fb09/dsa, insbesondere: Digitaler Wenker-Atlas (Stand 22.1.2010).

Gogolin, I. (1994): Der monolinguale Habitus der multilingualen Schule. Münster.

Gogolin, I./Krüger-Potratz, M. (2006): Einführung in die Interkulturelle Pädagogik. Opladen.

Gronau [o.Vn.] (1929): Fremdsprachlicher Unterricht. In: Schwartz, H. (Hrsg.), in Verbindung mit der Gesellschaft für evangelische Pädagogik und unter Mitwirkung zahlreicher Fachleute: Pädagogisches Lexikon, Bd. 2. Bielefeld, Sp. 222-230.

Hahn, H.-H. (1999): Nationale Minderheiten und Mehrheitsnationen im 19. Jahrhundert. Einige grundsätzliche Überlegungen zur kollektiven Identitätsbildung. In: Ders./ Kunze, P. (Hrsg.): Nationale Minderheiten und staatliche Minderheitenpolitik in Deutschland im 19. Jahrhundert. Berlin, S. 205-210.

Hansen, G. (2007): Völkisch-rassistische NS-Schulpolitik im Reichsgau Wartheland und im Generalgouvernement. In: Ruchniewicz, K./Zinnecker, J. (Hrsg.): Zwischen Zwangsarbeit, Holocaust und Vertreibung. Polnische, jüdische und deutsche Kindheiten im besetzten Polen. Weinheim, S. 63-70.

Hansen, G./Wenning, N. (2003): Schulpolitik für andere Ethnien in Deutschland. Zwischen Autonomie und Unterdrückung. Münster.

Hildebrandt, R. R. (1868): Vom deutschen Sprachunterricht in der Schule und von etlichem ganz Anderem, was doch damit zusammenhängt. Leipzig.

Knabe, F. (2000): Sprachliche Minderheiten und nationale Schule in Preußen zwischen 1871 und 1933. Eine bildungspolitische Analyse. Münster.

Kremnitz, G. (1990): Gesellschaftliche Mehrsprachigkeit. Wien.

Kremnitz, G. (1997): Die Durchsetzung der Nationalsprachen in Europa. Münster.

Krüger-Potratz, M. (2005a): Interkulturelle Bildung. Eine Einführung. Münster.

Krüger-Potratz, M. (2005b): Migration als Herausforderung für Bildungspolitik. In: Leiprecht, R. (Hg.): Schule in der Einwanderungsgesellschaft. Schwalbach/Ts, S. 56-82.

Krüger-Potratz, M./Jasper, D./Knabe, F. (1998): Fremdsprachige Volksteile und deutsche Schule. Schulpolitik für die Kinder der autochthonen Minderheiten in der Weimarer Republik. Münster.

Mattheier, K.J. (2000): 136. Die Durchsetzung der deutschen Hochsprache im 19. und beginnenden 20. Jahrhundert: sprachgeographisch, sprachsoziologisch . In: Besch, W. u.a. (Hrsg.): Sprachgeschichte. Ein Handbuch zur Geschichte der deutschen Sprache und ihrer Erforschung. Teilband 2. 2. vollst. neu bearb. u. erw. Aufl. Berlin, S. 1951-1966.

Ostfriesische Landschaft (Hrsg.) (2003): Mehrsprachigkeit in der Vor- und Grundschulperiode – Schwerpunkt: Bilingualer Unterricht. Dokumentation des EU-Projekts „Mehrsprachigkeit in der Vor- und Grundschulperiode, Projektaktivitäten und -ergebnisse in Ostfriesland. Aurich.

Trabant, J. (2009): Zweisprachige Erziehung. Peinliches Deutsch. Süddeutsche Zeitung, 15.12.2009. http://ssl.sueddeutsche.de/jobkarriere/324/497627/text/ (Stand 29.7.2010).

Wenker, G. (1923): Sprachatlas des Deutschen Reiches 1888-1923; s. Marburger Forschungszentrum Deutscher Sprachatlas; Digitaler Wenker-Atlas (DIWA). http://www.3.diwa.info/titel.aspx (Stand 29.7.2010).

Weicken, F. (1914): Muttersprache. In: Roloff, E.M. (Hrsg.): Lexikon der Pädagogik, Bd. 3. Freiburg i. Br., Sp. 791f.

Wienbarg, L. (1834): Soll die plattdeutsche Sprache gepflegt oder ausgerottet werden? Hamburg. http://de.wikisource.org/wiki/Soll_die_plattdeutsche_Sprache_gepflegt_oder_ausgerottet_werden%3F (Stand: 2.2.2010).

Wiese, L.A.(1859): Ueber den Missbrauch der Sprache. Berlin.

Zentralblatt/Deutscher Unterricht (1872): Deutscher Unterricht in polnischen und gemischten Schulen. Bericht/Aus dem Amtlichen Schulblatt der Provinz Posen. In: Zentralblatt für die gesamte Unterrichtsverwaltung in Preußen. S. 359-362.

Kapitel 3

Sara Fürstenau | Heike Niedrig

Die kultursoziologische Perspektive Pierre Bourdieus: Schule als sprachlicher Markt

Die kultursoziologische Theorie Pierre BOURDIEUS eignet sich als Grundlage dafür, die Zusammenhänge zwischen Sprache, sozialer Schichtung und sozialen Machtverhältnissen zu beleuchten. Sie kann den Blick dafür schärfen, was in der Diskussion über das ‚Problem' sprachlicher Praxis und Bildung in der Einwanderungsgesellschaft explizit und implizit verhandelt wird. Wessen Sprachgebrauch wird von wem in welcher Sprache als ‚Problem' beschrieben? Welcher Sprachgebrauch wird in der Schule belohnt, und wer bestimmt die Kriterien dafür?

BOURDIEUS sprachsoziologischer Ansatz grenzt sich vom Ansatz einer ‚reinen Sprachwissenschaft' ab, die darauf basiert, Sprache von den „gesellschaftlichen Bedingungen ihrer Produktion, Reproduktion und ihres Gebrauchs" zu trennen (BOURDIEU 1990, S. 8). BOURDIEU zufolge ist jegliche Kommunikation in soziale Hierarchie- und Machtverhältnisse eingebunden, und in jedem „sprachlichen Austausch" sind diese Machtverhältnisse zwischen den Sprechern bzw. zwischen den jeweiligen sozialen Gruppen, denen sie angehören, präsent (vgl. ebd., S. 11). Das gilt, wie in diesem Kapitel deutlich werden soll, in besonderem Maße für die Institution Schule.

KASTEN 1 ▶   **Pierre BOURDIEU**

 BOURDIEU war ein bedeutender französischer Sozial-
wissenschaftler. Er führte ethnologische und soziolo-
gische Studien in Algerien und Frankreich durch und
lehrte an unterschiedlichen Universitäten. Ab 1982
war BOURDIEU Professor für Soziologie am Collège de
France, dem angesehensten französischen Forschungs-
institut. Seine eigenen Erfahrungen als ‚Bildungsauf-
steiger' aus der bäuerlich geprägten Pyrenäenregion
Béarn und seine ethnologischen Forschungsprojekte
Ende der 1950er Jahre, u.a. zu den symbolischen
Machtverhältnissen bei den Kabylen, einem Berbervolk im Norden Algeriens,
später auch zu sozialen Strukturen in der französischen Gesellschaft, haben
BOURDIEUS Blick für die subtilen Formen der sozialen Hierarchisierung und der
symbolischen Herrschaftspraktiken geschärft (vgl. z.B. „Die feinen Unterschiede" (frz. 1979); die Studie gilt als BOURDIEUS Hauptwerk). BOURDIEU war Zeit
seines Lebens nicht nur wissenschaftlich, sondern auch politisch aktiv. So kri-
tisierte er z.B. in den 1960er Jahren das Vorgehen der französischen Armee in
Algerien, solidarisierte sich 1995 mit streikenden Bahnarbeitern, unterstützte
die Arbeitslosenbewegung in Frankreich und war Mitbegründer der globalisie-
rungskritischen Bewegung ATTAC. Obwohl BOURDIEU selbst eine hohe Position
im stark hierarchisierten französischen Universitätssystem erreicht hat, wahrte
er auch gegenüber dem Bildungssystem kritische Distanz. Gemeinsam mit dem
Soziologen Claude PASSERON hat BOURDIEU in den 1960er Jahren die Reproduktion sozialer Ungleichheit im französischen Bildungssystem untersucht. Die
darauf basierenden Schriften wurden 1971 in deutscher Sprache unter dem Titel
„Die Illusion der Chancengleichheit" veröffentlicht und beeinflussen bis heute
die wissenschaftliche Diskussion über Bildungsungleichheit. Ende der 1980er
Jahre wirkte BOURDIEU in einer vom französischen Ministerium für das nationale Erziehungswesen eingesetzten Kommission zur Neubestimmung der Unterrichtsinhalte mit (vgl. BOURDIEU 2001a).

---

1   Das Modell des sprachlichen Markts

1.1   Sozialer Raum, Kapital und Habitus

BOURDIEUS sprachsoziologischer Ansatz ist in eine Gesellschaftstheorie eingebettet, die das Problem der sozialen Ungleichheit als komplexes Zusammenspiel
zwischen Besitzverhältnissen und symbolischen Hierarchien untersucht. Sozia-

le Ungleichheit wird in soziologischen Modellen in der Regel mit dem Fokus auf Verhältnisse der Über- und Unterordnung abgebildet; allgemein bekannt sind die so genannten ‚Schichtenmodelle', die die Gesellschaft grob in Ober-, Mittel- und Unterschicht aufteilen, wobei diese Schichten weiteren Differenzierungen unterliegen. Berücksichtigt werden dabei beispielsweise Daten zum Einkommen, zum Bildungsabschluss und zur beruflichen Position. Auch im Alltagsbewusstsein werden gesellschaftliche Ungleichheitsverhältnisse räumlich, d.h. als ein Verhältnis zwischen ‚Oben – Mitte – Unten', gedacht; deutlich in Redewendungen wie ‚die oberen Zehntausend', ‚die da oben – wir hier unten', ‚sozialer Aufstieg' oder ‚Mitte der Gesellschaft'.

BOURDIEUS Konstrukt des *Sozialen Raums* greift die soziologische Raummetapher auf; auch bei BOURDIEU sind die Hauptkategorien die oberen bzw. die herrschenden Klassen, die mittleren Klassen (das sogenannte ‚Kleinbürgertum') sowie die ‚beherrschten Volksklassen' ganz unten. BOURDIEU ergänzt die vorherrschende vertikale Sicht aber um eine horizontale Achse (‚Links – Mitte – Rechts'). Grundlage für dieses Modell ist BOURDIEUS große Studie der französischen Gesellschaft in den 1970er Jahren („Die feinen Unterschiede", vgl. BOURDIEU 1996). BOURDIEU zeigt, dass sich viele sozial relevante Phänomene und Auseinandersetzungen nur angemessen deuten lassen, wenn nicht nur Unterschiede im absoluten ‚Kapitalbesitz' (vertikale Achse), sondern auch Unterschiede in der qualitativen Zusammensetzung des jeweiligen ‚Kapitalbesitzes' (horizontale Achse) berücksichtigt werden (vgl. Kasten 2). Dabei unterscheidet BOURDIEU zwischen verschiedenen ‚Kapitalsorten': *Ökonomisches Kapital* ist Besitz, der direkt in Geld umwandelbar ist. *Kulturelles Kapital* ist vor allem Bildung und existiert in drei Formen: (1.) Inkorporiertes kulturelles Kapital ist das Wissen, die Bildung, die ein Mensch sich angeeignet hat, (2.) objektiviertes kulturelles Kapital sind kulturelle Güter, z.B. Bücher und Gemälde, und (3.) institutionalisiertes kulturelles Kapital sind Beglaubigungen kulturellen Kapitals, also Bildungszertifikate. *Soziales Kapital* besteht aus Beziehungen und Zugehörigkeiten zu sozialen Netzwerken und Gruppen, aus denen sich ‚Profite' ergeben können.

Die ‚herrschende Klasse' beispielsweise, die aufgrund ihres ‚absoluten Kapitalbesitzes' auf der vertikalen Achse ganz oben angesiedelt ist, differenziert BOURDIEU auf der horizontalen Achse aus: Es gibt demnach eine Fraktion, bei der das kulturelle Kapital das ökonomische Kapital überwiegt (Hochschulprofessoren, Künstler, Intellektuelle) und eine Fraktion, bei der umgekehrt das ökonomische Kapital in Relation zum kulturellen Kapital dominant ist (Industrielle, Unternehmertum). Dazwischen – mit ‚ausgeglichener Kapitalstruktur' – siedelt BOURDIEU die ‚freien Berufe' an (Ärzte, Anwälte, Notare). Nach diesem Prinzip verfährt BOURDIEU auch auf den weiteren Ebenen der vertikalen Achse.

KASTEN 2 ▶   Der soziale Raum (Quelle: KOLLER 2004, S. 148)

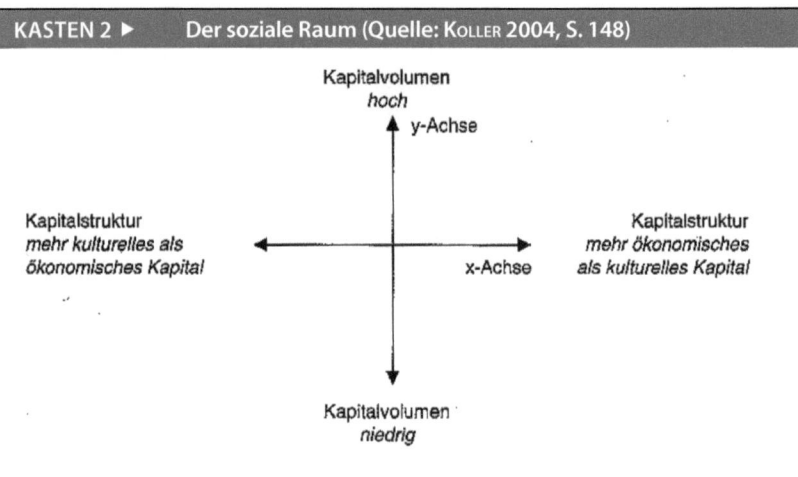

Betont werden muss, dass es sich bei den Platzierungen im sozialen Raum nach BOURDIEU nicht um absolute, sondern immer um *relative* Positionierungen handelt; d.h. jede Position definiert sich durch ihr *Verhältnis* zu allen anderen. Das ist das Prinzip der relationalen Raumstruktur. Soziologisch interessant ist diese Struktur unter anderem deshalb, weil BOURDIEU in seiner Untersuchung der „feinen Unterschiede" empirisch nachweisen kann, dass die ‚objektiven Positionen' im Sozialen Raum mit Merkmalen des Lebensstils korrespondieren – d.h. mit persönlichen Vorlieben und Aspekten der Lebensgestaltung, die meist als ‚ganz individuell' wahrgenommen werden: von der Wohnungseinrichtung über den Kleidungsstil, bevorzugte Lebensmittel, Getränke, Freizeitinteressen, bis hin zum ganz ‚persönlichen Geschmack' – beispielsweise überprüfbar an der Frage, ob ein bestimmtes Fotomotiv (etwa ein Sonnenuntergang) als ‚originell', ‚schön' oder ‚kitschig' empfunden wird.

KASTEN 3 ▶ **BOURDIEU-Zitat**
Über „Die feinen Unterschiede": Lebensstil und Habitus

„Mein Versuch geht dahin zu zeigen, daß zwischen der Position, die der einzelne innerhalb eines gesellschaftlichen Raums einnimmt, und seinem Lebensstil ein Zusammenhang besteht. [...] Als Vermittlungsglied zwischen der Position oder Stellung innerhalb des sozialen Raums und spezifischen Praktiken, Vorlieben, usw. fungiert das, was ich *Habitus* nenne, das ist eine allgemeine Grundhaltung, eine Disposition gegenüber der Welt, die zu systematischen Stellungnahmen führt. Es gibt mit anderen Worten tatsächlich – und das ist meiner Meinung nach überraschend genug – einen Zusammenhang zwischen höchst disparaten Dingen: wie einer *spricht,* tanzt, lacht, liest, was er liest, was er mag, welche Bekannte und Freunde er hat usw. – all das ist eng miteinander verknüpft. Und das haben, glaube ich, in dieser Klarheit vor mir nur wenige formuliert – unter anderem die Schriftsteller. Für Balzac etwa war es eine ausgemachte Sache, daß er, wenn er das Haus schilderte, in dem seine Helden wohnten, zugleich diese selbst beschrieb – und daß bei der Schilderung der Helden auch von deren Häusern die Rede war".
(Pierre BOURDIEU im Gespräch – Die feinen Unterschiede. Aus: BAUMGART 2004, S. 206; unsere Hervorhebung)

Die Verbindung zwischen der sozialen Position und dem Lebensstil einer Person ist in BOURDIEUS theoretischem Ansatz der *Habitus*. Die Bedeutung des Begriffs ‚Habitus', einer Ableitung aus dem lateinischen Grundbegriff ‚habere' (haben), erschließt sich, wenn man andere Ableitungen in diversen europäischen Sprachen heranzieht, wie ‚habituel' (frz.: gewohnt, üblich) oder ‚habit' (engl.: Gewohnheit) bzw. ‚habitual' (engl.: gewohnheitsmäßig). BOURDIEU spricht auch von „Dispositionen" (d.h. Anlagen oder Neigungen). Er betont, dass es keinen *mechanischen* Zusammenhang zwischen der Positionierung einer Person im sozialen Raum und ihren Dispositionen gebe, sondern dass es vielmehr um eine Frage der *Wahrscheinlichkeit* geht, z.B. die Wahrscheinlichkeit, Personen mit bestimmten sozialen Positionierungen in einer Kunstausstellung anzutreffen. Der Habitus bezeichnet also Dispositionen von Akteuren unterschiedlicher sozialer Lage, die sich im sozialen Milieu ihrer Herkunft entwickelt haben und die ihr Denken, Urteilen und ihren Geschmack zwar nicht determinieren, aber doch in gewissen Grenzen vorhersehbar machen. Es handelt sich um das Produkt eines Prozesses der ‚Gewöhnung', der in der eigenen Familie und deren sozialen Umfeld einsetzt. Dieser Prozess wird auch als Sozialisation bezeichnet. Für BOURDIEU ist dieser Prozess der ‚Habitualisierung' unter anderem deshalb besonders tiefgreifend, da er davon ausgeht, dass die Habitusformation insbesondere über eine Formung und Disziplinierung des Körpers funktioniert: Wie eine Person sich körpersprachlich präsentiert, wie sie isst, und eben auch wie sie *spricht* ist unter anderem Ergebnis ihrer Sozialisation. So ist das Sprechen bzw. die Aussprache von der im frühen Spracherwerb erfolgenden Formung der Stimmwerkzeuge geprägt. Der sog. ‚Akzent' einer Person verrät nicht nur etwas über ihre Erstsprache, sondern auch über ihre regionale und soziale Herkunft.

Da der Habitus mit dem sozialen Milieu korrespondiert, in dem er entstanden ist, ist er in ebendiesem Herkunftsmilieu funktional und passend, also unauffällig; die Menschen fühlen sich in ihrem eigenen sozialen Kontext in ihrem Element – wie ‚Fische im Wasser'. Erst bei mangelnder Korrespondenz zwischen Habitus und sozialer Struktur werden die habitualisierten Wahrnehmungs-, Denk- und Handlungsweisen zu einem Problem; die betreffende Person spürt unter Umständen, dass sie an diesem Ort ‚fehl am Platz' ist. Relevant ist dies z.B., wenn ein Landarbeiterkind auf eine höhere Schule geht, die einen sozialen Kontext darstellt, der mit einem Mittel- bis Oberschichthabitus korrespondiert.

Eine rasche und umfassende ‚Akkulturation', d.h. eine Anpassung an eine neue soziokulturelle Umgebung, ist immer nur bis zu einem bestimmten Grad möglich, da die primäre Sozialisation, d.h. die Habitusformation in der Herkunftsfamilie, besonders prägend ist. Hier wird deutlich, dass der klassentypische Habitus eine große Relevanz für die Stabilisierung von Ungleichheitsverhältnissen hat. Der Habitus prägt nämlich auch die jeweilige Einstellung zu ‚Bildung', im Sinne des Erwerbs desjenigen kulturellen Kapitals, dem eine hohe gesellschaftliche Anerkennung zukommt und das BOURDIEU daher auch als ‚legitimes Kulturkapital' bezeichnet.

KASTEN 4 ▶ „Das verborgene Wort" Auszüge aus dem Roman von Ulla HAHN (2004, erste Auflage 2001)

„Hört mal her, Kinder: Eine gut gebratene Gans, mit einer goldenen Gabel gegessen, ist eine gute Gabe Gottes. Nun, wer kann das nachsprechen? Hildegard! Ich stand auf, die Klasse im Rücken, ihre Augen im Rücken, das Scharren ihrer Füße, vor mir das Gesicht der Lehrerin, ein flaches, breites, rotgerändertes Gesicht, aus dem eine große, leicht nach links geneigte Nase sprang, die dunklen Haare schon grau. Ihr Bräutigam war ohne Beine aus dem Krieg gekommen, und sie hatte die Verlobung gelöst. Jetzt lebte sie, wie sie gleich am ersten Tag gesagt hatte, nur noch für uns, ihre Kinder.
Ich vergrub meinen Blick in dieses Gesicht. Seine Augen waren hinter dicken Brillengläsern verborgen, in denen sich die Morgensonne brach.
Eine jut jebratene Jans ... Die Klasse wurde unruhig. ... mit joldener Jabel jejessen ... Das erste Glucksen. Ist eine jute Jabe Jottes. Die Klasse johlte.

Ruhe! Setz dich, Hildegard.

Doris, jetzt du. Doris' Vater hatte zwei Schuhgeschäfte, eines in Großenfeld, das andere in Dodenrath. Sie sah wie die Schwester der Knaben in meinen Büchern aus, hoch aufgeschossen, bleich und blond und vornehm. Ihrer Art, den schmalen Kopf, den feines, fast weißes, fedrig geschnittenes Haar wie ein Helm aus Kükenflaum umgab, zu heben und zu senken, wobei ihr Hals wie der eines Schwans immer länger und dünner wurde, war ich seit dem ersten Schultag verfallen. Sie saß neben mir, und ich war selig, wenn ich ihr mit dem Radiergummi oder Bleistiftspitzer behilflich sein konnte. Sie bedankte sich dann mit einer unendlich langsamen Mundbewegung, die sich als ein Lächeln deuten ließ, und einem noch langsameren Hinabfallen der schweren Lider, bis die blassen, glatten Wimpern auf den durchsichtigen Wangen zur Ruhe kamen. Keinen Blick konnte ich von ihren schneeweißen Fingern lassen, dünn und lang und spitz zulaufend, wie bei einer Heiligen. Nur hielt Doris keine Lilie, Palme oder Märtyrerkrone, sondern ihren Pelikanfüller in das Tintenfaß mit königsblauer Flüssigkeit, tunkte die Feder ein, drehte den Kolben hinaus, hinunter, schraubte die Kappe wieder zu, Bewegungen, so delikat und fragil und zugleich so bestimmt und präzise, kein Zögern, keine Drehung, kein Heben und Senken zuviel, daß es mir jedes Mal schien, als wüchsen Füllfeder, Tinte und Tintenfaß aus ihren Händen hervor wie durch Zauberei.

Einem solchen Geschöpf gelang es gewiß, die gut gebratene Gans als gute Gabe Gottes mit goldener Gabel und gutem Gebiß zu genießen.

Sehr schön Doris, setzen. Schlagt die Hefte auf" (S. 179-189).

„In diesem Jahr hatte ich durchgesetzt, einige Mädchen zum Namenstag einladen zu dürfen. Die Großmutter hatte einen Rosinenkuchen gebacken, die Mutter eine kalte Ente, ein Gebäck aus Schichten von Keksen und palmingehärteter Schokolade. Es sollte Würstchen geben und Kartoffelsalat, den die Mutter schon am Tag vorher zubereitet hatte, damit er durchziehen konnte. Ich hatte Tischkärtchen geschrieben und gemalt, so, wie ich es bei Doris gesehen hatte, die Mutter ihre Sammeltassen aus dem Schrank geholt. Wir waren beide aufgeregt. Zum ersten Mal kamen nicht nur Kinder aus der Nachbarschaft in unser Haus. Sogar eine Rolle richtiges Klopapier stellte die Mutter neben den Deckel vom Plumpsklo. Wenn nur keine musste! Meine Aussprache hatte ich aus der Welt schaffen können, das Plumpsklo nicht.

Häzlesche Jlöckwonsch zem Namensdaach, sagte Birgit, streckte ihr Bäuchlein vor und drückte mir verlegen ein Päckchen in die Hand. Herzlichen Glückwunsch zum Namenstag, liebe Hildegard, perlte es aus Doris' Mund, die außer einem kunstvoll mit Seidenschleifen verzierten Beutel einen Blumenstrauß überreichte, stark duftende, mir unbekannte Blüten, Fresien, sagte sie. Mareike, deren Vater Tierpräparator war, brachte ein in Zellophanpapier gehülltes ausgestopftes Eichhörnchen, dem ein Ohr fehlte. Alle wandten sich dem putzigen Ding zu, dessen braunschwarze Glasaugen einem in jede Richtung zu folgen schienen. Es lenkte die Mädchen von mir ab, und fürs erste mußte ich mich nicht entscheiden, ob ich mit Birgit Kölsch und mit Doris Hochdeutsch, mit beiden Kölsch oder mit beiden Hochdeutsch sprechen sollte. Freundliches Murmeln genügte. Bis wir am Tisch saßen. Sollte ich ‚Kuchen' anbieten oder ‚Kooche', ‚Guten Appetieth' wünschen, wie in Doris' Familie, ‚Lodd et ösch schmecke' sagen oder sprachlos über die Platten herfallen. Sollten wir ‚Würstchen' essen oder ‚Wöösch', ‚Maggibrühe' trinken oder Majjibröh'? Ich rettete mich ins Geräusch. Täuschte einen gewaltigen Hustenanfall vor, steigerte mich in diese Krächz-, Keuch-, Kratz-, Krachlaute so sehr hinein, bis sie mich in einem Krampf übermannten. Alles Klopfen auf den Rücken, heißes Zuckerwasser in kleinen Schlucken getrunken, warmes Salzwasser auf einen Schluck, brachte keine Erleichterung, meine Panik jetzt echt, die Kinder wurden nach Hause geschickt und der Bruder zum Doktor. Als der kam, war es schon vorbei. Kaum hatten sich Doris, Mareike, die feine Mathilde auf den Weg zur Straßenbahn gemacht, ging mein Bellen in Keuchen, in Husten, in Hüsteln über. Treck dä Mantel widder us. Lommer jet esse. Und dann spille, sagte ich zu Birgit und Hannelore, zu Irene aus der Siedlung und Helmi vom Madepohl. Eine nach der anderen musste mal. Sollten sie. Sie würden zu Hause erzählen, bei Palms gab es richtiges Klopapier von der Rolle, und dat Heldejaad hät dat Wööschje met Messer und Javvel jejesse" (S. 189-191).

1.2 Die Ökonomie des sprachlichen Tausches

Aus BOURDIEUS theoretischer Perspektive geht es bei jedem ‚sprachlichen Austausch' immer auch darum, die ‚sprachlichen Produkte' auf ihre soziale Wertigkeit hin zu taxieren und einzuordnen. Dieser Bewertungsprozess läuft – wie jede habitualisierte Wahrnehmung – unterschwellig und unbewusst ab, aber erlaubt es in der Regel recht zuverlässig, den Gesprächspartner als sozial ebenbürtig, über- oder untergeordnet einzustufen, ihm fachliche Kompetenz, sozialen Status und Autorität zuzuschreiben oder aber abzuerkennen.

Bedingung für diese Korrespondenz zwischen sozialen Relationen und sprachlichen Varianzen ist die Existenz eines einheitlichen nationalen ‚Sprachmarktes', der sich laut BOURDIEU im Zuge der politischen Vereinheitlichungsprozesse während der europäischen Nationalstaatsentwicklungen herausgebildet hat. BOURDIEU hat diesen Prozess am Beispiel Frankreichs nachgezeichnet (vgl.

BOURDIEU 1990). Im Rahmen politischer Kämpfe um die soziale Vorherrschaft im jeweiligen sich herausbildenden Nationalstaat wird eine Sprache bzw. eine Sprach*form* (innerhalb eines Dialektkontinuums) zur dominanten Sprache der durch politische Herrschaft geeinten ,Sprachgemeinschaft' (vgl. auch Kapitel 2 in diesem Band). Ihr Status als ,legitime Sprache' beeinflusst die nationalen Bildungs- und Sprachpolitiken bis heute nachhaltig (vgl. Kasten 5).

KASTEN 5 ▶ **BOURDIEU-Zitate**
,Legitime Sprache' und ,Legitimer Sprachgebrauch'

„Die offizielle Sprache ist den gleichen Interessen verpflichtet wie der Staat, und zwar sowohl ihrer Genese, als auch ihrem gesellschaftlichen Nutzen nach. Mit der Konstituierung des Staates werden auch die Bedingungen für die Konstituierung eines einheitlichen, von der offiziellen Sprache beherrschten sprachlichen Marktes geschaffen: Diese für offizielle Räume (Bildungswesen, öffentliche Verwaltungen, politische Institutionen usw.) obligatorische Staatssprache wird zur theoretischen Norm, an der objektiv alle Sprachpraxen gemessen werden. [...] Soll sich eine von mehreren Sprachpraxen (eine Sprache im Falle von Bilinguismus, ein Sprachgebrauch im Falle einer Klassengesellschaft) als die einzig legitime durchsetzen, müssen der sprachliche Markt vereinheitlicht und die verschiedenen Dialekte (von Klassen, Regionen oder ethnischen Gruppen) praktisch an der legitimen Sprache oder am legitimen Sprachgebrauch gemessen werden. Die Integration in ein- und derselben ,Sprachgemeinschaft', die ein Produkt politischer Herrschaft ist, ständig reproduziert von Institutionen, die imstande sind, die allgemeine Anerkennung der herrschenden Sprache durchzusetzen, ist die Voraussetzung für die Entstehung sprachlicher Herrschaftsverhältnisse" (BOURDIEU 1990, S. 20f.).
„Das Bildungssystem, dessen Einfluss während des ganzen 19. Jahrhunderts an Breite und Tiefe zunimmt, hat sicher ganz direkt dazu beigetragen, die volkstümlichen Ausdrucksweisen zu entwerten, die nun auf den Stand des ,Jargons' oder ,Kauderwelschs' zurückgedrängt (und von den Schulmeistern angekreidet) werden, und die Anerkennung der legitimen Sprache durchzusetzen" (ebd., S. 25f.).

Die Legitimität der offiziellen Sprache basiert – wie die Legitimität aller kulturellen Ressourcen – auf der stillschweigenden Akzeptanz durch die ,Beherrschten'. Der italienische Politiker und Philosoph Antonio GRAMSCI (1891-1937) bezeichnet dieses Phänomen als ,kulturelle Hegemonie'. Die allgemeine gesellschaftliche *Anerkennung* der ,offiziellen Sprache' als einzig ,legitime Sprache' in allen offiziellen Räumen wie Bildungswesen, öffentliche Verwaltungen, politische Institutionen ist demnach weder das Ergebnis direkten Zwangs noch das Ergebnis einer freien Willensentscheidung, sondern auf den ‚sprachlichen Habitus' der jeweiligen Mitglieder der nationalen ‚Sprachgemeinschaft' zurückführen. Für die Ausbildung des sprachlichen Habitus spielen die Bildungsinstitutionen eine bedeutsame Rolle. Über ihre Zertifizierungspraktiken vermitteln sie zwischen den klassenspezifisch inkorporierten kulturellen und sprachlichen Ressourcen der Schülerinnen und Schüler und den materiellen und symbolischen Profiten, bis hin zu beruflichen Positionen mit entsprechendem Einkommen und gesellschaftlichem Status. Die Bemühungen der Lehrkräfte in der Schule, den Kindern ‚gutes Deutsch' beizubringen, sowie die Praxis, alle Abweichungen von der legitimen Sprachform zu sanktionieren und Kenntnisse der legitimen Sprache (durch gute Noten und Abschlüsse) zu belohnen, trägt dazu bei, den Wunsch nach *Kenntnis* der legitimen Sprache zu fördern und zu verstärken – und stabilisiert hierdurch die allgemeine *Anerkenntnis*. Aufgrund ihrer familiären sprachlichen Sozialisation treten Kinder ihre Schullaufbahn aber mit teils großen Startvorteilen oder Startnachteilen an, und zwar entsprechend der familiären Position im sozialen Raum. Während Kinder unterprivilegierter Gruppen die vollständige Kenntnis der legitimen Sprachform daher nur in Ausnahmefällen erlangen, lernen sie sehr genau, wie weit ihr eigener, und das heißt der familiäre, Sprachgebrauch vom Maßstab der legitimen Sprache entfernt ist, und sie lernen, diesen Maßstab anzuerkennen. Wenn sie ihre ‚sprachlichen Produkte' auf dem schulischen Sprachmarkt anbieten, dann erhalten sie – offen oder subtil – bewertende Rückmeldungen, bei denen es sich genau genommen um Mitteilungen darüber handelt, welche relative Position die eigene Familie im sozialen Raum innehat.

KASTEN 6 ▶	BOURDIEU-Zitat **Der Sinn für den Wert der eigenen Sprache**

„Wir haben nicht nur durch das Hören eines bestimmten Sprechens sprechen gelernt, sondern auch indem wir selber gesprochen, also ein bestimmtes Sprechen auf einem bestimmten Markt angeboten haben, nämlich im Austausch innerhalb einer Familie, die eine bestimmte Position im sozialen Raum hat und ihrem neuen Mitglied damit Modelle und Sanktionen für die praktische Mimesis anbietet, die vom legitimen Sprachgebrauch mehr oder weniger weit entfernt sind. Und wir haben gelernt, welchen Wert die angebotenen Produkte samt der Autorität, die auf dem Ursprungsmarkt mit ihnen verbunden ist, auf anderen Märkten bekommen (etwa auf dem Bildungsmarkt). [...] Der Sinn für den Wert der eigenen sprachlichen Produkte ist eine grundlegende Dimension des Sinnes für den Ort, auf dem man sich im sozialen Raum befindet" (BOURDIEU 1990, S. 62f.).

2 Kann die Schule den sprachlichen Markt transformieren?

BOURDIEU und PASSERON haben auf der Grundlage von Untersuchungen im französischen Bildungssystem die Reproduktion sozialer Ungleichheit durch die Schule herausgestellt. Die „Illusion der Chancengleichheit" (dies. 1971) bestehe darin, dass das Bildungssystem „der sozialen Ungleichheit den Anschein von Legitimität verleiht und dem kulturellen Erbe, dem als natürliche Gabe behandelten gesellschaftlichen Vermögen, seine Sanktion erteilt" (BOURDIEU 2001b, S. 25). Demnach führen nicht die Lernerfolge und Leistungen des einzelnen Kindes, sondern das von Haus aus mitgebrachte kulturelle Kapital der Schülerinnen und Schüler aus sozial privilegierten Familien zu Schulerfolg. Soziale Machtverhältnisse würden so durch die Bildungsinstitutionen stabilisiert, was allerdings durch die gesellschaftlich dominante „Begabungsideologie" verschleiert werde (ebd., S. 46). Der Glaube daran, dass die ‚Begabungen' der einzelnen Kinder in der Schule geweckt, gefördert und schließlich auch belohnt würden, täusche darüber hinweg, dass eigentlich „gesellschaftliche(s) Vermögen" – und eben nicht „natürliche Gabe" – für Schulerfolg ausschlaggebend sei.

Ein großer Teil des „gesellschaftlichen Vermögens" manifestiert sich in der Schule zweifelsohne in der sprachlichen Praxis, im Aufeinandertreffen der mehr oder weniger kompatiblen sprachlichen Habitus der Lehrkräfte und der Schülerinnen und Schüler. Die „Schulsprache" ist „nur für die Kinder der gebildeten Klasse Muttersprache", und von „allen kulturellen Hindernissen sind die, die mit der im familialen Milieu gesprochenen Sprache zusammenhängen, gewiss die gravierendsten und tückischsten. Das gilt vor allem für die ersten Schuljahre, wo das Verständnis und die Beherrschung der Sprache den Hauptansatzpunkt für das Urteil der Lehrer bilden. Aber der Einfluss des sprachlichen Ursprungsmilieus lässt in seiner Wirkung niemals nach" (ebd., S. 85). In welcher Weise die vor- und außerschulische sprachliche Sozialisation in unterprivilegierten sozialen Kontexten zu Nachteilen in der Schule führen kann, veranschaulicht zum Beispiel die klassische ethnographische Studie der US-amerikanischen Anthropologin Shirley Brice HEATH (1983) „Ways with Words" (vgl. unsere Literaturempfehlung in diesem Kapitel).

BOURDIEU (2001b) beschreibt also eine „konservative Schule", die die Hierarchien auf dem sprachlichen Markt durch die Legitimierung bestimmter sprachlicher Ausdrucksformen maßgeblich bestimmt und im Interesse der sozial Privilegierten weitgehend aufrecht erhält. Allerdings ist das, was in einem bestimmten sozialen Kontext als legitimes Sprachkapital gilt, nach BOURDIEUS Modell nicht einfach gegeben, sondern umkämpft. In der Schule geht es bei dieser Frage nicht nur um die Definition, was ‚Perfektion' in der legitimen Sprache

(Deutsch) ausmacht, sondern es geht auch um die Kenntnisse in weiteren Sprachen, die Teil höherer Bildungsabschlüsse sein sollen: Englisch ist in Deutschland als sprachliche Zusatzqualifikation zurzeit unumstritten, aber was gehört noch dazu: Französisch oder Spanisch? Sichern zusätzlich altsprachliche Kenntnisse (Latein, Altgriechisch) oder eher Kenntnisse in Japanisch oder Chinesisch den entscheidenden Distinktionsprofit auf dem Sprach- und Arbeitsmarkt? Die Gruppen mit den höchsten Positionen im sozialen Raum, d.h. mit dem größten Kapitalvolumen, haben in diesem Kampf um die Legitimität von sprachlichen (und anderen kulturellen) Ressourcen die besten Chancen, diejenigen Bewertungskriterien durchzusetzen, die für ihre eigenen Ressourcen besonders günstig sind. Obwohl im gesellschafts- und bildungspolitischen Diskurs in Deutschland aktuell immer häufiger von migrationsbedingter Mehrsprachigkeit als ‚Ressource' die Rede ist, spielt der Unterricht in den Sprachen eingewanderter Minderheiten an deutschen Schulen nach wie vor eine untergeordnete Rolle. REICH (2000) bezeichnet die äußerst ungünstigen strukturellen Rahmenbedingungen für Herkunftssprachenunterricht (die auch heute, zehn Jahre später, nicht besser sind) als Teil der „Strategien der Abwehr und des Kleinhaltens von schulisch illegitimem Wissen" (ebd., S. 355).

Vor diesem Hintergrund erscheint die Frage, ob die Schule die Strukturen des sprachlichen Markts grundsätzlich *transformieren* kann, zunächst abwegig. Ausgehend von BOURDIEUS Analyse ist schulischer Wandel eigentlich nur im Einklang mit gesellschaftlichen Hierarchien denkbar bzw. zugunsten sozialer Minderheiten höchst unwahrscheinlich. BOURDIEUS desillusionierende Analyse legt daher eher die Vermutung nahe, dass selbst schulische Konzepte, die Kinder aus sprachlichen und sozio-kulturellen Minderheiten zu fördern versprechen, zur Stabilisierung und Legitimierung der sprachlich-sozialen Strukturen beitragen. Ein Beispiel wären Deutschförderkurse in ihrer gängigen Form, d.h. als ‚Defizitkompensation' ohne Reflexion der Einbindung dieses Unterrichts in die sozialen Dominanzverhältnisse: Dieser Unterricht trägt nichts zur Aufwertung von Minderheitensprachen bei und stellt die sprachlichen Hierarchien nicht in Frage, sondern stabilisiert im Gegenteil das Legitimitätsmonopol der dominanten Sprache. BOURDIEUS soziologische Perspektive bietet dennoch Anknüpfungspunkte für Überlegungen über das schulische Transformationspotenzial auf der Ebene des pädagogischen Handelns (2.1.) und der bildungspolitischen Strategien (2.2).

2.1 Rationale Pädagogik und sprachliche Bildung

BOURDIEU hat den Begriff ‚rationale Pädagogik' geprägt (vgl. Kasten 7). Eine rationale Pädagogik im Sinne BOURDIEUS verfolgt das Ziel, allen Schülerinnen und Schülern unabhängig von ihrer mitgebrachten Ausstattung mit kulturellem Kapital das Wissen und die Fähigkeiten zu vermitteln, die für eine erfolgreiche Bildungslaufbahn innerhalb der gesellschaftlichen Institutionen notwendig sind. Dieser Ansatz mag sich wie eine Selbstverständlichkeit anhören, solange die gesellschaftlich dominante „Illusion der Chancengleichheit" im Bildungssystem nicht hinterfragt wird. Mit Blick auf die von BOURDIEU analysierte Funktion und Wirkungsweise legitimer Kultur und Sprache in der Schule kann aber allein schon der Ansatz der *expliziten Vermittlung* als geradezu revolutionär bezeichnet werden, und zwar in mehrfacher Hinsicht:

Der Anspruch, genau das zu vermitteln, was den Ausschlag für Schulerfolg gibt, stellt alle in der Schule Tätigen zunächst vor die keinesfalls selbstverständliche Aufgabe, auch die impliziten Normen der Bewertung zu reflektieren und ein Bewusstsein der eigenen bzw. der in der Institution dominanten Normalitätserwartungen zu entwickeln. Dazu gehört ein Nachdenken über die in der Schule wirksamen ‚feinen Unterschiede' in den kulturellen und sprachlichen Ausdrucksweisen.

Der Anspruch, die Ausdrucksweisen der legitimen Kultur und Sprache zu vermitteln, muss zwangsläufig von der Einsicht ausgehen, dass diese auch *erlernbar* sind. Diese Einsicht erfordert einen grundlegenden Perspektivenwechsel angesichts der von BOURDIEU beschriebenen Praxis, das, was in der Schule als sprachliche Virtuosität gilt, bei Schülerinnen und Schülern je nach ‚Begabung' als gegeben (oder eben nicht gegeben) hinzunehmen.

Der Anspruch der expliziten Vermittlung lenkt den Blick auf die Verantwortung der Schule und des Unterrichts für die Erfolge der Kinder. Auch diese Perspektive ist nicht selbstverständlich, wie z.B. der bildungspolitische und öffentliche Diskurs über vermeintliche ‚Sprachprobleme' von Kindern aus eingewanderten Familien in Deutschland zeigt, der die Ursachen für ‚Probleme' weitaus häufiger in den Familien sucht, als nach ‚Problemen' der Schule und des Unterrichts zu fragen.

KASTEN 7 ▶	Bourdieu-Zitat ‚Rationale Pädagogik'

„Eine rationale und wirklich universale Pädagogik würde, da sie nicht für erworben hält, was einige nur ererbt haben, sich von Beginn an nichts schenken und sich zu einem methodischen Vorgehen im Hinblick auf das explizite Ziel verpflichten, allen die Mittel an die Hand zu geben, all das zu erwerben, was unter dem Anschein der ‚natürlichen Begabung' nur den Kindern der gebildeten Klassen gegeben ist" (BOURDIEU 2001b, S. 39).

BOURDIEU unterscheidet die rationale Pädagogik von einer pädagogischen Tradition, die sich „im untadeligen Gewand der Gleichheit und Universalität" nur an Schülerinnen und Schüler wende, „die kulturelles Erbe besitzen" (ders. 2001b, S. 39). Explizite sprachliche Bildung (im Sinne einer Hinführung zur ‚Bildungssprache', vgl. Kap. 5 und 6 in diesem Band) ist nicht Teil der so beschriebenen pädagogischen Tradition:

> „Indem die Lehrkräfte so tun, als ob die Unterrichtssprache [...] die natürliche Sprache aller ‚intelligenten' und ‚begabten' Subjekte sei, können sie sich die Mühe einer technischen Kontrolle ihres eigenen Gebrauchs und des studentischen Verständnisses dieser Sprache ersparen und auch die schulischen Beurteilungen für gerecht halten, die doch in Wirklichkeit das kulturelle Privileg sanktionieren" (ebd., S. 42).

Explizite sprachliche Bildung würde demgegenüber die in der Schule relevanten sprachlichen Normen der legitimen Sprache offen legen, entsprechende sprachliche Ausdrucksformen vermitteln und auch üben. Dadurch würde sie den sprachlichen Markt zwar noch nicht transformieren, aber sie würde – mit der von BOURDIEU gern gebrauchten Spielmetapher – die Spielregeln offen legen und die Erfolgsaussichten ungeübter Spielerinnen und Spieler im sprachlichen Markt der Schule durch gezielte Unterstützung erhöhen. Würden in der Schule darüber hinaus auch die außerschulisch erworbenen Ausdrucksformen der Schülerinnen und Schüler anerkannt und bestärkt (z.B. als in bestimmten Kontexten angemessene Register oder als Familien- oder Herkunftssprachen von Migrantinnen und Migranten), wäre das ein erster Schritt, den sprachlichen Markt zumindest in Bewegung zu bringen. Ein Konzept sprachlicher Bildung, das die hier herausgestellten Ansätze einer rationalen Pädagogik berücksichtigt, liegt z.B. der in Kasten 8 vorgestellten Reflexionsaufgabe für Lehrkräfte im mehrsprachigen Südafrika zugrunde.

BOURDIEU räumt einer rationalen Pädagogik insbesondere innerhalb der höheren Bildungsinstitutionen (Gymnasien und Universitäten), die in seiner Analyse in besonderem Maße darauf ausgerichtet sind, die Distinktionsprofite der Privilegierten zu gewährleisten, wenig Spielraum ein. Denn die „pädagogische Tradition" neige dazu, effektive Vermittlung als „primitiv und vulgär, ja paradoxerweise ‚schulmäßig' abzutun" (BOURDIEU 2001b, S. 39). Die „Abwertung der Techniken" sei „die Kehrseite der Verherrlichung der intellektuellen Virtuosität, die den Werten der kulturell privilegierten Klassen strukturell affin ist" (ebd., S. 40).

KASTEN 8 ▶	Sensibilisierung für sprachliche Hierarchisierung und soziale Dominanz – eine Reflexionsaufgabe für Lehrerinnen und Lehrer (ELTIC-Beispiel)

Das Beispiel stammt aus einem Lehrbuch für die Lehrerfortbildung in Südafrika (ELTIC 1997). Darin wird eine Aufgabenstellung aus einem in Südafrika in der Schulabschlussprüfung verwendeten Englisch-Test thematisiert:

Choose the word or phrase which correctly completes each of the following sentences. Write only the symbols of the correct answers.

She decided to _____ her brother's house after work.
A touch   B via   C call at   D call on

'He is late' can mean only one thing which is that he is _____.
A buried   B dead   C prompt   D not on time

Bei der Bewertung wird von einer richtigen Lösung ausgegangen (C, D); der Maßstab für sprachliche Korrektheit basiert auf den Normen des Standard British English. Würde Black South African English als eine Varietät der englischen Sprache berücksichtigt, gäbe es mehr als eine richtige Lösung; in Südafrika sagt man nämlich auch, „She decided to via her brother's house after work.", und „He is late" kann heißen, „He is dead".

Zu diesem Beispiel findet sich in dem Lehrbuch eine Reflexionsaufgabe, die dazu anhält, den Bewertungsmaßstab zu hinterfragen:

This examination requires only one ‚standard‘ English answer. What is the likely effect on learners who use a different variety of English?

What do you think would be the effect on the learner of allowing answers from a different variety?

What do you think would be the effect on the learner of asking for two sets of answers – one from ‘standard‘ English and another from a different variety?

2.2 Bildungspolitische Strategien

Inwieweit die Schule den sprachlichen Markt transformieren und die spezifischen Kompetenzen von Angehörigen sprachlicher Minderheiten fördern und aufwerten kann, ist letztlich abhängig von bildungspolitischen Zielen und Strategien, die mit anderen gesellschaftlichen Bereichen, z.B. Sprachregelungen in öffentliche Institutionen (Verwaltung, Gesundheitssektor etc.) oder Sprachengebrauch in den Medien, verzahnt sein müssen. NIEDRIG (2002) hat auf der Grundlage einer empirischen Studie im mehrsprachigen Südafrika und basierend auf

BOURDIEUS Modell vom sprachlichen Markt zwei Analysedimensionen für die Einschätzung bildungspolitischer Ansätze im schulischen Umgang mit Mehrsprachigkeit entwickelt, die sich sinnvoll auf die Situation in Deutschland übertragen lassen.

Die erste Analysedimension betrifft die *Effekte*, die die Strategien auf dem *sprachlichen Markt* haben: Ist die Verbreitung der ‚legitimen' Sprachen ausschließliches Ziel institutioneller sprachlicher Bildung, oder wird das Legitimitätsmonopol dieser Sprachen relativiert, indem andere sprachliche Ressourcen (Minderheitensprachen) aufgewertet werden? Letzteres ist beispielsweise möglich, wenn Kenntnisse nicht-dominanter Sprachen schulisch zertifiziert werden und diese zertifizierten Kompetenzen Zugangschancen eröffnen, etwa zu höheren Bildungsgängen, vor allem aber zum Arbeitsmarkt. Das heißt, es müssten beispielsweise entsprechende bilinguale Kompetenzen als Bonus beim Zugang zu Studiengängen fungieren, in denen die Kenntnisse von Minderheitensprachen sinnvoll sind, bzw. solche Sprachkenntnisse müssten zur Einstellungsvoraussetzung in bestimmten Bereichen der öffentlichen Verwaltung oder des Gesundheitsbereichs gemacht werden.

Die zweite Analysedimension betrifft die *konzeptionellen Perspektiven auf ‚Mehrsprachigkeit'*, die den Strategien zugrunde liegen: Wird (migrationsbedingte) Mehrsprachigkeit in erster Linie als 1) „Kommunikationshindernis" betrachtet, gelten Kompetenzen in Minderheitensprachen als 2) „nützliche Qualifikation" oder wird 3) das „Recht" auf pädagogische Anerkennung und Nutzung der jeweils ‚eigenen' sprachlichen Ressourcen betont? Die bildungspolitische Strategie, die auf Perspektive 1 basiert, ist tendenziell auf Reduktion von Komplexität ausgerichtet, die anderen beiden Perspektiven legen eine Entfaltung von Komplexität nahe. Eine komplexitätsreduzierende Strategie konzentriert sich auf die Durchsetzung einer nationalen (und einer internationalen) Verkehrssprache: z.B. Deutsch (und Englisch); die alternative Strategie fördert Diversität im Sprachenlernen. Die auf sprachliche Diversifizierung ausgerichtete Strategie kann wiederum nach folgenden Fragen ausdifferenziert werden: Wird ‚Mehrsprachigkeit' dabei vorrangig als (zu produzierendes) Qualifikations*ziel* oder als *Ausgangspunkt* und Ressource für Bildungsprozesse wahrgenommen? Im ersten Fall liegt der Fokus tendenziell auf „Perfektionierung" von Sprachkenntnissen; im zweiten Fall auf der Funktionalität im Hinblick auf kommunikative Anforderungen.

Das Transformationspotenzial sprachlicher Bildungspolitik und konkreter schulischer Strategien kann anhand dieser Analysedimensionen reflektiert werden.

3   Zusammenfassung

BOURDIEUS Theorie der „Ökonomie des sprachlichen Tauschs" geht davon aus, dass Kommunikationsbeziehungen auch symbolische Machtbeziehungen sind, in denen sich Machtverhältnisse zwischen den Sprechern oder ihren jeweiligen sozialen Gruppen aktualisieren, und dass entsprechend die sprachlichen Hierarchien einer Gesellschaft mit den sozialen Machtverhältnissen korrespondieren. Die „legitime Sprache" einer nationalen Sprachgemeinschaft, d.h. diejenige Sprache oder sprachliche Varietät, die allgemein als einzig angemessene in offiziellen Kontexten anerkannt wird, ist demnach weitgehend deckungsgleich mit der Sprache der gesellschaftlich dominanten Gruppen bzw. Klassen.

Der Schule kommt BOURDIEUS Untersuchungen zufolge eine wichtige Rolle sowohl bei der Reproduktion und Legitimierung der sozialen Stratifikation als auch bei der Durchsetzung der allgemeinen Anerkennung der sozial dominanten Sprache (bzw. Sprachform) zu. Dem Anspruch nach besteht die zentrale Aufgabe des Bildungswesens in der Verbreitung von *Kenntnissen* der legitimen Sprache und des legitimen kulturellen Kapitals. BOURDIEUS Analyse zeigt aber, dass in der Schule vor allem die von den Kindern bereits ‚mitgebrachten' sprachlichen und kulturellen Ressourcen bewertet werden. Die Schule ist gleichzeitig sehr erfolgreich darin, die allgemeine *Anerkenntnis* der sozial dominanten Sprache bzw. Sprachform zu fördern. Oft haben gerade Fördermaßnahmen für sozial benachteiligte Kinder den Effekt, die sozialen und sprachlichen Hierarchien zu stabilisieren. Trotz dieser im Hinblick auf das transformatorische Potenzial der Schule eher pessimistischen Analyse und Theoriebildung skizzieren wir in diesem Kapitel unter Rückgriff auf BOURDIEUS Überlegungen auch Ansatzpunkte für tendenziell transformatorische pädagogische Sprachbildungskonzepte und bildungspolitische Maßnahmen.

Fragen und Denkanstöße

1. Definieren Sie folgende Begriffe in BOURDIEUS Sinne und veranschaulichen Sie die Begriffe anhand von Beispielen: legitime Sprache, sprachlicher Habitus, sprachliches kulturelles Kapital.
2. Wählen Sie eines der BOURDIEU-Zitate (Kästen 3, 5, 6, 7) und formulieren Sie die Aussagen in eigenen Worten.
3. Das verborgene Wort: Interpretieren Sie den Auszug aus dem Roman von Ulla HAHN (Kasten 4) mit BOURDIEUS Begriffen.
4. a) Beantworten Sie die Fragen in der Reflexionsaufgabe für Lehrkräfte in Südafrika (Kasten 8). Inwiefern enthält die Aufgabe Ansätze, die BOURDIEUS Konzept einer rationalen Pädagogik entsprechen?

b) Übertragen Sie die Reflexionsaufgabe auf den Kontext sprachlicher Heterogenität in Deutschland: Orientieren Sie sich auf der Homepage www.kiezdeutsch.de und formulieren Sie eine entsprechende Aufgabe für Lehrkräfte in deutschen Schulen.

5. Unter welchen Bedingungen kann die Institutionalisierung von Türkisch als Schulfach in Schulen in Deutschland den sprachlichen Markt transformieren? Beantworten Sie die Frage mit Hilfe der Analysedimensionen von NIEDRIG 2002.

Literaturempfehlung

HEATH, S. B. (1983): Ways with words. Language, life, and work in communities and classrooms. New York: Cambridge University Press.

Die Autorin vergleicht den sozial eingebetteten Umgang mit Sprache und Schrift in drei *„speech communities"* im US-amerikanischen Staat Kalifornien und zeigt, wie die sprachliche und soziale Interaktion in den bildungsorientierten Familien einer mittelständischen Community die Kinder auf schulische und akademische Diskurse vorbereitet. Die Analyse der Sprach- und Interaktionsmuster von Kindern aus einer *„Black"* und einer *„White Working Class Community"* macht demgegenüber deutlich, dass die Diskurse von Kindern aus Arbeiterfamilien sich in der Schule selten als anschlussfähig erweisen. HEATHS über einen zehnjährigen Forschungszeitraum gesammelten Dokumentationen des Sprachgebrauchs und des Umgangs mit Schrift zeugen sehr eindrucksvoll davon, wie diese Kinder ihre sprachlichen Kompetenzen im Austausch mit ihrer sozialen Umgebung entwickeln, verfeinern und zum Teil virtuos einsetzen, und zwar in den beiden sozialen Kontexten der Untersuchung orientiert an überaus unterschiedlichen Maßstäben für soziale Angemessenheit und sprachliche ‚Perfektion'. Im schulischen Kontext jedoch, der von den sozialen und sprachlichen Normen der mittelständischen Lehrerschaft geprägt ist, transformieren sich die ganz unterschiedlichen sprachlichen Kompetenzen der Kinder beider Communities gleichermaßen in ‚Defizite', da sie den sozialen Regeln der sprachlichen Interaktion in schulischen und akademischen Diskursen nur sehr eingeschränkt entsprechen.

Literaturverzeichnis

Baumgart, F. (2004): Pierre Bourdieu im Gespräch – Die feinen Unterschiede (original 1983). In: ders. (Hrsg.): Theorien der Sozialisation. Erläuterungen, Texte, Arbeitsaufgaben. 3. durchgesehene Aufl., Bad Heilbrunn/Obb.: Klinkhardt, S. 206-216.

Bourdieu, P. (1985): Sozialer Raum und »Klassen«. In: ders.: Sozialer Raum und »Klassen«. Leçon sur la leçon. Zwei Vorlesungen. Frankfurt/M.: Suhrkamp, S. 7-46.

ders. (1990): Die Ökonomie des sprachlichen Tauschs (frz. 1980). In: ders.: Was heißt sprechen? Die Ökonomie des sprachlichen Tausches. Wien: Braumüller, S. 11-70.

ders. (1992a): Ökonomisches Kapital – Kulturelles Kapital – Soziales Kapital. In: ders.: Die verborgenen Mechanismen der Macht. Hamburg: VSA, S. 49-79.

ders. (1992b): Sozialer Raum und symbolische Macht (frz. Vortrag 1986). In: ders.: Rede und Antwort. Frankfurt/M.: Suhrkamp, S. 135-154.

ders. (1993a): Was sprechen heißt (frz. Vortrag 1977). In: ders.: Soziologische Fragen. Frankfurt/M.: Suhrkamp, S. 91-106.

ders. (1993b): Über einige Eigenschaften von Feldern (frz. Vortrag 1976). In ders.: Soziologische Fragen. Frankfurt/M.: Suhrkamp, S. 107-114.

ders. (1993c): Der sprachliche Markt (frz. Vortrag 1978). In: ders.: Soziologische Fragen. Frankfurt/M.: Suhrkamp, S. 115-130.

ders. (1996[8]): Die Feinen Unterschiede. Kritik der gesellschaftlichen Urteilskraft (frz. 1979). Frankfurt/M.: Suhrkamp.

ders. (2001a): Grundsätze für eine Reflexion der Unterrichtsinhalte. In: ders.: Wie die Kultur zum Bauern kommt. Über Bildung, Schule und Politik (frz. 1989). Hamburg: VSA-Verlag, S. 153-161.

ders. (2001b): Die konservative Schule (frz. 1966). In: ders.: Wie die Kultur zum Bauern kommt. Über Bildung, Schule und Politik. Hamburg: VSA-Verlag, S. 25-52.

Bourdieu, P./Passeron, C. (1991): Die Illusion der Chancengleichheit. Untersuchungen zur Soziologie des Bildungswesens am Beispiel Frankreichs. Stuttgart: Klett-Verlag.

ELTIC (English Language Teaching Information Centre) (1997): Multilingual Learning. Working in multilingual classrooms. A Diteme Tsa Thuto project developed for teachers by ELTIC. Cape Town: Maskew Miller Longman.

Hahn, U. (2004, erste Auflage 2001): Das verborgene Wort. Roman. München: dtv.

Heath, S. B. (1983): Ways with words. Language, life and work in communities and classrooms. New York: Cambridge University Press.

Koller, H.-C. (2004): Grundbegriffe, Theorien und Methoden der Erziehungswissenschaft. Stuttgart.

Niedrig, H. (2002): Strategien des Umgangs mit sprachlicher Vielfalt – Analyse bildungspolitischer und konzeptioneller Ansätze. In: Tertium Comparationis. Journal für Internationale Bildungsforschung, Jg. 8, Heft 1, S. 1-13.

Reich, H. H. (2000): Machtverhältnisse und pädagogische Kultur. Die Legitimierung des Unterrichts in den Herkunftssprachen von Migranten als Gegenstand eines internationalen Vergleichs. In: Gogolin, I./Nauck, B. (Hrsg.): Migration, gesellschaftliche Differenzierung und Bildung. Opladen: Leske & Budrich, S. 343-364.

Kapitel 4

Heike Niedrig

Unterrichtsmodelle für Schülerinnen und Schüler aus sprachlichen Minderheiten

> *„There is a very close relationship between the attitude*
> *we have towards a language and the attitude we have*
> *towards the people speaking this language"*
> (Rama Kant AGNIHOTRI, indischer Soziolinguist)

Die Debatte über die Rolle von Minderheitensprachen im Schulsystem verläuft höchst kontrovers. In diesem Kapitel erfolgt eine einführende Klärung und Diskussion von Begriffen, Positionen, Argumenten und theoretischen Annahmen, die in dieser Debatte verwendet werden. Dabei werden sprachliche Bildungsangebote für Minderheitenkinder in zwei Hauptkategorien unterteilt: Zum einen handelt es sich um Unterrichtsmodelle, die die Eingliederung der Minderheitenkinder in den monolingualen Unterricht in der sozial dominanten Sprache zum Ziel haben. Diese Modelle lassen sich in der Regel als ‚assimilationsorientiert' charakterisieren, und zwar im Sinne einer einseitigen Anpassung der Minderheitenkinder an die sprachlichen und kulturellen Maßstäbe, die dem Mainstream-Unterricht in der Schule zugrunde liegen und durch ihn bestätigt werden. Zum anderen geht es um Unterrichtsmodelle, die auf die Entwicklung bilingualer Kompetenzen in der Mehrheits- und einer Minderheitensprache abzielen.

Wenn im Folgenden von Kindern aus ‚sprachlichen Minderheiten' die Rede ist, sind Kinder aus ethnisch-sprachlichen Gruppen gemeint, die eine untergeordnete Position im sozialen Raum der Aufnahmegesellschaft einnehmen und deren Sprache nur geringes soziales Prestige hat (vgl. Kapitel 1 und 3). Im deutschen Kontext sind dies vornehmlich die Kinder von Arbeits- und Fluchtmigrantinnen und -migranten, sowie von Aussiedlerinnen und Aussiedlern, die zusammenfassend auch als Kinder ‚mit Migrationshintergrund' bezeichnet werden.

1 Typologie der Unterrichtsmodelle

Selbstverständlich sind die Vorgänge im Unterricht vielfältiger, als ein von den jeweils spezifischen Kontexten abstrahierender Überblick über ‚Unterrichtsmodelle' suggeriert. Dies sollten die Leserinnen und Leser bei der folgenden typologisierenden Darstellung nicht vergessen.

Die wissenschaftliche und bildungspolitische Diskussion in Deutschland beruft sich zu einem erheblichen Teil auf Forschungsergebnisse zu US-amerikanischen und kanadischen Unterrichtsmodellen. Ein Einblick in diese sprachlichen Bildungsangebote ist wichtig, um beurteilen zu können, inwiefern es analoge Bildungsprogramme in Deutschland gibt.

1.1 Immersion versus Submersion

1.1.1 Immersion – ein Erfolgsmodell für Mehrheitskinder

Das Konzept des Immersionsunterrichts basiert auf dem kanadischen Schulversuch, der als ‚St. Lambert Experiment' bekannt wurde (Kasten 1). Zielgruppe dieses Experiments waren Kinder aus der bildungsorientierten Mittelschicht, deren Erstsprache Englisch die dominante bzw. statushohe Sprache in Kanada ist. Das Experiment widerlegte die sog. ‚linguistic-mismatch'-Hypothese, die besagt, dass Kinder generell im Medium einer fremden Sprache nicht so erfolgreich lernen könnten wie im Medium der Erstsprache. Ausgehend von dieser Annahme hatte die UNESCO 1953 die Empfehlung ausgegeben, Kinder so lange wie möglich im Medium der ‚Muttersprache' zu unterrichten; im Blick hatte die UNESCO dabei allerdings vor allem die Schulsysteme kolonialisierter Länder, in denen die Kolonialsprachen dominierten.

KASTEN 1 ▶   Das ‚St. Lambert Experiment' in Montreal, Kanada (1965)

Das kanadische ‚St. Lambert Experiment' gilt als das erste international bekannte Immersionsprojekt. Da Englisch die dominante Sprache in Kanada ist, tendieren anglophone Kanadier dazu, trotz offiziell bilingualer Politik nur rudimentäre Kenntnisse in Französisch zu erwerben. Im Wunsch, ihren Kindern Zugang zu voller Bilingualität zu ermöglichen, setzten englischsprachige Eltern aus der bildungsorientierten Mittelschicht gegen Bedenken der Schulbehörde durch, dass ihre Kinder zunächst im Kindergarten und anschließend auch in der Grundschule einsprachig französisch unterrichtet wurden. Erst ab der 3. Klasse wurde Englisch als Fach (ca. 20% der Unterrichtszeit zur muttersprachlichen Alphabetisierung) eingeführt, nachdem die Kinder zuvor auf Französisch Lesen und Schreiben gelernt hatten. Ab der 7. Klasse wurde Englisch für 50% der Unterrichtszeit als Medium des Fachunterrichts eingesetzt. Tests im 6. Schuljahr ergaben, dass die Kinder nicht nur – erwartungsgemäß – weitaus bessere Französischkompetenzen aufwiesen als Vergleichsgruppen aus Regelklassen, die Französisch lediglich als Fach gelernt hatten, sondern dass sie weder fachlich noch in den englischen Sprachfähigkeiten gegenüber Kindern im Rückstand waren, die im Medium der Erstsprache Englisch unterrichtet worden waren. Messbare Unterschiede in der Englischkompetenz zwischen den Immersionskindern und Kindern aus Regelklassen waren sogar, wenn auch nicht signifikant, zugunsten der Immersionskinder (vgl. LAMBERT/TUCKER 1972).

Der große Erfolg des kanadischen Immersionsprojekts führte zu einer weltweiten Verbreitung des Immersionsansatzes für Mehrheitskinder bei gleichzeitiger Ausdifferenzierung des Ansatzes: Neben der frühen vollständigen Immersion *(early total immersion)*, die im St. Lambert Experiment praktiziert worden war, wurden Formen der zeitlich verzögerten Immersion in höheren Schulstufen nach vorhergehendem Unterricht in der Immersionssprache als Fach *(delayed/ late immersion)* sowie Formen der partiellen Immersion *(partial immersion)*, bei der nur ein Teil des Unterrichts im Medium der Zweitsprache erteilt wird, erprobt. In Deutschland lassen sich die bilingualen Zweige an vielen Gymnasien, vorwiegend mit der Immersionssprache Englisch in ausgewählten Fächern, als Varianten der verzögerten partiellen Immersion klassifizieren.

Der Erfolg der Immersionsprogramme schien auch die monolinguale Beschulung von Minderheitenkindern zu legitimieren: Schließlich werden hier genauso wie in den Immersionsprogrammen Kinder in einer Zweitsprache unterrichtet, die sie zunächst gar nicht oder nur unzureichend beherrschen. Lassen die Erfolge der Immersionsschulen nicht den Schluss zu, dass auch für Minderheitenkinder die ‚Immersion' in die Zweitsprache im Rahmen des Regelunterrichts nach anfänglichen Schwierigkeiten zu guten Ergebnissen im fachlichen Lernen und im Erwerb der Zweitsprache führen wird? Und ist nicht die Anwesenheit von Kindern, die die Unterrichtssprache als Erstsprache sprechen, besonders günstig, da sie zusätzliche sprachliche Rollenmodelle für die Minderheitenkinder sind? – Und doch sind Minderheitenkinder in dieser Unterrichtskonstellation regelmäßig wenig erfolgreich.

Um diese für sprachliche Minderheiten typische Konstellation des Unterrichts von den Immersionsprogrammen abzugrenzen und genauer zu charakterisieren, wurde von Kritikern die Bezeichnung ‚Submersion' eingeführt, die als ‚Untertauchen', aber auch als ‚Unterbuttern' ins Deutsche übertragen werden kann.

1.1.2 Submersion – der Wurf ins tiefe Wasser

Sowohl in den USA als auch in Deutschland war es in den Jahren der Nachkriegseinwanderung seit den 1950er Jahren zunächst durchaus üblich, neueingewanderte Kinder, die die Schulsprache nicht oder kaum beherrschten, ohne weitere Maßnahmen in den ‚Mainstream'-Unterricht einzugliedern und es den Kindern und ihren Lehrerinnen bzw. Lehrern zu überlassen, mit dieser Situation fertig zu werden.

Dieses ‚Modell' des Unterrichts – wenn man dabei überhaupt von einem Unterrichtsmodell sprechen darf – wird heute in kritischer Absicht und in Abgrenzung zu konzeptionell reflektierten, didaktisch geplanten Formen der sprachlichen ‚Immersion' als ‚Submersion' bezeichnet. Die Submersionssituation unterscheidet sich grundlegend von dem durchaus sinnvollen und bewährten Immersionsprinzip. Submersion in seiner einfachsten Form kann auch als ‚Wurf ins tiefe Wasser' bezeichnet werden. Um im Bild zu bleiben, kann man den Effekt dieser Maßnahme wie folgt zusammenfassen: Wenige Kinder fangen in dieser Situation tatsächlich an zu schwimmen, einige halten sich mit knapper Not über Wasser, viele gehen unter. Inzwischen ist es allerdings üblich, diesen Kindern zumindest einen ‚Rettungsring' zuzuwerfen (zusätzlicher Sprachförderunterricht); meist wird der Wurf ins tiefe Wasser durch einen zeitlich begrenzten ‚Schwimmlehrgang' (Vorbereitungsklassen mit Deutsch-als-Zweitsprache-Unterricht) vorbereitet.

1.1.3 Unterschiede zwischen Immersion und Submersion

Immersion und Submersion lassen sich durch folgende Merkmale voneinander unterscheiden:

In den *Immersionsklassen* sitzen überwiegend Kinder der ethnisch-sprachlichen Mehrheit der Gesellschaft, meist aus bildungsorientierten Familien, die dieses spezielle Schulprogramm für ihre Kinder bewusst ausgewählt haben. Die Erstsprache der Kinder ist die ‚legitime Sprache' ihrer Gesellschaft, d.h eine statushohe bzw. sozial dominante Sprache (vgl. Kapitel 3). Hieraus folgt, dass keine Gefahr besteht, dass die Kinder die Immersion in eine Zweitsprache als implizite Abwertung ihrer Erstsprache erleben könnten: Diese Sprache ist außerhalb des Klassenzimmers in allen Kontexten präsent – im öffentlichen Leben und in öffentlichen Institutionen, in den Medien, in allen Bildungseinrichtungen inkl. Universitäten; zudem erhalten diese Kinder in der Regel auch in ihren Familien schriftsprachlichen Input. Ziel des Immersionsunterrichts ist es offenkundig nicht, die Familiensprache durch die Immersionssprache zu ersetzen, sondern sie durch die Zweitsprache zu *ergänzen* (‚additiver Bilingualismus'), so dass eine qualifizierte Zweisprachigkeit entwickelt wird. Entsprechend wird selbst in der Variante der vollständigen Immersion die Erstsprache zu einem späteren Zeitpunkt als Fach unterrichtet. Die Lehrkräfte in Immersionsklassen sind für diese Unterrichtsform qualifiziert; sie sind in der Regel bilingual, so dass sie trotz Einsprachigkeit des Unterrichts Äußerungen der Kinder in ihrer Erstsprache verstehen können. Der Gebrauch der Erstsprache wird bei jüngeren Kindern nicht unterbunden; es ist sogar konzeptionell vorgesehen, dass die Immersionskinder zunächst rezeptive Kenntnisse entwickeln, ehe sie die Zweitsprache selbst produzieren, so dass die aktive Beteiligung am Unterricht in den unteren Klassen nicht von den sprachproduktiven Fähigkeiten der Kinder in der Immersionssprache abhängt.

Minderheitenkinder, die in den Regelklassen *Submersion* erfahren, kommen häufig aus Familien, die über wenig ökonomisches Kapital und ebenso wenig legitimes Kulturkapital verfügen. Ihre Sprachen sind wie die Sprecherinnen und Sprecher in dem jeweiligen gesellschaftlichen Kontext sozial deklassiert, oft genug wird es für unmöglich gehalten, in diesen Sprachen Bildungsinhalte zu vermitteln. Das Ziel der Submersion ist nicht die Entwicklung zweisprachiger Kompetenzen, sondern die Assimilation in die ethnisch-sprachlich dominante Gruppe. Sowohl innerhalb als auch außerhalb der Schule ist die Verwendung der Familiensprache nur in informellen Kontexten möglich, und selbst dies wird von Sprecherinnen und Sprecher der dominanten Sprache häufig missbilligt. Die Kinder lernen, dass sie ihre (sozial wertlose) Familiensprache so schnell wie möglich durch die sozial angesehene Zweitsprache ersetzen sollen (‚subtraktiver Bilingualismus').

Während Kinder in Immersionsklassen für jeden Versuch, sich in der Zweitsprache zu äußern, gelobt und in ihren Anstrengungen ermutigt werden, tendieren Lehrkräfte in Regelklassen dazu, die Sprachproduktion der zweisprachigen Minderheitenkinder am Sprachstand der einsprachigen Kinder der sprachlichen Mehrheit zu messen und als defizitär wahrzunehmen. So werden eher die ‚Fehler' als die Fortschritte zur Kenntnis genommen. Mit Jim CUMMINS kann man

> „verallgemeinernd [...] feststellen, dass die Kinder in den Immersionsprogrammen eher Erfolgserlebnisse vermittelt bekommen als in den Submersionsprogrammen. Trotz ihrer Gemeinsamkeiten bei einer oberflächlichen Betrachtung sind Immersions- und Submersionsprogramme daher von unterschiedlichem Charakter und es kann nicht verwundern, dass sie zu völlig unterschiedlichen Ergebnissen führen" (CUMMINS 1984, S. 190).

Keine Lehrerin und kein Lehrer in einer Immersionsklasse käme auf die Idee, schulische Probleme eines Kindes auf dessen Erstsprache zurückzuführen; bei Kindern in Submersion ist es hingegen durchaus üblich, den familiären Sprachgebrauch für schulischen Misserfolg verantwortlich zu machen.

Die von keinerlei pädagogischen Unterstützungsmaßnahmen abgefederte Submersion (bzw. *English mainstreaming of language minority children*) wurde in den USA durch ein Urteil des Obersten Gerichtshofs 1974 für unrechtmäßig erklärt, da es das Recht des Kindes auf Chancengleichheit im Bildungssystem beschneide. Kinder, die noch als ‚Englischlernerinnen und -lerner' gelten, haben seither einen Rechtsanspruch auf Unterstützungs- und Fördermaßnahmen, die es ihnen ermöglichen, sinnvoll am Unterricht teilzunehmen (vgl. BAKER 2006, S. 192f.). Wie diese Unterstützungsmaßnahmen aussehen sollen, wurde vom Gericht nicht spezifiziert. In den USA wurden in Reaktion auf dieses Urteil verschiedene Maßnahmen entwickelt (vgl. 1.2). – In Deutschland existiert ein vergleichbares einklagbares Recht auf schulische Unterstützung für Minderheitenkinder übrigens nicht (vgl. GOGOLIN/ROTH 2007, S. 33).

1.2 Eingliederung in den monolingualen Regelunterricht

Die lebensweltliche Zweisprachigkeit von Minderheitenkindern wird beim Eintritt in die Schule in aller Regel als grundlegendes Bildungshindernis wahrgenommen, denn das sprachliche Repertoire der bilingualen Kinder in der statushohen Schulsprache ist nicht identisch mit dem sprachlichen Repertoire von monolingualen Kindern, unabhängig davon, ob es sich um neu eingewanderte Kinder oder um lebensweltlich zweisprachige Kinder ‚mit Migrationshintergrund' handelt. Aus dieser dominanten Sicht auf Mehrsprachigkeit als Problem wird die ‚Normalität' einer monolingualen Konzeption von Schule und Unterricht nicht in Frage gestellt. ‚Förderbemühungen' sind primär darauf ausgerichtet, Kinder aus sprachlichen Minderheiten möglichst reibungslos in den monolingual konzipierten Unterricht einzugliedern. In dieser Perspektive wird die Zweisprachigkeit von Minderheitenkindern beim Eintritt in die Schule äußerst selten unter der Fragestellung thematisiert, wie sie gefördert, entfaltet und zu einer Qualifikation gemacht werden kann. Damit verbunden spielt die Frage nach den konkreten Unterstützungsbedürfnissen zweisprachiger Heranwachsender, um von den schulischen Lernangeboten gleichberechtigt profitieren zu können, nur eine untergeordnete Rolle.

1.2.1 Monolingualer Förderunterricht in der Mehrheitssprache

Structured Immersion bzw. *Sheltered English* programmes sind Unterrichtsformen in den USA, in denen Kinder aus sprachlichen Minderheiten unter Ausschluss der Mehrheitskinder in Gruppen zusammengefasst werden (vgl. BAKER 2006). Dies kann entweder in Vorbereitung auf eine Eingliederung in die Regelklassen erfolgen oder auch als Förderunterricht, der Minderheitenkindern erteilt wird, die zu diesem Zweck zeitweilig aus den Regelklassen herausgeholt werden *(withdrawal classes bzw. pull-out classes)*. Der Unterricht wird ausschließlich in der Zweitsprache Englisch erteilt, allerdings stellen sich die Lehrkräfte in diesen Klassen auf das sprachliche Niveau der Minderheitenkinder ein, indem sie den sprachlichen Input vereinfachen. BAKER (2006) differenziert dabei zwischen reinem *‚English Second Language‛*-Unterricht (ESL), d.h. Unterricht, in dem das Erlernen der Zweitsprache im Zentrum steht, und *‚Content-based ESL‛* bzw. *‚Sheltered Content Teaching‛*, worunter *Fachunterricht* in der Zweitsprache Englisch gefasst wird. Für diesen Unterricht werden in der Regel die Unterrichtsmaterialien sprachlich angepasst und nonverbale Unterrichtsmethoden verstärkt eingesetzt (Visualisierungen, Vormachen und Ausprobieren etc.). Im Rahmen dieses fachlichen Unterrichts soll zugleich auch die Zweitsprachkompetenz entwickelt werden.

In Deutschland gibt es folgende Entsprechungen zu den hier genannten Unterrichtsformen: zum einen analog zu den *‚withdrawal classes‛* die Teilnahme am Regelunterricht mit zusätzlichem Förderunterricht in Deutsch als Zweitsprache – REICH und ROTH (2002) sprechen hierbei von „gestützter Submersion‟; zum anderen Einführungsklassen, Einführungskurse, Auffang- und Vorbereitungsklassen etc., in denen Deutsch-Anfänger erste Deutschkenntnisse erwerben, bevor sie in den Regelunterricht eingegliedert werden (vgl. ebd., S. 21).

Kritik an einsprachigem Unterricht in der Zweitsprache richtet sich unter anderem darauf, dass die Kinder in ihrer kognitiven Entwicklung zurückgehalten würden, da ihre begrenzten Kenntnisse der Unterrichtssprache sie daran hinderten, sich mit den Unterrichtsgegenständen auf dem Abstraktionsniveau auseinanderzusetzen, das ihren kognitiven Fähigkeiten entspricht und das ihnen in der Erstsprache zugänglich wäre (vgl. VALDÉS 1998).

1.2.2 Transitorisch bilingualer Unterricht

Die am weitesten verbreitete bilinguale Form des Unterrichts für Sprachminderheiten in den USA sind sog. transitorisch bilinguale Unterrichtsmodelle: Kinder mit der gleichen Erstsprache werden in diesen Klassen von bilingualen Lehrkräften zweisprachig unterrichtet, z.B. Spanisch und Englisch. Der Erstsprache kommt dabei eine rein unterstützende Funktion zu; Ziel ist der schrittweise Übergang zur Zweitsprache als einziger Unterrichtssprache, nicht die Weiterentwicklung der Kompetenzen in der Erstsprache. Daher lässt sich dieses Unterrichtsmodell auch nicht im engeren Sinne als ‚bilingualer Unterricht‛ bezeichnen, denn es geht nicht um die Entwicklung der Zweisprachigkeit der Kinder, sondern um ihre möglichst reibungslose Einpassung in den monolingualen Regelunterricht. *‚Transitional Bilingual Education‛* gibt es in Kurzform (zwei Jahre) und in Langform (bis zu sechs Jahre), in den USA als *‚early exit‛* bzw. *‚late exit‛* bezeichnet.

In einigen deutschen Bundesländern gab es in der Vergangenheit ‚nationale Übergangsklassen', die in Struktur und Zielsetzung mit den transitorisch bilingualen Programmen in den USA vergleichbar waren. Heute finden sich im deutschen Bildungssystem keine Entsprechungen für diese transitorisch bilingualen Programme mehr.

1.3 Zweisprachigkeit in der Mehrheits- und einer Minderheitensprache

Im Gegensatz zu den oben beschriebenen assimilationsorientierten Ansätzen zeichnen sich die folgenden Modelle tendenziell dadurch aus, dass sie die kulturellen und sprachlichen Ressourcen von Minderheitenkindern wertschätzen.

1.3.1 Spracherhaltprogramme (Language Maintenance Programmes)

Ein bekanntes Schulprojekt, das mit dem Ziel ins Leben gerufen wurde, den Stolz auf das eigene sprachliche und kulturelle Erbe von Kindern einer marginalisierten Minderheit zu stärken, ist das *Rock Point Navajo Project* (Kasten 2).

KASTEN 2 ▶ Rock Point Navajo Project, Arizona, USA

Eine bekannte Spracherhaltschule für indigene Kinder in den USA ist die *Rock Point Community School* in Arizona, die in den 1930er Jahren im Reservatsinneren errichtet wurde. Zunächst konnten die Kinder diese Schule nur bis zur 3. Klasse besuchen und mussten anschließend in Internatsschulen wechseln, um weiter zur Schule zu gehen. Ab den 1960er Jahren verhandelte die *Community* mit der Behörde für ‚*Indian Affairs*' mit dem Ziel, die Schule selbst zu verwalten. Für diese Selbstverwaltung wurde schließlich ein sechsköpfiger Schulvorstand – bestehend aus älteren Männern und Frauen des Reservats ohne eigene Schulbildung – eingesetzt. Holm und Holm (1990, 1995) beschreiben die Geschichte dieser *Community* Schule, die Herausforderungen und bemerkenswerten Leistungen, sehr eindrücklich.

Eine der ersten Curriculumreformen der selbstverwalteten Schule bestand darin, dass ab 1967 Leseunterricht in Navajo für die Leseanfänger eingeführt wurde. Die Schule wurde nach und nach bis zur 12. Klasse (1982) erweitert. In den folgenden Jahren kristallisierte sich ein Curriculum heraus, das als ‚koordinierte bilinguale Erziehung' charakterisiert werden kann. Grob fasst Baker (2006) die aktuelle Sprachenverteilung wie folgt zusammen: Im Kindergarten bis 5. Klasse wird Navajo etwa 50% der Zeit verwendet, in der 6. Klasse 25% und in den weiteren Klassenstufen bis zum Abschluss nach der 12. Klasse insgesamt 15% der Unterrichtszeit. Über 90% der Lehrerschaft gehört der ethnischen Minderheit der Navajo an; sie sind somit bilinguale Rollenmodelle für die Kinder. Evaluationen des schulischen Erfolgs sind positiv, insbesondere im Fachwissen. Die Englischkompetenzen der Kinder in der 6. Klasse sind mindestens so gut wie diejenigen von Navajokindern im englischen Mainstream-Unterricht (HOLM/ HOLM 1990, 1995; MCCARTY 2003).

Ähnliche Grundgedanken verfolgen das *,Six-Year-Primary-Project'* für yorubasprachige Kinder in Nigeria (vgl. AFOLAYAN 1976, MAKONI 1994), die ,Sprachennest-Schulen' (*Te Kohanga Reo*) für Maorikinder in Neuseeland und Herkunftssprachenschulen für australische Aborigine-Kinder. Weiterhin gibt es Spracherhaltschulen in Irland (Gälisch), in China (für ca. 20 Minderheitensprachen) und in Papua Neuguinea, aber auch für Einwandererkinder, z.B. in den USA und in Kanada. In diesen Schulen wird die Familiensprache der Kinder *(community language* bzw. *heritage language)* während der gesamten Schulzeit als Medium für einen bedeutsamen Teil des Fachunterrichts verwendet und als Fach unterrichtet, oft allerdings in den höheren Schulstufen zugunsten der sozial dominanten Sprache abnehmend. Für deutschsprachige Kinder gibt es solche Schulen überall auf der Welt in Form der von Deutschland geförderten ,deutschen Auslandsschulen'; allerdings sind deutschstämmige Kinder in anderen Ländern selten als ,Minderheitenkinder' im Sinne dieses Beitrags zu bezeichnen.

In Deutschland finden sich folgende Schulen, die nach dem Spracherhaltprinzip operieren: erstens die Schulen für die verfassungsrechtlich geschützten autochthonen Minderheiten der Dänen (Schleswig-Holstein) und der Sorben (Brandenburg); zweitens an einigen Standorten die Schulen für ausländische Eliten (Diplomaten und Geschäftsleute, z.B. die japanische Schule in Düsseldorf), drittens die Privatschulen für griechische Migrantenkinder. An staatlichen Schulen kann der ,Herkunftssprachenunterricht' (bzw. ,Muttersprachlicher Ergänzungsunterricht') als ein Element von *,Language Maintenance'* bezeichnet werden. REICH und ROTH (2002) nennen dieses sprachliche Bildungsangebot für Minderheitenkinder „Submersion mit begleitendem *Language-Maintenance-Unterricht*" (S. 21).

1.3.2 Two-Way-Immersion bzw. Dual Language Schools

In dieser Schulform werden Kinder verschiedener Sprachgruppen gemeinsam unterrichtet, wobei die Unterrichtszeit in der Regel gleichmäßig auf die beiden beteiligten Sprachen aufgeteilt wird (50:50). Die Kinder befinden sich also wechselseitig in einer Immersionssituation. Meist setzt sich die Schülerschaft je zur Hälfte aus Kindern der sprachlichen Mehrheit und aus Kindern einer sprachlichen Minderheit zusammen. Die Aufteilung der Sprachen kann nach Fächern erfolgen, aber auch nach Wochentagen oder Tageszeiten bzw. Unterrichtssequenzen.

Die erste international bekannte *Dual Language School* war die Coral Way Elementary School in Florida, die von gutsituierten Exil-Kubanern für spanisch- und englischsprachige Kinder gegründet wurde (Kasten 3). Der große Erfolg dieses Unterrichtsmodells führte zu einer raschen Expansion von *Dual-Language*-Schulen mit unterschiedlichen Sprachenkombinationen in den USA und weltweit.

KASTEN 3 ► **Coral Way Elementary School, Florida, USA (1963)**
Das bilinguale Programm der Coral Way Elementary School geht auf die Initiative von sozial privilegierten Exil-Kubanern in Dade County, Florida, zurück, die von der Kurzlebigkeit des Castro-Regimes und ihrer baldigen Rückkehr nach Kuba überzeugt waren. Daher sollte der englische Spracherwerb ihrer Kinder mit dem Erhalt von guten Spanischkenntnissen verbunden werden. Dieses Projekt wurde von englischsprachigen Mittelstandsfamilien in Florida unterstützt, die hier eine Chance für ihre Kinder sahen, bilinguale Kompetenz in zwei international bedeutsamen Sprachen zu erwerben. Im Laufe der 1960er Jahre entstanden 14 Dual Language Schools in Dade County. – Dieses Schulmodell fand rasch Nachahmer in anderen US-Staaten. Im Jahre 2003 gab es 297 solcher Schulen in den USA, die meisten mit der Sprachenkombination Englisch-Spanisch; aber es gibt auch einige Schulen mit anderen Partnersprachen wie Chinesisch, Koreanisch und Navajo (vgl. BAKER 2006, S. 236f.).

In Deutschland lassen sich folgende Schulen als *Dual-Language*-Schulen klassifizieren: die deutsch-italienische Gesamtschule in Wolfsburg, die deutsch-italienische Grundschule in Hagen, die Staatlichen Europaschulen in Berlin (mit den Sprachenkombinationen Deutsch plus Englisch, Französisch, Russisch, Spanisch, Italienisch, Polnisch, Türkisch, Griechisch sowie Portugiesisch; zum Konzept vgl. GÖHLICH 1998) und die Schulen im Hamburger Schulversuch ‚Bilinguale Grundschulklassen' (Deutsch in Kombination mit Spanisch, Italienisch, Portugiesisch und Türkisch, vgl. GOGOLIN/NEUMANN/ROTH 2007 und Kapitel 9 in diesem Lehrbuch).

Wie bei allen bilingualen Modellen unterscheiden sich die Schulprogramme im Detail. So gilt an den meisten Dual-Language-Schulen eine Sprachenseparation nach dem *one-person-one-language*-Prinzip, d.h. jede Lehrerin, jeder Lehrer spricht im Rahmen der Schule ausschließlich eine Sprache. Dies soll dazu beitragen, dass beiden Sprachen gleich viel Raum zugestanden wird und die Kinder sich nicht auf Übersetzungen aus ihrer schwächeren in ihre stärkere Sprache verlassen. Allerdings lässt sich dagegen einwenden, dass die bilingualen Lehrkräfte durch diese Regel auf ein monolinguales Rollenmodell festgelegt werden. Im Hamburger Schulversuch werden daher auch andere Regelungen der Sprachenverwendung erprobt (vgl. GOGOLIN/NEUMANN/ROTH 2007, S. 32ff.). Der Vorteil dieses Schulmodells für die beteiligten Minderheitenkinder besteht in der relativ symmetrischen Behandlung der beteiligten Sprachen; die Immersion der Mehrheitskinder in die Minderheitensprache führt zumindest innerschulisch zu einer Aufwertung dieser Sprache. Da die Mehrheitskinder beim Erlernen einer Minderheitensprache als Zweitsprache in der Regel langsamere Fortschritte machen als die Minderheitenkinder beim Erwerb der dominanten Sprache, ist diese Unterrichtskonstellation für die Minderheitenkinder vermutlich selbstwertförderlich. Kinder der Mehrheit und der Minderheit sind zudem in diesem Schulmodell integriert, anders als in Immersionsklassen oder in den meisten Language-Maintenance-Schulen. Allerdings ist zu beobachten, dass auch bei äußerlicher Gleichberechtigung der beiden Sprachen die statusschwache Minderheitensprache tendenziell weniger Raum erhält als die dominante Sprache. Letztere fungiert in der Regel als Verkehrssprache zwischen den Kindern, da sie meist von allen besser beherrscht wird als die Minderheitensprache.

2 Bewertung bilingualer Unterrichtsmodelle

2.1 Forschungsstand zur Wirksamkeit bilingualer Modelle

In Deutschland gibt es in Ermangelung zu erforschender bilingualer Unterrichtspraxis noch wenige Untersuchungen zur Wirksamkeit bilingualer Unterrichtsmodelle (vgl. GOGOLIN/ROTH 2007), in anderen Teilen der Welt jedoch herrscht kein Mangel an Forschungsergebnissen. Vor allem in den großangelegten US-amerikanischen quantitativen Vergleichsstudien lassen sich allerdings zwei Tendenzen erkennen, die problematisierenswert sind:

1. Auswahl der zu vergleichenden Unterrichtsmodelle: Es werden vorzugsweise Unterrichtsmodelle verglichen, die in diesem Kapitel als ‚assimilationsorientierte Ansätze' bezeichnet werden, d.h. Formen der (gestützten) Submersion und transitorisch bilingualer Unterricht.
2. Forschungsleitende Kriterien für die ‚Wirksamkeit' *(effectiveness)* der jeweiligen Modelle: Diese sind in der Regel (a) der Erwerb der gesellschaftlich dominanten Sprache und (b) die Aneignung von Fachwissen. Nur selten werden andere Kriterien einbezogen, z.B.: Entwicklung von schriftsprachlicher Kompetenz in der Minderheitensprache, Entwicklung von ‚bilingua-

ler Kompetenz' und metasprachlichen Fähigkeiten, Schulzufriedenheit und Selbstwertgefühl der Minderheitenkinder, Engagement der Minderheiteneltern in schulischen Belangen.

Die Ergebnisse der *Effectiveness*-Studies sind so divers wie die Unterrichtspraxis, um die es unter der einheitsstiftenden Überschrift *‚bilingual education'* geht. Bislang gibt es – mit Blick auf die oben genannten zentralen Erfolgskriterien – für so ziemlich jedes ‚Unterrichtsmodell' positive wie negative Ergebnisse in der empirischen Wirksamkeitsforschung, und es ist fraglich, ob es die gelegentlich eingeforderten ‚wirklich klärenden' quantitativen Studien überhaupt geben kann:

Argument 1: Unterrichtsmodelle für Kinder aus sprachlichen Minderheiten sind in jeder Schule lediglich *ein Element* von Schulqualität neben vielen anderen und es ist schwierig, diese Komponente von anderen zu isolieren, um die Effektivität eines Unterrichtsmodells in Abgrenzung von anderen Modellen zu belegen. Autorinnen und Autoren, die sich mit den Problemen der sog. Wirksamkeitsforschung befassen, sprechen von bis zu 3000 Variablen, die einzeln und im Zusammenspiel dazu führen, dass jeder bilinguale Klassenraum recht einzigartig ist. Bei diesen Variablen geht es um die Eigenschaften der beteiligten Kinder, ihrer Eltern, ihrer sozialen und sprachlichen Kontexte; um die offiziell im Unterricht verwendeten Sprachen und weitere Sprachen, ihren relativen sozialen Status, ihre Verwendung außerhalb der Schule; um die Eigenschaften des Lehrkörpers (Qualifikation, Motivation, ethnisch-sprachliche Hintergründe), die Art, Lage und Ausstattung der Schule, den Schulethos, die Zusammensetzung der Schülerschaft, die Unterrichtspraxis (didaktische und methodische Aspekte), Zielsetzungen des Unterrichts – um nur die wichtigsten Kategorien zu nennen, die jeweils in eine Vielzahl von Variablen zerlegbar sind, die alle recht streng kontrolliert werden müssten, um zu ‚belastbaren' Forschungsbefunden in vergleichenden Evaluationen zu kommen (vgl. z.B. BEATENS BEARDSMORE 2009).

Argument 2: Ein weiteres Problem besteht darin, dass sich hinter den hier vorgestellten Bezeichnungen für bestimmte ‚Typen' oder ‚Modelle' von Unterricht für Minderheitenkinder eine sehr heterogene sprachliche Praxis verbergen kann. Qualitative Schulforschung hat immer wieder zutage gefördert, dass die im Klassenraum zu beobachtende Sprachenverwendung nicht notwendig mit dem offiziellen Sprachenprogramm einer Schule zur Deckung zu bringen ist, häufig ist dies den beteiligten Lehrkräften gar nicht oder nur ansatzweise bewusst. Darüber hinaus zeigt beispielsweise Katharina BRIZIC sehr eindrücklich, wie unausweichlich inakkurat bereits die Erfassung der grundlegenden sprachlichen Daten in großen quantitativen Erhebungen ist und wie diese Datenlage die Evaluationsergebnisse notwendig verfälscht (BRIZIC 2009). Aus all dem lässt sich schließen, dass den Ergebnissen quantitativer Wirksamkeitsforschung ohne ergänzende qualitative Forschungsanteile nur eine eher geringe Aussagekraft zukommen kann.

Die time-on-task-Hypothese – oder „viel hilft viel"?

Die *time-on-task*-Hypothese (bzw. *‚maximum-exposure'*-Hypothese) geht von der zunächst recht naheliegenden Annahme aus, dass die Ergebnisse im Zweitspracherwerb umso besser sind, je mehr Unterrichtszeit dieser Sprache gewidmet ist. Wenn sich aber überhaupt ein übereinstimmendes Ergebnis aus den unterschiedlichsten Evaluationsstudien und Meta-Analysen herausfiltern lässt, so ist dies die Feststellung, dass die *time-on-task*-Hypothese im Hinblick auf den Erwerb der sozial dominanten Sprache nicht anwendbar ist: Bilinguale Projekte, in denen die Unterrichtszeit in der statushohen Sprache zugunsten von Minderheitensprachen reduziert ist, haben keine negativen Effekte auf den Erwerb dieser Sprache. Das lässt sich am Beispiel der Forschung zu *Dual Language Schools* illustrieren: In den USA wurden Modelle erprobt, in denen die Minderheitensprache im Verhältnis zur Mehrheitssprache jeweils den größeren Zeitanteil erhielt, nämlich 60:40, 75:25 und sogar 90:10-Modelle. Letztere Sprachenverteilung ist für die Mehrheitskinder eine (fast) vollständige Immersion in die Minderheitensprache (wie im St. Lambert Experiment), für die Minderheitenkinder eine starke *Language-Maintenance*-Konstellation. Eine vergleichende Evaluation dieser Varianten von LINDHOLM-LEARY (2001) ergab, dass die zusätzliche Unterrichtszeit zu besseren Ergebnissen in der Entwicklung der Minderheitensprache führte, dass die verringerte Unterrichtszeit in der dominanten Sprache Englisch hingegen keine nachteiligen Effekte auf die englische Sprachkompetenz hatte: Mehrheits- und Minderheitskinder erwarben in 10% der Unterrichtszeit im Schnitt genauso gute Englischkompetenzen wie die jeweiligen Mehrheits- bzw. Minderheitskinder in 50% der Zeit im 50:50-Modell oder in einsprachigen Programmen (100% Englisch). Diese Befunde sprechen dafür, dass die *time-on-task*-Hypothese unter bestimmten Voraussetzungen Gültigkeit für den Erwerb einer Minderheitensprache beanspruchen kann, nicht jedoch für den Erwerb der sozial dominanten Sprache. Eine für das Wissenschaftszentrum Berlin durchgeführte kritische Sichtung der einschlägigen internationalen Studien bestätigt diesen hier exemplarisch angeführten Befund (vgl. SÖHN 2005, S. 64f.) mit der nahe liegenden Einschränkung, dass der Unterricht in der Minderheitensprache qualitativ gut und methodisch wie schulorganisatorisch sinnvoll gestaltet sein muss (ebd., S. 49ff. und S. 60; vgl. auch REICH/ROTH 2002, S. 24; GOGOLIN/NEUMANN/ROTH 2003, S. 47).

2.2   Kontroverse Positionen

Die Positionen in der Debatte über das Für und Wider bestimmter sprachlicher Bildungsangebote für Minderheitenkinder lassen sich vor dem Hintergrund der Bourdieuschen Analyse des sprachlichen Marktes (vgl. Kapitel 3) entlang eines Kontinuums zwischen zwei Polen einordnen:

Eine Position nimmt den sprachlichen Markt und seine hierarchischen Strukturen in der historisch gewachsenen, gegenwärtigen Form als gegeben. Entsprechend steht das Legitimitätsmonopol der dominanten Sprache nicht zur Diskussion und Chancengleichheit für die Minderheitenkinder kann allein über den Erwerb von Kenntnissen in der dominanten Sprache sichergestellt werden. Sofern die Familiensprachen zu diesem Ziel messbar nichts beitragen, ‚schadet' ihre Einbeziehung in den Schulkontext bestenfalls nichts, bleibt aber immer angreifbar. So verweist z.b. ESSER (2009) ohne Umschweife auf die „organisatorischen Kosten der Einrichtung muttersprachlicher Maßnahmen" (S. 80) und der Titel seines Aufsatzes „Was bringt die Bilingualität?" (gemeint ist nicht Zweisprachigkeit an und für sich, sondern die Zweisprachigkeit von Migrantenkindern) fokussiert in aller Klarheit ein Kosten-Nutzen-Kalkül, das in dieser Form wohl nur selten auf Fragen der vor allem bildungstheoretisch und pädagogisch zu legitimierenden Curriculumgestaltung angewendet wird (Was bringt die ästhetische Erziehung? Was bringt die Kenntnis der Algebra?). Es geht also auch um die Verteilung von Ressourcen, und bei solchen Verteilungskämpfen sind Belange von Minderheiten immer in Gefahr, als „kostspielige private Vorlieben" (OTTO/SCHRÖDTER 2006, S. 6) ohne allgemeinen Nutzen diskreditiert zu werden.

Eine andere Position hat die Dynamik der Sprachenverhältnisse im Blick; auch wenn niemand davon ausgeht, dass sich die Sprachenhierarchie einfach nivellieren ließe, so wird doch angenommen, dass sie in Bewegung zu bringen sei und dass die Schule einen Beitrag zur Legitimierung vielfältiger sprachlicher Praxis leisten könne. Insofern die Pflege der Familiensprachen von Minderheitenkindern dem Erwerb der Zweitsprache nicht im Wege steht – und dies lässt sich durch Erkenntnisse der Bilingualitätsforschung ausschließen – ist ihr Einbezug in den schulischen Raum aus dieser Sicht ein begrüßenswerter Schritt zur Aufwertung und Anerkennung von sprachlicher Diversität und von kindlichen Ressourcen.

Die Argumentationsgänge der Debatte sind sehr stark von der gesellschaftlich dominanten Logik strukturiert, und ökonomische und instrumentelle Argumente erhalten das größte Gewicht. Entsprechend haben Befürworter der Förderung von Minderheitensprachen im Schulsystem freudig Befunde aufgegriffen, die zu belegen scheinen, dass ein additiver Spracherwerbskontext, in dem auch die Familiensprachen der Kinder entfaltet werden, sich positiv auf deren Erwerb der statushohen Zweitsprache auswirken, und sie verweisen auf die Möglichkeit, dass die Zweisprachigkeit von Minderheiten Vorteile auf dem Arbeitsmarkt bringen könne. Verschiedene Autorinnen und Autoren weisen darauf hin, dass sich diese positiven Befunde aufgrund methodischer Mängel der vorliegenden quantitativen Studien nicht zweifelsfrei *belegen* lassen (vgl. z.B. ESSER 2006, S. 387-398; SÖHN 2005); hier muss allerdings ergänzt werden, dass sich derartige potenzielle Effekte bilingualer Modelle auf der Basis der vorliegenden Forschung ebenso wenig *widerlegen* lassen. – Nachweislich erwerben Kinder in bilingualem Unterricht aber schriftsprachliche Kompetenz in der Minderheitensprache, und zwar ohne nachteilige Effekte auf die Entwicklung der statushohen Mehrheitssprache.

Will man in der Debatte über Unterrichtsmodelle für Kinder aus sprachlichen Minderheiten eine begründete Position beziehen, dann muss man also, so mein Fazit, vor allem folgende Fragen beantworten, die mit einer Wertentscheidung verknüpft sind, nämlich: Welche Ziele sollten diese Bildungsangebote verfolgen und was sind die Kriterien für den ‚Erfolg' der Bildungsangebote ?

3   Zusammenfassung

International diskutierte Unterrichtsmodelle lassen sich aus der Sicht von Minderheitenkindern grob in zwei Kategorien unterteilen: solche, die die monolinguale Assimilation in die Mehrheitsgesellschaft zum Ziel haben, und solche, die die Kenntnisse in den Familiensprachen der Minderheitenkinder in wertschätzender Weise einbeziehen und entfalten. Es gibt in diesem Zusammenhang kein schlichtes Erfolgsrezept, sondern komplexe Kontextfaktoren können zur Folge haben, dass dasselbe Unterrichtsmodell zu unterschiedlichen Ergebnissen führt. Besonders wichtig ist es, die soziale Positionierung der Minderheitenkinder und ihrer Familien bzw. Communities sowie den Status der jeweiligen Minderheitensprache in den Blick zu nehmen. Ansonsten besteht die Gefahr, Erfolgsmodelle wie das kanadische Immersionsprogramm ungeachtet der ganz unterschiedlichen Ausgangsbedingungen auf andere Kontexte zu transferieren. Die Diskussion um sprachliche Bildungsangebote für Minderheitenkinder ist kein rein pädagogisches und spracherwerbstheoretisches Thema, sondern eingebunden in Strukturen der ökonomischen, sozialen und kulturellen Dominanz.

Fragen und Denkanstöße

1. Erläutern und diskutieren Sie folgende Begriffe und Hypothesen: additiver Bilingualismus, subtraktiver Bilingualismus, *linguistic-mismatch*-Hypothese, *maximum-exposure-* bzw. *time-on-task*-Hypothese.

2. Die Bezeichnung ‚Structured Immersion' für monolinguale Unterrichtsprogramme für Minderheitenkinder in den USA suggeriert, dass es für Minderheitenkinder ‚Immersionsunterricht' nach dem Vorbild des kanadischen Immersionsexperiments geben könne. Stellen Sie in einer Tabelle gegenüber, in welchen Aspekten sich ‚Immersion' von ‚Submersion' unterscheidet. Überprüfen Sie dann, in welchen Punkten ‚Strukturierte Immersion' sich im Idealfall dem Immersionsprinzip annähern kann und in welchen Punkten auch dieses Programm eine Submersionserfahrung für die Kinder aus sprachlichen Minderheiten ist. Diskutieren Sie folgende These: Im Rahmen der gegebenen sprachlichen Dominanzverhältnisse ist ‚Immersion' analog der kanadischen Immersion für sprachliche Minderheiten prinzipiell nicht realisierbar.

3. Die Bezeichnungen für unterschiedliche ‚Unterrichtsmodelle' dienen einer ersten analytischen Differenzierung, die tatsächlichen Unterrichtsverhältnisse sind in der Regel komplexer. So gibt es beispielsweise in Gwynedd, Wales (GB), zahlreiche Schulen mit Herkunftssprachprogrammen, in denen die (soziale) Minderheitsprache Walisisch als Unterrichtssprache verwendet wird. Die ‚legitime Sprache' Großbritanniens ist bekanntlich Englisch; in Gwynedd ist die Bevölkerung aber mehrheitlich bilingual und Walisisch dominiert in der Alltagskommunikation. Monolingual englischsprachige Kinder sind in den betreffenden Schulen in der Minderheit. Sie erhalten in der Schule Förderunterricht *(withdrawal classes)* in Walisisch. Wie würden Sie dieses Schulprogramm klassifizieren? Begründen Sie Ihre Überlegungen.

4. Aussage einer Submersionsschülerin: „*School was a nightmare. I dreaded going to school and facing my classmates and teacher. Every activity the class engaged in meant another exhibition of my incompetence. Each activity was another incidence for my peers to laugh and ridicule me with and for my teacher to stare hopelessly disappointed at me. My self-image was a serious inferiority complex. I became frustrated at not being able to do anything right. I felt like giving up the entire mess*" (McKay 1988, S. 341, zit. nach Baker 2006, S. 219). – Welche Möglichkeiten haben Lehrkräfte in Regelklassen, die Submersionssituation für zweisprachige Kinder anders als in diesem Beispiel motivierend und selbstwertförderlich zu gestalten? Sammeln Sie Unterrichtsideen und formulieren Sie Anforderungen an die Lehrerausbildung.

5. Beziehen Sie Position: Welche Ziele sollten die Bildungsangebote für Kinder aus sprachlichen Minderheiten verfolgen und was sind die Kriterien für den ‚Erfolg' dieser Bildungsangebote?

Literaturempfehlung

BAKER, Colin (2006, 4. Auflage): Foundations of Bilingual Education and Bilingualism. Clevedon et al.: Multilingual Matters.
Dieses Lehrbuch bietet eine umfassende Einführung in unterschiedlichste Aspekte von Bilingualität und bilingualem Unterricht. Die zentralen Kontroversen mit Blick auf bilinguale Erziehung für Minderheitenkinder bilden einen der Schwerpunkte des Buches. Es ist klar und gut verständlich geschrieben.

Literaturverzeichnis

Afolayan, A. (1976): The Six-Year Primary Project in Nigeria. In: Bamgbose, A. (Hrsg.) (1976): Mother Tongue Education. The West African Experience. London, S. 113-134.

Agnihotri, R. K. (1992): Interview im Video "'Yo dude, cosa wena kyk a?' – The multilingual classroom", produced and distributed by The National Language Project in Cape Town, South Africa.

Baker, C. (2006): Foundations of Bilingual Education and Bilingualism. 4th Edition. Clevedon.

Baetens Beardsmore, H. (2009): Bilingual Education: Factors and Variables. In: García, O. (Hrsg.) (2009): Bilingual Education in the 21st Century: A Global Perspective. With contributions by Hugo Baetens Beardsmore. Chichester, S. 137-158.

Brizic, K. (2009): Bildungsgewinn bei Sprachverlust? Ein soziolinguistischer Versuch, Gegensätze zu überbrücken. In: Gogolin, I./Neumann, U. (Hrsg.) (2009): Streitfall Zweisprachigkeit – The Bilingualism Controversy. Wiesbaden, S. 133-143.

Cummins, J. (1984): Zweisprachigkeit und Schulerfolg. Zum Zusammenwirken von linguistischen, soziokulturellen und schulischen Faktoren auf das zweisprachige Kind. In: Die deutsche Schule, Heft 3, S. 187-198.

Esser, H. (2006): Sprache und Integration. Die sozialen Bedingungen und Folgen des Spracherwerbs von Migranten. Frankfurt.

Esser, H. (2009): Der Streit um die Zweisprachigkeit: Was bringt die Bilingualität? In: Gogolin, I./Neumann, U. (Hrsg.) (2009): Streitfall Zweisprachigkeit – The Bilingualism Controversy. Wiesbaden, S. 69-88.

Göhlich, M. (Hrsg.) (1998): Europaschule – Das Berliner Modell. Beiträge zu Zweisprachigem Unterricht, Europäischer Dimension, Interkultureller Pädagogik und Schulentwicklung. Neuwied.

Gogolin, I./Neumann, U./Roth, H.-J. (2003): Förderung von Kindern und Jugendlichen mit Migrationshintergrund. Expertise für die Bund-Länder-Kommission für Bildungsplanung und Forschungsförderung. BLK-Materialien zur Bildungsplanung und Forschungsförderung, Heft 107.

Gogolin, I./Neumann, U./Roth, H.-J. (2007) (unter Mitarbeit von A. Grevé und Th. Klinger): Schulversuch bilinguale Grundschulklassen in Hamburg – Wissenschaftliche Begleitung. Abschlussbericht über die italienisch-deutschen, portugiesisch-deutschen und spanisch-deutschen Modellklassen. Hamburg (Universität Hamburg: Arbeitsstelle Interkulturelle Bildung).

Gogolin, I./Roth, H.-J. (2007): Bilinguale Grundschule: Ein Beitrag zur Förderung der Mehrsprachigkeit. In: Anstatt, T. (Hrsg.) (2007): Mehrsprachigkeit bei Kindern und Erwachsenen. Tübingen, S. 31-45.

Holm, A./Holm, W. (1990): Rock Point, A Navajo way to go to school. In: Cazden, C. B./ Snow, C. E. (Hrsg.) (1990): The Annals of the American Academy of Political and Social Science, 508. Jg., S. 170-184.

Holm, A./Holm, W. (1995): Navajo language education: Retrospect and prospects. In: Bilingual Research Journal, 19. Jg., H. 1, S. 141-167.

Lambert, W.E./Tucker, R. (1972): Bilingual Education of Children. The St. Lambert Experiment. Rowley, MA.

Lindholm-Leary, K.J. (2001): Dual Language Education. Clevedon.

Makoni, S. (1994): Mother-tongue Education: A literature review. In: ELTIC Reporter, 18. Jg., H. 1, S. 20-29.

McCarty, T.L. (2003): Revitalising indigenous languages in homogenizing times. In: Comparative Education, 39. Jg., H. 2, S. 147-163.

Otto, H.-U./Schrödter, M. (2006): Soziale Arbeit in der Migrationsgesellschaft. Von der Assimilation zur Multikulturalität – und zurück? In: Neue Praxis, Zeitschrift für Sozialarbeit, Sozialpädagogik und Sozialpolitik, Sonderheft 8 (Soziale Arbeit in der Migrationsgesellschaft. Multikulturalismus – Neo-Assimilation – Transnationalität), S. 1-18.

Reich, H. H./Roth, H.-J. (2002): Spracherwerb zweisprachig aufwachsender Kinder und Jugendlicher. Ein Überblick über den Stand der nationalen und internationalen Forschung. Hamburg: Behörde für Bildung und Sport. Im Internet verfügbar unter http://www2.erzwiss.uni-hamburg.de/personal/Gogolin/Gutachten.pdf, download vom 20.7.2009.

Söhn, J. (2005): Zweisprachiger Schulunterricht für Migrantenkinder. Ergebnisse der Evaluationsforschung zu seinen Auswirkungen auf Zweitspracherwerb und Schulerfolg. Berlin: WZB, AKI-Forschungsbilanz 2. Im Internet verfügbar unter http://wz-berlin.de/zkd/aki/files/aki_zweispachiger_unterricht_online.pdf, download vom 20.7.2009.

Valdés, G. (1998): The world outside and inside school: Language and immigrant children. In: Educational Researcher, 27. Jg., H. 6, S. 4-18.

Kapitel 5

Ingrid Gogolin | Imke Lange

Bildungssprache und Durchgängige Sprachbildung

Die Ergebnisse der internationalen Schulleistungsvergleichsstudien haben zwar erwiesen, dass die Kenntnis der Unterrichtssprache – gemessen als Lesefähigkeit – relevant für schulische Leistungsfähigkeit ist. Aber sie haben nicht genauer gezeigt, wie die sprachlichen Fähigkeiten beschaffen sein müssen, die die Aussicht auf schulische Leistungsfähigkeit erhöhen. Hier setzt das Konzept der *Bildungssprache* an. Es richtet sich nicht auf Sprachfähigkeit allgemein, sondern auf einen bestimmten Ausschnitt dieser Fähigkeit – genannt: ein Register –, der in Kontexten formaler Bildung besonders relevant ist. Dieses Register soll im ersten Teil vorgestellt werden. Maßnahmen zur sprachlichen Unterweisung von Kindern und Jugendlichen mit Migrationshintergrund sind häufig als additive Förderung konzipiert, die zusätzlich oder parallel zum Unterricht angeboten wird, wenn eine Schülerin oder ein Schüler Auffälligkeiten in der Zweitsprache Deutsch erkennen lässt. Der mit dem Konzept der Bildungssprache einhergehende Anspruch einer *Durchgängigen Sprachbildung* richtet sich hingegen auf den Unterricht insgesamt: auf die Gestaltung von Sprachbildung nach einem Gesamtkonzept, das über die Jahre, die Institutionen und die Fächergrenzen hinweg angelegt ist. Diese im deutschsprachigen Kontext neue Perspektive steht im Mittelpunkt des zweiten Teils unseres Beitrags.

1   Bildungssprache

Die Bezeichnung Bildungssprache an sich ist nicht neu. Auch heute noch weit verbreitet ist ein Verständnis, wie es in einem Pädagogischen Lexikon Ende der 1920er Jahre zu finden ist. Hier wird Bildungssprache als ‚hohe‘ und ‚reine‘ Sprache definiert (DRACH 1928, Sp.665 und 671). Gemeint ist vor allem die (Aus-)Sprache der Gebildeten, die in einen Gegensatz zur Mundart gestellt wird. Mundart wird klassifiziert als Sprache der gesellschaftlichen Unterschichten. Dies ist vermutlich die in der Alltagswelt am weitesten verbreitete Vorstellung, die sich an den Begriff knüpft: die Vorstellung von einer ‚besseren‘, ‚höheren‘ Sprache, deren Gegensatz die niedriger bewerteten Varianten sind – und die Letzteren sind verbunden mit der Geringschätzung der Menschen, die sie benutzen.

1.1 Deutungen des Begriffs Bildungssprache

Dieses alltägliche Verständnis von Bildungssprache unterscheidet sich von der (erziehungs-)wissenschaftlichen Gebrauchsweise. Auch hier gibt es ein Spektrum von Auffassungen. Ein Verständnis von Bildungssprache ist ‚Sprache, in der Bildung in Institutionen vermittelt wird‘. Demnach ist Bildungssprache in Deutschland in der Regel Deutsch.

Näher an der Bedeutung, wie sie in diesem Lehrbuch vertreten wird, ist eine Definition von Jürgen HABERMAS. Er hat sie in einer Schrift zum Thema „Umgangssprache, Wissenschaftssprache, Bildungssprache" vorgestellt. Danach ist mit Bildungssprache dasjenige sprachliche Register bezeichnet, mit dessen Hilfe man sich mit den Mitteln der Schulbildung ein Orientierungswissen verschaffen kann (HABERMAS 1977, S. 40). Damit ist der Bedeutungsbereich angezeigt, der für das hier vertretene Konzept charakteristisch ist: die spezifische Funktion des Registers für die Schulbildung, und zugleich: die spezifische Funktion der Schulbildung für die Aneignung des Registers.

1.2 Bildungssprache im Kontext der Schulleistungsforschung

Anlass für die Neufassung des Begriffs Bildungssprache war, dass die Kinder und Jugendlichen mit Migrationshintergrund in deutschen Schulen schlechtere Leistungen erzielen als einsprachig lebende Kinder ohne Migrationshintergrund. Dieses in den letzten Jahren wiederkehrende Resultat der Bildungsforschung war die Motivation, nach Handlungsmöglichkeiten zu suchen, um solche Leistungsunterschiede auszugleichen. Dabei spielt ein spezifisches Verständnis der Funktion von Sprache im Bildungsprozess eine entscheidende Rolle.

Dass die unzureichende Beherrschung der Schul- und Unterrichtssprache Deutsch zu den Ursachen für die Leistungsunterschiede gehört, ist unstreitig. Belege dafür boten z.b. die Schulleistungsvergleichsstudien PISA, IGLU/ PIRLS oder TIMSS, in denen sich wiederkehrend zeigt, dass unzureichende Lesekompetenz im Deutschen sich auf die Leistungschancen in Mathematik und naturwissenschaftlichen Fächern negativ auswirkt (BOS u.a. 2007; BOS u.a. 2008; PISA-Konsortium 2007).

Wo liegen die Gründe für dieses Ergebnis? Vielfach ist es üblich, allein außerschulischen Bedingungen die Verantwortung zuzuweisen – insbesondere dem Umstand, dass in der Familie oder der Freizeit eine andere Sprache als Deutsch gesprochen wird. Dies ist aber nur in Grenzen plausibel. Hinweise darauf, dass die Leistungsnachteile von Kindern mit Migrationshintergrund nicht allein auf ihre ‚sprachliche Lebensführung' zurückzuführen sind, enthalten ebenfalls die Ergebnisse der Internationalen Schulleistungsvergleichsstudien: Auch Jugendliche, die angeben, in ihrem Alltag überwiegend deutsch zu sprechen, erreichen weder in Mathematik noch in den Lesefähigkeiten das durchschnittliche Kompetenzniveau in den jeweiligen Bundesländern (vgl. GOGOLIN/ROTH 2007, S. 32). Der überwiegende Teil der Jugendlichen mit Migrationshintergrund, die in die Studien einbezogen waren, blickt ausschließlich auf eine Bildungsbiographie in der deutschen Schule zurück. In drei PISA-Studien der Jahre 2000, 2003 und 2006 ergab sich ferner, dass die getesteten 15jährigen, die selbst zugewandert sind, höhere durchschnittliche Kompetenzen erreichen als jene, die ihre gesamte Bildungsbiographie in der deutschen Schule durchlaufen haben (vgl. PISA-Konsortium 2007). Hierfür sind Charakteristika der Migration mitverantwortlich (vgl. STANAT 2009). Analysen der PISA-Ergebnisse verweisen darauf, dass schlechte Leistungsergebnisse sowohl mit dem Gebrauch einer anderen Familiensprache als Deutsch als auch mit einem geringen formalen Bildungsstand der Familie zusammenhängen (vgl. z.B. RAMM u.a. 2005). Verlierer sind demnach vor allem die Kinder und Jugendlichen, die eine andere Erstsprache als Deutsch sprechen *und* deren sozioökonomischer Hintergrund niedrig ist. Forschungsergebnisse sprechen dafür, dass sich der formale Bildungsstand der Familie möglicherweise nachhaltiger auf den Schulerfolg auswirkt als die gesprochene Familiensprache (sei es Deutsch oder eine andere Sprache) (MÜLLER 2007, S.243). In verschiedenen Untersuchungen hat sich gezeigt, dass besonders der Mangel an Schriftorientierung des Elternhauses den Schulmisserfolg bestimmt (vgl. LESEMANN u.a. 2007 und Kapitel 6 in diesem Lehrbuch). Aber ungeachtet dieser Ergebnisse, die Umstände betreffen, an denen die Schule unmittelbar nichts ändern kann, spielt offensichtlich auch der *Unterricht* selbst eine Rolle dabei, welche für die schulische Leistungsfähigkeit relevanten sprachlichen Fähigkeiten Kinder und Jugendliche erwerben – oder nicht erwerben.

1.3 Grundlagen für ein neues Verständnis von Bildungssprache

Die Ausgestaltung eines neu akzentuierten Verständnisses von Bildungssprache geht vor allem auf Arbeiten zurück, die zur Grundlegung des Modellprogramms FÖRMIG (Förderung von Kindern und Jugendlichen mit Migrationshintergrund) vorgelegt wurden (zum Modellprogramm FÖRMIG vgl. www.blk-foermig.uni-hamburg.de; GOGOLIN 2006).

Dabei wurde hauptsächlich auf Forschung aus englischsprachigen Ländern zurückgegriffen (vgl. Kasten 1). Die dort erzielten Ergebnisse deuten darauf hin, dass nicht das Verfügen über eine allgemeine, für alltägliche Kommunikation taugliche Sprachkompetenz – Alltagssprache – für den schulischen Erfolg entscheidend ist, sondern der Besitz spezifischer sprachlicher Fähigkeiten – eben der Bildungssprache. Im Englischen werden die Begriffe *,academic language'* und *,academic discourse'* zur Bezeichnung der spezifischen sprachlichen Anforderungen benutzt. Die deutsche Analogbildung Bildungssprache trägt unter anderem dem Umstand Rechnung, dass *,academic'* im Englischen eine umfassendere Bedeutung hat als das deutsche Adjektiv ,akademisch'.

KASTEN 1 ▶   M.A.K. Halliday – Basil Bernstein – Jim Cummins

Die Unterscheidung zwischen Bildungssprache als Register und Alltagssprache geht auf die Theorie der *Functional Grammar* von M.A.K. HALLIDAY zurück (vgl. HALLIDAY 1994). Dies ist ein Ansatz der Sprachbeschreibung, der sich daran orientiert, dass Äußerungen in verschiedenen Konstellationen – also nach ihrer jeweiligen Funktion – unterschiedlich ausfallen. So haben Äußerungen z.B. eine andere Form, je nachdem, ob sie in formellem oder in informellem Kontext fallen; ob sie an ein Fachpublikum gerichtet sind oder an Laien, etc. Nach der Funktion des Sprachgebrauchs bestimmen sich die Regeln, die jeweils angemessen sind.

Anregungen geben ferner die Untersuchungen des Soziolinguisten Basil BERNSTEIN. BERNSTEINS Studien tragen Erkenntnisse über schichtspezifische sprachliche Sozialisation und Schulerfolgschancen bei. Er unterscheidet einen horizontalen (alltäglichen) Diskurs von einem vertikalen (kontextentbundenen) Diskurs (BERNSTEIN 1971, S. 28f.).

Eine weitere wichtige Quelle sind die Arbeiten von Jim CUMMINS, der sich an der Universität Toronto seit langem mit Mehrsprachigkeit beschäftigt. Er hat den Begriff *,Cognitive Academic Language Proficiency* (CALP)' geprägt (vgl. z.B. CUMMINS 2006). CUMMINS bezieht seine Überlegungen und Forschungen auf den Sprachgebrauch in der Schule im Kontext von Migration. Man könnte CALP mit ,Bildungssprachfähigkeit' übersetzen (vgl. REICH 2008).

Studien, in denen die Erwerbsdauer bildungssprachlicher Kompetenzen untersucht wurde, gehen von ca. fünf bis acht Jahren aus, die Kinder und Jugendliche brauchen, um bildungssprachliche Kompetenzen in der Zweitsprache zu erwerben. Im Vergleich dazu benötigt der Erwerb alltagssprachlicher Kompetenzen (CUMMINS nennt sie *Basic Interpersonal Communication Skills*, kurz: BICS) in der

Zweitsprache etwa sechs Monate bis zwei Jahre. Dies kann erklären, warum Kinder und Jugendliche, für die Deutsch die Zweitsprache ist, sich häufig mündlich in Alltagssituationen fließend verständigen, aber (noch) nicht die sprachlichen Anforderungen der Bildungseinrichtungen erfüllen können.

Mit Bildungssprache ist also ein bestimmter Ausschnitt sprachlicher Kompetenz bezeichnet. Gemeint ist ein formelles Sprachregister, d.h. eine Art und Weise Sprache zu verwenden, die bestimmte formale Anforderungen beachtet. Sehr grob charakterisiert, kann man sagen, dass Bildungssprache auch dann, wenn sie im Mündlichen vorkommt, an den Regeln des Schriftsprachgebrauchs orientiert ist. Besonderes Gewicht besitzt das Register im Bildungskontext: Es wird bei Lernaufgaben, in Lehrwerken und anderem Unterrichtsmaterial verwendet; es wird in Prüfungen und vielen Unterrichtsgesprächen eingesetzt. Je weiter eine Bildungsbiographie fortschreitet, je weiter sich der Unterricht in Fächer bzw. Fächergruppen ausdifferenziert, umso mehr wird das Register Bildungssprache verwendet und gefordert.

Auf der normativen Ebene ist mit Bildungssprache dasjenige Register bezeichnet, dessen Beherrschung von ‚erfolgreichen Schülerinnen und Schülern‘ erwartet wird. Der Anspruch an die Kinder und Jugendlichen, sich bildungssprachlich auszudrücken und bildungssprachliche Ausdrucksweisen zu verstehen, spielt im schulischen Alltag stets eine Rolle – aber sehr oft wird er nicht explizit gemacht, sondern schwingt implizit in der Art der Kommunikation mit (vgl. Kasten 2). Dies kann, wie etwa die Forschung von BERNSTEIN verdeutlicht, insbesondere für jene Lernenden verhängnisvoll sein, die die sprachlichen Anforderungen im Bildungsprozess entweder aufgrund ihrer sozialen Herkunft oder aufgrund der Herkunft aus einer anderen Sprache nicht ohne weiteres erfüllen können, weil sie kein ‚Gefühl‘ für die impliziten Botschaften im Unterricht haben.

KASTEN 2 ▶	Bildungssprache – Alltagssprache – Schulsprache – Fachsprache

In *alltagssprachlichen Situationen* können sich die Sprecherinnen und Sprecher in der Regel auf einen gemeinsamen Kontext, auf das Hier und Jetzt beziehen. Daher ist z.B. die Verwendung von sog. deiktischen Mitteln (Mitteln, die von Zeigegesten begleitet sein könnten, wie ‚das da') oder Sätzen, die im strengen Sinne ‚grammatischer Korrektheit' unvollständig sind, durchaus angebracht. Ein Beispiel dafür ist ein Dialog wie der folgende:

Frage: „Wie komme ich denn zur X-Schule?"

Antwort: „Erste rechts, dritte links" oder „Hier rechts, dann dahinten links".

In *bildungssprachlichen Situationen* beziehen sich die Sprecherinnen und Sprecher auf Inhalte, die sich nicht im unmittelbaren, gemeinsamen Erlebniskontext befinden. Die sprachlichen Mittel müssen präzise gewählt sein, um gemeinsame, universale Bedeutungen zu konstruieren. Dies geschieht beispielsweise durch die ausdrückliche Formulierung von Zusammenhängen. Hier ist die Antwort aus dem Beispieldialog sprachlich komplexer gestaltet:

Antwort: „Biegen Sie in die erste Querstraße rechts ab. Gehen Sie dann geradeaus bis zur dritten Kreuzung und biegen Sie nach der Tankstelle links ab."

Überschneidungen weist Bildungssprache mit den Begriffen *Schulsprache* und *Fachsprache* auf. Nach unserem Verständnis ist *Schulsprache* ein Ausschnitt der Bildungssprache: Es wird auf dasjenige sprachliche Repertoire verwiesen, das rein auf den Kontext Schule bezogen ist. Unter *Fachsprache* versteht man eine Ausprägung von Sprache, die zur effizienten und präzisen Kommunikation unter Fachleuten dient. Bildungssprache enthält schul- und fachsprachliche Elemente, und zwar vor allem im Bereich der Terminologie, also des Wortschatzes der Schule und der Unterrichtsfächer.

1.4 Deutsch als Bildungssprache – erste empirische Befunde

Das Register Bildungssprache unterscheidet sich auf lexikalischer, morphosyntaktischer und textlicher Ebene von anderen Sprachregistern, wie z.B. Alltagssprache (vgl. SCHLEPPEGRELL 2004; LESEMAN u.a. 2007). Für den deutschen Sprachraum steht eine umfassende empirische Absicherung des Registers Bildungssprache erst am Anfang (vgl. MÜLLER/DITTMANN-DOMENICHINI 2007).

Hier wurde ein Modell entwickelt, das fünf Sprachhandlungen unterscheidet, denen jeweils spezifische Redemittel zugeeignet sind: Sprache planen, Sprache situieren, Sprache reparieren, Sprache realisieren und Sprache evaluieren. Die

Autoren und Autorinnen orientieren sich an der Differenzierung zwischen konzeptionell mündlicher und schriftlicher Sprache (vgl. Kapitel 6, Kasten 2). Näherungen an die Merkmale von deutscher Bildungssprache aus fachspezifischer Perspektive sind schon vorgelegt worden (vgl. HOFFMANN 1998). Bislang nicht beschrieben sind den Bildungsprozess übergreifende Merkmale, wie sie für die englische Sprache SCHLEPPEGRELL (2004) vorgestellt hat. Hierbei handelt es sich um Sprachhandlungen, die nicht nur für ein Schulfach oder ein Themenfeld charakteristisch sind, sondern für sprachliche Interaktion im Unterricht überhaupt bzw. in fächerübergreifenden Domänen. Ein Beispiel: Die Sprachhandlungen Begründen oder Argumentieren spielen in zahlreichen Zusammenhängen im Bildungsprozess eine Rolle, sind also in diesem Sinne übergreifende Sprachhandlungen. Sie werden jedoch in unterschiedlichen sachlichen Kontexten verschieden ausgeführt: Eine Argumentation über eine faire Verteilung von Tortenstücken wird im Religions- oder Ethikunterricht anders geführt als in der Mathematik. Eine genaue Beschreibung des Bestands an Redemitteln müsste differenzierend die Mittel aufzeigen, die von der spezifischen Konstellation und Aufgabenstellung unabhängig, also übergreifend sind, und jene, die für die verschiedenen sachlichen und fachlichen Verzweigungen spezifisch sind (vgl. FÜRSTENAU/LANGE 2010).

Hinweise auf übergreifende Merkmale, in denen sich eine Entwicklung von alltagssprachlichem hin zu bildungssprachlichem Sprechen abzeichnet, liegen aus einer Untersuchung der sprachlichen Entwicklung von Grundschulkindern in einem bilingualen Schulversuch vor (vgl. GOGOLIN/ROTH 2007; ROTH/NEUMANN/GOGOLIN 2007). Ermittelt wurden z.B. eine häufige Verwendung von allgemeinen unspezifischen Verben (wie ‚sein' und ‚machen') in der Alltagssprache; auf dem Weg zur Bildungssprache wird ein zunehmender Einsatz von präzisen Verben beobachtet, und schließlich die Verwendung verbaler Anteile des Konjunktivs und des Passivs als bildungssprachliche Redemittel (GOGOLIN/ROTH 2007, S.42).

Erste Ansätze der Systematisierung der Merkmale von Bildungssprache hat Hans H. REICH, Germanist und Spezialist für das Deutsche als Zweitsprache, angeboten (nach REICH 2008):

Diskursive Merkmale betreffen den Rahmen und die Formen, die kennzeichnend für Bildungssprache sind, z.B.:

- eine klare Festlegung von Sprecherrollen und Sprecherwechsel;
- ein hoher Anteil monologischer Formen (z.B. Vortrag, Referat, Aufsatz);
- fachgruppentypische Textsorten (z.B. Protokoll, Bericht, Erörterung);
- stilistische Konventionen (z.B. Sachlichkeit, logische Gliederung, angemessene Textlänge).

113

Lexikalisch-semantische Merkmale beziehen sich auf Eigenarten des Wortschatzes und einzelne Bedeutungen. Kennzeichnend für Bildungssprache sind
*   differenzierende und abstrahierende Ausdrücke (z.b. ‚nach oben transportieren' statt ‚raufbringen'));
*   Präfixverben, darunter viele mit untrennbarem Präfix und mit Reflexivpronomen (z.b. ‚erhitzen', ‚sich entfalten', ‚sich beziehen'));
*   nominale Zusammensetzungen (z.b. ‚Winkelmesser'));
*   normierte Fachbegriffe (z.b. ‚rechtwinklig'; ‚Dreisatz').

Syntaktische Merkmale der Bildungssprache beziehen sich auf Besonderheiten im Satzbau:
*   explizite Markierungen der Kohäsion (also des Textzusammenhangs);
*   Satzgefüge (z.b. Konjunktionalsätze, Relativsätze, erweiterte Infinitive);
*   unpersönliche Konstruktionen (z.b. Passivsätze, man-Sätze);
*   Funktionsverbgefüge (z.b. ‚zur Explosion bringen', ‚einer Prüfung unterziehen', ‚in Betrieb nehmen'));
*   umfängliche Attribute (z.b. ‚die nach oben offene Richter-Skala', ‚der sich daraus ergebende Schluss').

Über die Frage, ob Schülerinnen und Schüler mit und ohne Migrationshintergrund in Deutschland unterschiedlich von den Anforderungen betroffen sind, die die Aneignung des Registers Bildungssprache stellt, liegen bislang ebenfalls nur ansatzweise Untersuchungen vor (vgl. GOGOLIN/ROTH 2007). Offen ist zum Beispiel die Frage, ob es Bereiche der deutschen Sprache gibt, die für Kinder mit Migrationshintergrund mit besonderen Schwierigkeiten verbunden sind (MÜLLER 2007). Dies könnte nach Ergebnissen aus der Sprachkontaktforschung der Fall sein, jedoch ist bislang weitgehend unklar, worauf solche Schwierigkeiten zurückzuführen sein könnten. Ungeklärt ist beispielsweise die Frage, ob Ähnlichkeiten zwischen der Herkunfts- und der Zweitsprache lernerleichternd wirken, oder ob sie sich auch lernerschwerend auswirken können – etwa, weil es durch vermeintlich bedeutungsähnliche Wörter zu unaufgeklärt bleibenden Missverständnissen kommt. Mit Untersuchungen zu dieser Frage beschäftigt sich aktuell ein Forschungsteam im Rahmen der Forschungsgruppe *„Linguistic Diversity Mangement in Urban Areas"* der Universität Hamburg (vgl. www. lima.uni-hamburg.de). Geklärt scheint lediglich, dass es lernförderlich wirkt, wenn die Schülerinnen und Schüler sowohl in der Herkunftssprache als auch in der Zweitsprache, in der der Unterricht überwiegend stattfindet, Zugang zu Schrift haben. Hier scheinen sich positive Übertragungseffekte zu ergeben – jedenfalls dann, wenn beide Sprachen in ähnlichen Systemen verschriftlicht werden, also z.B. in ähnlichen Alphabeten (vgl. BIALYSTOK 2009).

An zwei Beispielen soll im Folgenden ausführlicher illustriert werden, wie sich alltagssprachliche und bildungssprachliche Herangehensweisen an eine Mathematikaufgabe unterscheiden. Die folgende Aufgabe stammt aus einer Untersuchung über die Frage, ob Schülerinnen und Schüler mit Migrationshintergrund, die eine zweisprachige Spracherfahrung besitzen, an Mathematikaufgaben anders herangehen als ihre einsprachigen Klassenkameraden (vgl. GOGOLIN u.a. 2004). Den Schülerinnen und Schülern wurden unter anderem Mathematikaufgaben aus gängigen Lehrbüchern vorgelegt mit der Bitte, diese zu lesen und mit eigenen Worten wiederzugeben. Dies war eine der Aufgaben:

Im Salzbergwerk Bad Friedrichshall wird Steinsalz abgebaut. Das Salz lagert 40 m unter Meereshöhe, während Bad Friedrichshall 155 m über Meereshöhe liegt. Welche Strecke legt der Förderkorb zurück?

Die Aufgabe ist ein Beispiel für die Art und Weise, wie schulische Aufgaben formuliert werden, und damit auch ein Beispiel für einen bildungssprachlichen Text: Ein Sachverhalt wird passivisch formuliert („wird…abgebaut"), es gibt einige Fachbegriffe („Meereshöhe", „Förderkorb"), die aus einem nicht-mathematischen Zusammenhang stammen. Und es gibt Wörter mit doppelter Bedeutung: das Wort „Strecke" als die Variante eines Weges, als Fachbegriff aus der Geometrie und als Fachbegriff aus dem Bergbau.

Eine Schülerin löst die Aufgabe folgendermaßen:
es steht also mmh – die wollen Steinsalz abbauen und das ist zwar in Salzbergwerk Bad Frieshalle – oder wie das hier steht – Friedrichshall –ja und mmh das das liegt aber vier/vierzig Millimeter unter des Meeres – ja vierzig Meter unter Meereshöhe – und aber die wollen während ähm aber die wollen bei Fried/ Friedrichshall 155 Meter über das Meereshöhe Meereshöhe liegt – obwohl das da ober liegt und jetzt wissen sie nicht welche Strecke sie nehmen sollen und jetzt wollen sie wissen – wie viel Strecken Strecken es eigentlich ist – mmh weil so ein För/Förderkorb bis zur Erdoberfläche zurück

Was ist hier geschehen?
Die Schülerin personalisiert die Aufgabe („die wollen") und orientiert sich an ihrer alltäglichen Vorstellung von „Strecke" – dem Weg, den man zurücklegt. Entsprechend sieht sie als Problem, dass die beteiligten Personen nicht wissen, wo sie entlanglaufen sollen („welche Strecke sie nehmen sollen"). Ein bisschen misstrauisch über die eigene Lösung – schließlich war ihr ja klar, dass es um eine Mathematikaufgabe geht – führt sie noch etwas mit Zahlen ein: „jetzt wollen sie wissen, wie viel Strecken es eigentlich sind". Das Mädchen übersieht in

der Informationsfülle der Textaufgabe den Schlüssel für die mathematische Verbindung der beiden Zahlen: die Strukturwörter im Text („über", „unter" und das Wort „während"), die die Richtung der erforderlichen Rechnung angeben. Die Schülerin scheitert an den sprachlichen Anforderungen, die der Text mit sich bringt und findet keine Lösung, die für den mathematischen Kern der Aufgabe relevant ist.

Ein anderer Schüler geht anders vor:
E: also – ähm [überlegend] – da das/der/das Bergwerk Bergwerk 40 Meter unter der Meereshöhe liegt und und Friedrichshall 155 über der Meereshöhe
I: ja
E: muss man 155 plus 40 machen – weil – dieser – ähmähm [überlegend] Förderkorb muss ja von 40 Meter 40 Meter unter Meeres/unter der Meereshöhe nach oben – das alles transportieren

Dieser Schüler konzentriert sich auf die beiden Zahlen in der Aufgabe und übersetzt das die beiden Zahlen verbindende Wort „während" in eine Addition: „muss man 155 plus 40 machen". Er wählt eine unpersönliche Formulierung („man") – auch das ist der Aufgabe und dem Umstand gemäß, dass ihm mathematikbezogenes Sprechen abverlangt war. Zudem bietet er eine verbale Begründung für seinen Rechenvorschlag an, die mit einem Terminus abschließt, der im Kontext Unterricht (also nicht im Kontext Alltag) passend ist: „transportieren". Charakteristisch für bildungssprachliche Kompetenz ist auch, dass dieser Schüler sich nicht mit dem sprachlichen Material aufhält, das für die verlangte Rechenleistung irrelevant ist: Er bleibt nicht hängen an „Bad Friedrichshall" oder dem Salzbergwerk, sondern übergeht die für die Lösung der Aufgabe bedeutungslose Information, die lediglich dazu dient, die Zahlen einzukleiden.

Bildungssprachlich kompetente Schülerinnen und Schüler sind also imstande, sich auf die spezifischen sprachlichen Anforderungen einzustellen, die – je nach Aufgabenstellung, fachlichem oder situativem Kontext – funktional sind.

Festzuhalten bleibt, dass die Chance auf schulischen Erfolg in Deutschland derzeit vor allem denen offen steht, die nicht allein auf die Schule angewiesen sind, sondern sich Bildungssprache auch außerhalb von Bildungsinstitutionen erobern können – hauptsächlich in ihren Familien, weil diese eine enge Beziehung zu Schrift und dem Schrifttum haben. Das aber entspricht nicht dem Auftrag der Schule, und ebenso wenig ihrem Selbstverständnis. Deshalb stellt sich die Frage: Wie kann ein Unterricht aussehen, der das Register Bildungssprache explizit fördert – auch bei denjenigen Schülerinnen und Schülern, die keine hervorragenden Voraussetzungen für seine Aneignung mitbringen? Eine Antwort ist das Konzept ‚Durchgängige Sprachbildung'.

2 Sprachliche Bildung als Querschnittsaufgabe von Schule und Unterricht

Wie schon angesprochen, gibt es vor allem im englischsprachigen Raum schon längere Zeit unterschiedliche Konzepte, die sich mit sprachlichem Lernen über curriculare und einzelsprachliche Grenzen hinweg beschäftigen (vgl. Kasten 3).

KASTEN 3 ▶ Übergreifende Ansätze und Konzepte sprachlichen Lernens

Language across the curriculum (LAC) ist eine Entwicklung seit den 1980er Jahren in England in Reaktion auf Untersuchungen und Gutachten über Gründe für Bildungsbenachteiligung von Kindern aus sozial schlechtgestellten Familien. Fehlender Zugang zur Sprache der Bildung wurde als eine Ursache identifiziert, und es wurden Konzepte der Sprachförderung ,durch das Curriculum hindurch', also in allen Lernbereichen und Fächern entwickelt.

Informationen zu diesen Ansätzen sowie zu ,*Language Awareness*' findet man auf der Homepage des National Centre for Languages: www.cilt.org.uk/home. aspx ; vgl. auch BYRAM 2007.

Content and Language Integrated Learning (CLIL) verbindet (Fremd-)Sprachenlernen mit Sachunterricht. An sog. bilingualen Schulen findet das Konzept des ,Integrierten Fremdsprachen- und Sachfachlernens' Anwendung. Die ersten Impulse für CLIL kamen aus Kanada und Kalifornien. Auch vom Europarat und der Europäischen Union wird CLIL unterstützt.
Weitere Informationen zu CLIL: www.clilcompendium.com (auf Englisch) oder www.goethe.de/ges/spa/dos/ifs/deindex.htm (auf Deutsch).

Language Awareness ist ebenfalls eine ursprünglich englische Entwicklung. Hier wurde die Konstellation der Mehrsprachigkeit in Schulen zum Ausgangspunkt für eine systematische Förderung von Sprachgefühl einerseits, Sprachbewusstheit andererseits genommen – der Begriff ,*awareness*' umfasst beides. Bevorzugtes Mittel dieses Ansatzes ist das Vergleichen von Sprachen auf der Grundlage derjenigen Sprachkompetenzen, die zwei- oder mehrsprachige Kinder in den Klassenraum mitbringen. Der Vergleich kann alle sprachlichen Ebenen betreffen: Klänge, Schreibweisen, Bedeutung von Wörtern oder Redensarten, Verwendung von Sprachstrukturmitteln – oder auch: Bedeutung von Mimik und Gestik.
Anregungen zu diesem Ansatz gibt die Homepage der Association for Language Awareness: www.languageawareness.org/

An solchen Vorbildern hat das Modellprogramm FörMig angeknüpft. In der Rahmensetzung von FörMig wurde explizit sprachliche Bildung als Querschnittsaufgabe von Schule und Unterricht beschrieben. Der im Kontext von FörMig geprägte Begriff dafür ist „Durchgängige Sprachbildung" (vgl. Kasten 4).

KASTEN 4 ▶   Durchgängige Sprachbildung

„Sprach[bildung], wie sie in FörMig-Projekten neu verstanden und erprobt werden soll, konzentriert sich auf schul- und bildungsrelevante sprachliche Fähigkeiten von Kindern und Jugendlichen mit Migrationshintergrund: Je weiter eine Bildungsbiographie fortschreitet, desto mehr unterscheiden sich die schulsprachlichen Anforderungen vom Repertoire der Allgemeinsprache. Das Anliegen der FörMig-Projekte ist der kumulative Aufbau von schul- und bildungssprachlichen Fähigkeiten. Diese Fähigkeiten sind die Voraussetzung für einen kompetenten Umgang mit den Aufgaben des Verstehens, Verarbeitens, Denkens und Formulierens, mit denen sich die Kinder und Jugendlichen in ihrem Bildungsprozess auseinanderzusetzen haben. Eine planvolle Förderung dieser sprachlichen Fähigkeiten soll für die Kinder und Jugendlichen, die Deutsch als Zweitsprache sprechen, die Grundvoraussetzung für eine erfolgreiche Bildungsbiographie schaffen." (Programmträger FörMig 2006)

Der Leitgedanke einer solchen planvollen Sprachbildung ist die Durchgängigkeit – die Dauerhaftigkeit und Kontinuität der Bemühungen um das Register Bildungssprache. Sprachliche Bildung bezieht sich auf die gesamte Bildungsbiographie eines Kindes und Jugendlichen. Dabei muss es zu Kooperationen und Brückenschlägen zwischen verschiedenen Beteiligten kommen – es sind unterschiedliche vertikale und horizontale Verbindungsstellen zu berücksichtigen:

Vertikale Verbindungsstellen sind die bildungsbiographischen Übergänge vom Elementar- in den Primarbereich, vom Primar- in den Sekundarbereich und vom Sekundarbereich in den Beruf. Im Laufe der Bildungsbiografie steigen die sprachlichen Anforderungen an die Kinder und Jugendlichen. Bereits im Elementarbereich werden pädagogische Diskurse geführt (z.B. Wissensabfrage) und der Wortschatz erweitert. In der Primarstufe kommen schultypische Diskurse hinzu (z.B. Gruppenarbeit, Klassenrat) sowie erste Fachtexte. Mit dem Fachunterricht in der Sekundarstufe spielen fachspezifische Textsorten (z.B. Interpretation, Versuchsprotokoll) und Fachbegriffe eine zunehmend wichtige Rolle. In der Sekundarstufe II werden teilweise bereits wissenschaftliche Ansprüche gestellt (z.B. in Facharbeiten). Beim Übergang in die Berufsbildung oder den Beruf kommen berufstypische Redemittel hinzu – von Fachwortschatz bis zu spezifischen Formen des Textes und Anforderungen an Interaktionen (z.b. stellen sich Fachkräften in Heil- und Pflegeberufen andere Kommunikationsaufgaben als Menschen in technischen Berufen oder im Handel).

Mit jeder neuen Form der sachlichen Anforderung verändern sich auch die sprachlichen Herausforderungen, die die Lernenden zu bewältigen haben. Es reicht daher nicht aus, nur innerhalb eines bestimmten Zeitraums, zum Beispiel im Elementarbereich, die Sprachentwicklung zu fördern. Bildungssprache wird auf den einzelnen Stufen der Bildungsbiographie schrittweise entwickelt und ausgebaut. Insbesondere für Kinder und Jugendliche, die in der Zweitsprache lernen, ist die durchgängige Unterstützung beim Erlernen der Bildungssprache erforderlich.

Horizontale Verbindungsstellen beschreiben (a) die Beziehungen zwischen den Sprachen unterschiedlicher Fächer und Lernbereiche in der Schule (Sprachbildung in allen Fächern) sowie (b) zwischen den Sprachen schulischer, schulbegleitender und außerschulischer Lehr-Lern-Situationen (z.b. Einbezug der Eltern, Sprachbildung in Ganztagsangeboten) und (c) zwischen unterschiedlichen Sprachen (Erst-, Zweit- und Fremdsprachen).

Gesamtkonzepte sprachlicher Bildung, die eine Zusammenarbeit und ein Zusammenwirken der beteiligten und verantwortlichen Menschen über die Verbindungsstellen hinweg einschließen, lassen sich als Durchgängige Sprachbildung bezeichnen. Sie stellen Formen der vernetzten Sprachförderung über die vertikalen und horizontalen Schnittstellen hinweg zur Verfügung.

An dieser Stelle soll sprachliche Bildung als horizontale Querschnittsaufgabe von Unterricht (Sprachbildung in allen Fächern) illustriert werden.

Bei Kindern und Jugendlichen, für die die Sprache, in der Bildung vermittelt wird, Zweitsprache ist, liegen die Anforderungen im Unterricht auf zwei Ebenen: auf der inhaltlichen und auf der sprachlichen Ebene. Zwei Sachverhalte sind bedeutsam: Sie sollen in der Zweitsprache ein Sprachregister anwenden, das sich von der mündlichen Alltagssprache unterscheidet, während gleichzeitig die Bildungsinhalte in der Zweitsprache vermittelt werden.

Ein Lehrer beschreibt eben diese Erfahrung, die er selbst in einer Fortbildung gemacht hat: „Ich war auf einer FöRMiG-Fortbildung [...]. Dort wurde ein naturwissenschaftlicher Versuch aufgebaut. Es war etwas mit Federwaagen und vielen Dingen, die einem nicht so unbedingt geläufig sind als Nichtnaturwissenschaftler. Die Teilnehmer wurden gebeten, diesen Versuchsaufbau in ihrer zweitbesten Sprache zu formulieren. Das war [...] für die meisten Englisch. Viele [...] können auch gut englisch, aber das haben nur wenige wirklich gut hinbekommen. Und das [...] ist genau die Situation, in der viele Migrantenkinder sich befinden" (LANGE/GOGOLIN 2010).

Aus den Anforderungen an ein Konzept der Durchgängigen Sprachbildung ergeben sich folgende Herausforderungen an alle Fächer:

a) Explizitheit: Das Register Bildungssprache wird ausdrücklich thematisiert, sowohl im Hinblick auf die Unterschiede zwischen Alltags- und Bildungssprache als auch mit Blick auf die Differenzierung der ‚Jargons' der Lernbereiche und Unterrichtsfächer; die Lernenden erfahren Gründe dafür, dass eine bestimmte Redeweise in einem Kontext angebracht ist, in einem anderen aber nicht.

b) Berücksichtigung von Mehrsprachigkeit: Hier geht es darum, die Bildungsvoraussetzungen zu beachten, die besondere Bedingungen des Zweitsprachenerwerbs schaffen. Ein wichtiger Aspekt dessen ist die Berücksichtigung des Faktors Zeit (vgl. Kasten 1). Ein anderer Aspekt ist das Einbeziehen der Erstsprachen: Es erweitert den Horizont aller Lernenden, und es kann hilfreich für die Lernenden der Zweitsprache sein, sich auf ihre herkunftssprachliche Kompetenz stützen zu können.

c) Bezug auf Bildungsstand und Schriftorientierung des Elternhauses: In der Zusammenarbeit zwischen Schule und Elternhaus kann die Schriftnähe der Familien gestärkt werden. Dadurch bestehen höhere Chancen, dass die Kinder auch eigenaktiv der bildungssprachlichen Kompetenz näherkommen.

d) Sprachliche Sensibilität und Vorbildfunktion der Lehrkräfte: Das Gesprächsverhalten der Lehrkräfte richtet sich am aktuellen und kommenden Können der Kinder aus; die Redeanteile der Schülerinnen und Schüler sind hoch, werden respektiert und wertgeschätzt. Die Lernenden werden sprachmutig gemacht – Fehler werden konstruktiv aufgegriffen und in den Lernprozess zurückgespielt (vgl. FÜRSTENAU 2009).

Das folgende Beispiel stammt aus dem Technikunterricht (dokumentiert in GRIESSBACH u.a. 2010 und HAWIGHORST 2010). Es zeigt, wie die sprachliche Grundlegung für den Lernprozess gestaltet werden kann – nämlich die Auseinandersetzung mit den spezifischen fachlichen Begriffen, die für ein Thema gebraucht werden, und den Stolperstellen, die diese mit sich bringen können. Lehrer, Schülerinnen und Schüler verständigen sich über Fachbegriffe, die zur

Beschreibung eines Versuchs benötigt werden. In dem Unterrichtsausschnitt geht es um den Fachbegriff Klemme:

Lehrer:	Und wir haben noch die Klemme. (...), hast du eine Idee?
Schülerin 1:	[liest aus dem Wörterbuch vor] „In der Klemme sitzen" (...).
Lehrer:	Ein interessantes Sprichwort: In der Klemme sitzen. Schau doch mal, wer noch was sagen möchte.
Schülerin 1:	Oder war es: Zwischen die Türe klemmen ...
Lehrer:	Gutes Beispiel! Man kann sich ja in der Tür klemmen, dann tut das weh.
Schüler 1:	Man kann auch den Stromkreis einklemmen, damit der Strom nicht mehr weiter fließt.
Lehrer:	Den Stromkreis einklemmen ... ja, wie meinst du das?
Schüler 1:	Also – Stromkreis einklemmen, damit mein ich, damit der Strom nicht mehr weiter fließt. Zum Beispiel: Einen Draht durchschneiden, dann kann der Strom nicht mehr weiter fließen.
Schüler 2:	[liest aus dem Wörterbuch vor] Da steht auch: „die Zeitung unter den Arm klemmen".
Lehrer:	Geht auch.
Schüler 3:	Es gibt auch Material. Zum Beispiel die Büroklammer klemmt auch etwas zusammen, zum Beispiel Blätter.
Lehrer:	Genau, man kann die Zeitung unter den Arm klemmen. Die Büroklammer, mit der kann man Blätter zusammen klemmen.
Schülerin 2:	Also bei der Klemme, die hier gemeint ist, wird die Klammer an eine Batterie geklemmt und dann hält die da daran.

Dieses Unterrichtsgespräch zeigt, dass dem Lehrer daran liegt, die Lernenden sich bewusst machen zu lassen, dass der Fachbegriff Klemme nicht selbstverständlich *eine* Bedeutung hat: Die Schülerinnen und Schüler tragen alltagssprachliche Verwendungen aus eigenen Wissensbeständen zusammen, durch das Nachschlagen im Wörterbuch werden neue unbekannte Redewendungen eingeführt, der Begriff Klemme wird immer wieder in den fachlichen Zusammenhang gestellt. Es geht hier um mehr als um eine Wortschatzübung: Es geht um die Unterscheidung von Alltagssprache, Bildungssprache und Fachsprache und die Vorbereitung einer schriftlichen Fachtextsorte.

So wie hier im Einzelbeispiel gezeigt, erfordert Durchgängige Sprachbildung eine systematische Auseinandersetzung mit den sprachlichen Anforderungen, die der jeweils nächste Lerngegenstand stellt, und den sprachlichen Voraussetzungen, die die Schülerinnen und Schüler bereits für die Bewältigung mitbringen. In der Bilanz von Anforderungen und Voraussetzungen entsteht Klarheit über die sprachlichen Mittel, die den Lernenden – mit hoher Wahrscheinlichkeit differenziert – zur Verfügung gestellt werden müssen, damit sie ein Thema oder eine Aufgabe auch in der Sache bewältigen können. Hilfreiche Grundlagen hierfür liefern Beobachtungsinstrumente (vgl. ERZIEHUNGSDEPARTMENT 2006; PROGRAMMTRÄGER FÖRMIG 2010).

Am sinnvollsten ist es, wenn auf der Basis solcher Analysen eine fächerübergreifende Kooperation und Arbeitsteilung zustande kommt – wenn also die Lehrkräfte einer Jahrgangsstufe verabreden, in wessen Unterricht welche sprachlichen Mittel zum Thema gemacht werden (vgl. GOGOLIN/LANGE/HAWIGHORST 2010 und Kapitel 8 in diesem Lehrbuch).

Durchgängige Sprachbildung ist auch auf Kooperationen mit Partnern über den Unterricht hinaus angewiesen – nicht zuletzt, damit die Lernenden genügend Gelegenheit haben, selbst sprachlich aktiv zu sein. Besonders engagierte und bevorzugte Partner hierbei sind die Eltern – vorausgesetzt allerdings, dass sie als Partner angesprochen und ernst genommen werden. In vielen FÖRMIG-Projekten wurden ausgezeichnete Erfahrungen der Kooperation mit Eltern gemacht, und zwar immer dann, wenn ihnen die Schule ein Angebot gemacht hat, in dem zum Ausdruck kam, dass die Eltern auch ihre Fähigkeiten in das Konzept der Sprachbildung einbringen können. Beispiele dafür sind Elterncafés, über die einerseits ein Unterstützungsangebot an die Eltern gemacht wurde, wenn gewünscht (z.B. Deutschkurse für Mütter), in denen aber andererseits auch aufgegriffen wurde, was von Eltern in die Sprachbildung eingebracht werden kann, z.B. mehrsprachige Vorleseangebote für die Kinder; bilinguale illustrierte Bücher, die Eltern für ihre Kinder schreiben (vgl. LANGE/GOGOLIN 2010).

3 Zusammenfassung

Für Kinder und Jugendliche mit Migrationshintergrund bedeutet die Aneignung bildungssprachlicher Fähigkeiten eine besondere Herausforderung: Sie haben im Unterricht stets die Doppelaufgabe zu leisten, sowohl eine Sache zu lernen als auch die Sprache zur Sache, die für sie in der Regel die Zweitsprache ist.

Zweisprachigkeit als Lebensbedingung und Bildungsvoraussetzung bedeutet nicht per se eine Erschwernis für das Lernen – aber sie erfordert, dass spezifische Bedingungen geschaffen werden müssen, die die Besonderheiten des Zugangs zu Sprache, die ein Leben in zwei Sprachen mit sich bringt, angemessen berücksichtigen. Rücksichtnahme ist nicht zuletzt mit Blick auf die Lernzeit erforderlich: die Aneignung von Bildungssprache aus einer zweisprachigen Lebenslage heraus erfordert mehr Zeit als bei einsprachig Lebenden.

Die konsequente Vermittlung bildungssprachlicher Fähigkeiten erfordert eine Durchgängige Sprachbildung. Diese wiederum setzt die systematische und kooperative Anlage eines Gesamtkonzepts voraus, das nicht nur die Lehrenden aller Lernbereiche und Fächer einbezieht, sondern auch weitere Partner – unter anderem die Eltern. Die Erfahrungen des Modellprogramms FöRMIG zeigen, dass eine Realisierung Durchgängiger Sprachbildung nur als Teil eines Institutionen- bzw. Schulentwicklungsprozesses denkbar ist, der auf lokale Bedürfnisse zugeschnitten ist: Sie übersteigt die Kräfte einzelner Beteiligter, und zugleich baut sie darauf, dass die einzelnen Mitglieder eines Kollegiums sich engagiert einbringen, und dass sie Unterstützung durch die Leitung ihrer Einrichtung erfahren. Ein vielversprechender Weg besteht darin, dass der Entwicklungsprozess zunächst in kleineren Schritten vonstattengeht, zum Beispiel angeregt durch eine Bestandsaufnahme zum ‚Sprachbildungsklima‘ in einem Kindergarten oder einer Schule. Beispiele dafür, wie Schulen die Aufgabe gelöst haben, zeigen die FöRMIG-Modellschulportraits (HAWIGHORST 2010; PROGRAMMTRÄGER FöRMIG/GOGOLIN 2010 und Kapitel 8 in diesem Lehrbuch).

Fragen und Denkanstöße

1. Eine Aufgabenstellung aus dem Fach Sachunterricht in der Grundschule lautet: „Wie verbreitet sich Löwenzahn? Beschreibe!"
   Beantworten Sie die Frage schriftlich in Ihrer zweitbesten Sprache, ohne Hilfsmittel hinzuzuziehen! Überlegen Sie nach dem Formulieren: Welche sprachlichen Hilfestellungen hätten Ihnen die Beantwortung der Aufgabe erleichtert? Entwerfen Sie ein Aufgabenblatt zu der Frage (auf Deutsch), das sprachliche Hilfestellungen einschließt!
2. In Kasten 2 werden Merkmale von Alltagssprache, Bildungssprache, Schulsprache und Fachsprache beschrieben. Wo gibt es Überschneidungen zwischen den Begriffen? Wie lassen sich die Begriffe voneinander abgrenzen? Skizzieren Sie den Zusammenhang zwischen den Begriffen in Form einer grafischen Darstellung! Welche sprachbildenden Aufgaben fallen dem Unterricht zu?

3. Beobachten Sie eine Unterrichtsstunde oder erinnern sich an eine Unterrichtsstunde! Sammeln Sie Beispiele, Redemittel und Lernsituationen, in denen Alltagssprache oder Bildungssprache verwendet werden! (Zur Orientierung siehe Kapitel 6, Kasten 2: Konzeptionelle Mündlichkeit und konzeptionelle Schriftlichkeit).

4. Wählen Sie einen Text aus einem Schulbuch aus. Ziehen Sie die Merkmale von Bildungssprache (vgl. 1.4) hinzu und untersuchen den Text daraufhin, welche dieser Merkmale sich in dem Text wiederfinden! Welche Fragen ergeben sich aufgrund Ihrer Textanalyse für einen Unterricht, in dem dieser Text verwendet werden soll?

5. In Kasten 3 werden fächer- und sprachenübergreifende Ansätze und Konzepte zum sprachlichen Lernen vorgestellt. Informieren Sie sich über ein Konzept genauer! Fassen Sie die wichtigsten Merkmale zusammen und sammeln Sie Beispiele, wie sich Ihr gewählter Ansatz im (Fach)unterricht umsetzen lässt.

Literaturempfehlungen

GIBBONS, P. (2006): Unterrichtsgespräche und das Erlernen neuer Register in der Zweitsprache. In: MECHERIL, P./QUEHL, T. (Hrsg.): Die Macht der Sprachen. Englische Perspektiven auf die mehrsprachige Schule, S. 269-290. Münster u.a. Die Australierin Pauline GIBBONS beschäftigt sich seit über 25 Jahren mit dem Thema TESOL *(Teaching English to speakers of other languages)*. Einer ihrer aktuellen Schwerpunkte ist die Frage, wie in Unterrichtsgesprächen sprachliches und inhaltliches Lernen verbunden und unterstützt werden kann. In diesem Text illustriert sie, wie Schülerinnen und Schüler schrittweise darin unterstützt werden können, von kontextgebundener Sprache während eines Schülerexperimentes über angeleitetes mündliches Berichten zum Formulieren von schriftsprachlichen Texten gelangen.

TAJMEL, T. (2009): Ein Beispiel: Physikunterricht. In: FÜRSTENAU, S./GOMOLLA, M.: Migration und schulischer Wandel: Unterricht. Wiesbaden, S. 139-155.

TAJMEL, T. (2010): Bildungssprache im Fach Physik. In: GOGOLIN, Ingrid, LANGE, Imke, MICHEL, Ute, REICH, Hans (Hrsg.): Herausforderung Bildungssprache, FörMig Edition, Waxmann, Münster 2010 (in Vorbereitung).

Die Phsyikdidaktikerin Tanja TAJMEL gibt aus fachdidaktischer Perspektive wertvolle Anregungen dazu, Texte, die im Unterricht verwendet werden, auf ihre bildungssprachlichen Anforderungen hin abzuklopfen und Anregungen dazu zu geben, wie differenzierte Unterstützung gegeben werden kann. Die Anregungen beziehen sich zwar auf den naturwissenschaftlichen Unterricht, sind aber auch auf andere Fächer und Lernbereiche übertragbar.

Literaturverzeichnis

Bernstein, B. (1971): Class, Codes and Control. Volume 1: Theoretical Studies Towards a Sociology of Language. Boston.

Bialystok, E. (2009): Effects of Bilingualism on Cognitive and Linguistic Performance across the Lifespan. In: Gogolin, I./Neumann, H. (Hrsg.): Streitfall Zweisprachigkeit. The Bilingualism Controversy. Wiesbaden, S.53-68.

Bos, W./Hornberg, S./Arnold, K./Faust, G./Fried, L./Lankes, E.-M./Schwippert, K./Valtin, R. (Hrsg.) (2007): IGLU 2006. Lesekompetenzen von Grundschulkindern im internationalen Vergleich. Münster.

Bos, W./Bonsen, M./Baumert, J./Prenzel, M./Selter, Ch./Walther, G. (Hrsg.) (2008): TIMSS 2007. Mathematische und naturwissenschaftliche Kompetenzen von Grundschulkindern in Deutschland im internationalen Vergleich. Münster u.a.

Byram, M./Barré de Miniac, C./Hammann, M./Smidt, J. (Hrsg.) (2007): Language Across the Curriculum in Primary Education. Three case studies and implications for a European 'Framework'. Strasbourg.

Cummins, J. (2006): Language, Power and Pedagogy. Bilingual Children in the Crossfire. Clevedon.

Drach, E. (1928): Bildungssprache. In: Schwarz, H. (Hrsg.): Pädagogisches Lexikon. Band XII. Bielefeld, Sp. 665-673.

Erziehungsdepartement des Kantons Basel-Stadt (Hrsg.) (2006): Sprachprofile für die Volksschule Basel-Stadt. Ein Konzept zur Sprachförderung in allen Fächern, Basel.

Fürstenau, S. (2009): Lernen und Lehren in heterogenen Gruppen. In: Fürstenau, S./Gomolla, M. (Hrsg.): Migration und schulischer Wandel: Unterricht. Wiesbaden, S. 61-84.

Fürstenau, S./Lange, I. (2010): Bildungssprache und schulischer Diskurs. Eine Spurensuche zu Sprache und Sprechen in der Grundschule. In: Gogolin, I./Lange, I./Michel, U./Reich, H. H. (Hrsg.): Herausforderung Bildungssprache. Münster. (In Vorbereitung)

Gibbons, P. (2006): Unterrichtsgespräche und das Erlernen neuer Register in der Zweitsprache. In: Mecheril, P./Quehl, T. (Hrsg.): Die Macht der Sprachen. Englische Perspektiven auf die mehrsprachige Schule, S.269-290. Münster u.a.

Gogolin, Ingrid (2006): Bilingualität und die Bildungssprache der Schule. In: Mecheril, P./Quehl, T. (Hrsg.): Die Macht der Sprachen. Englische Perspektiven auf die mehrsprachige Schule. Münster, S. 79-85.

Gogolin, I./Kaiser, G./Roth, H.-J./Deseniss, A./Hawighorst, B./Schwarz, I. (2004): Mathematiklernen im Kontext sprachlich-kultureller Diversität. Universität Hamburg. Im Internet verfügbar unter http://www.erzwiss.uni-hamburg.de/Personal/Gogolin/cosmea/core/corebase/me diabase/foermig/website_gogolin/dokumente/mathe_be richt.pdf.

Gogolin, I./Lange, I./Hawighorst, B./Bainski, Ch./Heintze, A./Rutten, S./Saal-mann, W. in Zusammenarbeit mit der FörMig-AG Durchgängige Sprachbildung (2010): Durchgängige Sprachbildung. Qualitätsmerkmale für den Unterricht. Hamburg. Im Internet verfügbar unter www.blk-foermig.uni-hamburg.de/cosmea/core/corebase/mediabase/foermig/Modellschulen/QM_1_10.pdf.

Gogolin, I./Roth, H.-J. (2007): Bilinguale Grundschule. Ein Beitrag zur Förderung der Mehrsprachigkeit. In: Anstatt, T. (Hrsg.): Mehrsprachigkeit bei Kindern und Erwachsenen. Tübingen, S. 31-46.

Grießbach, D./Raatz, U./Gogolin, I./Michel, U. (2010): Sprache bilden - Sprache bildet. Das Modellprogramm FÖRMIG: Durchgängige Sprachbildung und Bildungssprache am Übergang in die Sekundarstufe I (DVD). FÖRMIG Kompetenzzentrum an der Universität Hamburg.

Habermas, J. (1977): Umgangssprache, Wissenschaftssprache, Bildungssprache. In: Max-Planck-Gesellschaft. Jahrbuch 1977. Göttingen, S. 36-51.

Halliday, M.A.K. (1994): An Introduction to Functional Grammar. Second Edition. London.

Hawighorst, B. (2010): FÖRMIG-Modellschulen im Portrait. Hamburg.

Hoffmann, L. (1998ff.): Fachsprachen. Ein internationales Handbuch zur Fachsprachenforschung und Terminologiewissenschaft. Berlin.

Lange, I./Gogolin, I. (2010): Durchgängige Sprachbildung in der Praxis. Unter Mitarbeit Dorothea Grießbach. Münster.

Lesemann, P. P. M./Scheele, A. F./Mayo, A.Y./Messer, M. H. (2007): Home literacy as special language environment to prepare children for school. In: Zeitschrift für Erziehungswissenschaft, 10 (3), S. 334-355.

Müller, A.G. (2007). Aspekte schulbezogener Sprache als Barriere für schulischen Erfolg von Schülerinnen und Schülern deutscher und nichtdeutscher Herkunftssprache. Unveröffentlichte Dissertation, Freie Universität, Berlin.

Müller, R./Dittmann-Domenichini, N. (2007): Die Entwicklung schulisch-standardsprachlicher Kompetenzen in der Volksschule. Eine Quasi-Längsschnittstudie. In: Linguistik online, Bd. 32, S. 71-93.

PISA-Konsortium Deutschland (Hrsg. 2007): PISA 2006. Die Ergebnisse der dritten internationalen Vergleichsstudie Münster u.a.

Programmträger FÖRMIG (2006): Was ist „Durchgängige Sprachförderung"? Im Internet verfügbar unter http://www.blk-foermig.uni-hamburg.de/cosmea/core/corebase/mediabase/foermig/pdf/Material/Handreichung_Durchgaengige_Sprachfoerderung.pdf.

Programmträger FÖRMIG (2010): Analyse sprachlicher Kompetenzen. Diagnoseinstrumente. Im Internet verfügbar unter http://www.blk-foermig.uni-hamburg.de/web/de/all/mat/diag/index.html.

Programmträger FÖRMIG/Gogolin, I. (2010): Förderung von Kindern und Jugendlichen mit Migrationshintergrund. Bilanz und Perspektiven eines Modellprogramms. Münster u.a. (in Vorbereitung).

Reich, H. (2008): Materialien zum Workshop „Bildungssprache". Unveröffentlichtes Schulungsmaterial für die FÖRMIG-Weiterqualifizierung „Berater(in) für sprachliche Bildung, Deutsch als Zweitsprache".

Ramm, G./Walter, O./Heidemeier, H./Prenzel, M. (2005): Soziokulturelle Herkunft und Migration im Ländervergleich. In: Prenzel, M./Baumert, J./Blum, W./Lehmann, R./Leutner, D./Neubrand, M./Pekrun, R./Rost, J./Schiefele, U. (Hrsg.): PISA 2003.

Der zweite Vergleich der Länder in Deutschland – Was wissen und können Jugendliche? Münster, S. 269-298.

Roth, H.-J./Neumann, U./Gogolin, I. (2007): Abschlussbericht über die italienisch-deutschen, portugiesisch-deutschen und spanisch-deutschen Modellklassen. Hamburg: Universität Hamburg, Universität zu Köln.

Schleppegrell, M. J. (2004): The Language of Schooling. A Functional Liguistics Perspective. New Jersey.

Stanat, P. (2009): Kultureller Hintergrund und Schulleistungen -- ein nicht zu bestimmender Zusammenhang? In Melzer, W./Tippelt, R. (Hrsg.): Kulturen der Bildung, Beiträge zum 21. Kongress der Deutschen Gesellschaft für Erziehungswissenschaft (DGfE). Opladen, S. 53-70.

Kapitel 6

Mechthild Dehn

Elementare Schriftkultur und Bildungssprache

Wenn es – aus deutschdidaktischer Sicht – hier um den schulischen Anfangsunterricht im Lesen und Schreiben geht, dann sind mit *elementarer Schriftkultur* und *Bildungssprache* zwei Akzente gesetzt, von denen der erste eine zentrale Grundlage, der andere eine bedeutsame Folge eines gelingenden Schriftspracherwerbs darstellt.

Wer Geschichten kennt, kann sich in seiner Vorstellung in andere Zeiten und Räume begeben, also absehen, abstrahieren von seiner augenblicklichen Situation. Wer Schrift gebraucht, indem er sich an Zeichen orientiert (beim Wiedererkennen wichtiger Orte, zum Beispiel Eisladen, U-Bahn), selber Zeichen notiert (beim Kritzeln und Malen), „vergegenständlicht Sprache" (Bosch 1984): Sprache ist dann für Kinder nicht mehr nur Medium für Austausch und Artikulation, sondern sie wird zum Gegenstand der Aufmerksamkeit. Das sind Bedingungen dafür, die Beziehung von Lautung und Schreibung zu erfassen, phonologische Bewusstheit zu entwickeln (vgl. Valtin 2003) und Lesen und Schreiben zu lernen.

Die Distanz zur augenblicklichen Situation, die Aufmerksamkeit auf das, was auf dem Papier (oder an der Tafel, auf dem Bildschirm) vergegenständlicht ist, kann als Gewinn einer neuen Dimension verstanden werden, nämlich als Übergang „vom konkreten zum kategorialen Verhalten" (Weigl 1979, S. 21). Es betrifft sowohl die Entwicklung des Denkens (Begriffsbildung) wie die Fähigkeit, auch in der gesprochenen Sprache Bedeutung nicht nur hauptsächlich durch den Kontext herzustellen (wie in der Alltagskommunikation durch Mimik, Gestik, Verkürzungen entsprechend der Situation, zum Beispiel beim Einkauf oder beim Bestellen im Restaurant), sondern Bedeutung allein mit Worten zu erzeugen, also mit „schriftförmiger Rede" (vgl. Ong 1987, S. 107). Schriftförmige Rede, Bildungssprache, ist die Sprache der Schule. Alltagskommunikation reicht nicht aus, um in der fachsprachlich orientierten Unterrichtssprache der Schule erfolgreich zu sein.

Die Voraussetzungen der Schulanfänger für Schulerfolg sind sehr unterschiedlich. So hat die IGLU Studie gezeigt, dass „Schülerinnen und Schüler, die in einem leseaffinen Elternhaus aufwachsen, (...) einen deutlichen Vorteil beim Kompetenzerwerb in der Grundschule" aufweisen (IGLU E 2006, S. 30). Es ist also nicht nur die Bildungsferne im Allgemeinen, sondern der Mangel an Schriftorientierung des Elternhauses, die den Schulerfolg bestimmt. Und das gilt auch für Kinder mit Migrationshintergrund: „Ein nicht unerheblicher Anteil des Leistungsrückstands von Schülerinnen und Schülern aus Familien mit Migrationshintergrund erklärt sich mithin aus ihrer sozialen Lage" (IGLU 2006, S. 31). Der Leistungsrückstand des Einzelnen im Lesen am Ende von Klasse 4 kann mehr als ein Jahr umfassen. Häufig sind gerade Jungen betroffen (IGLU 2006, S. 29).

Elementare Schriftkultur und Bildungssprache – als Grundlage und Folge des Schriftspracherwerbs – sind also Brennpunkte der Aufgaben von Schule und Unterricht, um herkunftsbedingte Unterschiede in den Lernvoraussetzungen von Kindern auszugleichen.

1   Elementare Schriftkultur und Kulturtechnik

Lesen und Schreiben ist mehr als das Beherrschen der Form der Buchstaben, der Zuordnung von Laut und Buchstabe, der Synthese, der Aneignung der Orthografie. Lesen und Schreiben stellen gegenüber dem Sprechen und Zuhören eine zweite Form für Artikulation und Austausch dar. Schrift ermöglicht nicht nur die Mitteilung an den räumlich Entfernten und die Überlieferung an den zeitlich Späteren, sie kann durch die entlastende Funktion der Fixierung und durch die Notwendigkeit, gedankliche Vorstellungen bewusst und ausdrücklich zu artikulieren, zu deren Entfaltung und Ordnung in weit höherem Maße beitragen als die gesprochene Sprache. Das bedeutet, dass das Lesen- und Schreibenkönnen seinerseits das Sprechen verändert. „Das Schreiben konstruiert das Denken neu." (ONG 1987, S. 81). Lesen ist „äußerlich gelenktes Denken" (NEISSER 1974).

Beim Sprechen und Hören sind die Positionen des „Ich-Hier-Jetzt", das „Zeigfeld", also die Bezugspunkte für Person, Ort und Zeit, unmittelbar vom Sprecher und Hörer aus bestimmt (z.B. gestern, bald...) (BÜHLER 1965). Auf Personen und Gegenstände kann direkt gezeigt werden: Ich, du, er...; das Haus da; Beim Schreiben muss die Beziehung der Figuren zueinander im Text selbst erzeugt werden, ebenso der Ort (das Haus auf der rechten Straßenseite an der nach Norden führenden Straße vom Marktplatz aus) und die Zeit (am Tag zuvor, demnächst/bald darauf...). Die Bestimmung des Zeigfeldes im Text ist also in dem Sinne syntaktisch geprägt, dass es durch den Bezug der Zeichen zueinander hergestellt wird. Beim Lesen werden diese Positionen in der Vorstellung rekonstruiert. Und schließlich kann – wie in fachbezogener Kommunikation in der Schule erforderlich – das auch beim Sprechen übernommen werden.

„Ich hatte Angst, mich mit meinen Nachbarn zu unterhalten, weil ich fürchtete, sie könnten hören, dass ich nicht Lesen und Schreiben kann." (GIESE/ GLÄSS 1984, S. 30)

Diese Äußerung eines funktionalen Analphabeten erscheint plausibel. Allerdings hat er seine Befürchtung in der Unter- und Zuordnung der Sätze schriftsprachlich formuliert, so dass sie eigentlich gegenstandslos ist!

KASTEN 1 ▶   Definitionen

Schriftspracherwerb umfasst das Lesen- und Schreibenlernen. Der Begriff betont einerseits die Verbindung zum primären Spracherwerb, also die Spontaneität der Aneignung in der Interaktion, andererseits ist Schriftspracherwerb seit der allgemeinen Schulpflicht als schulischer Anfangsunterricht institutionalisiert. Das bedeutet allerdings nicht, dass Lesen- und Schreibenlernen erst in der Schule beginnt. Frühe Formen der Aneignung bilden sich bereits im Kleinstkindalter aus: beim Nachahmen von Tätigkeiten der Erwachsenen, zum Beispiel beim Zeitungslesen, beim Unterschreiben, beim Kritzeln und Malen, beim Hantieren mit Buchstaben, beim Erkunden von Zeichen aus der Umgebung und beim Betrachten von Bilderbüchern, beim Zuhören, wenn erzählt oder vorgelesen wird, beim Spielen mit Sprache wie bei Reimen, Abzählversen, Zungenbrechern (DEHN 2007, 2008).

Schriftkultur kennzeichnet den Gebrauch von Schrift und umfasst sowohl Zweckformen (z.B. Briefe, Rechnungen, Verträge, Formulare, Berichte) als auch literarische Formen (z.B. Geschichten, Rätsel, Reime, Witze).
Der Gebrauch von Zweckformen und literarischen Formen wird auch als Literalität bezeichnet; in den letzten Jahren werden literale Praktiken auch als *literacy* begrifflich gefasst (Barton 1994). Zugleich wird unter *literacy* aber auch ganz allgemein „Grundbildung" verstanden, so bei der funktionalen Sicht auf „muttersprachliche, mathematische und naturwissenschaftliche Kompetenzen als basale Kulturwerkzeuge" (Deutsches PISA-Konsortium 2001, S. 20). – In diesem Kapitel werden Schriftkultur, Literalität und *literacy* synonym gebraucht. Der Begriff umfasst also literale Praktiken ebenso wie die literarische Sozialisation (ULICH 2003).

Kulturtechnik meint – in Abgrenzung von Schriftkultur – die Fertigkeiten und Teilleistungen, die zum Lesen und Schreiben gehören: also u.a. die Aneignung der Laut-Buchstaben-Beziehung der jeweiligen Sprache und Schrift, die Fähigkeit zur Synthese und Analyse, die Kontrolle der Sinnerwartung, das Nutzen von Welt- und Sprachwissen beim Leseverstehen, das Beherrschen orthografischer Regeln, das Beachten von Textnormen beim Schreiben (vgl. DEHN 2006). Darüber hinaus wird der Begriff auch zur Kennzeichnung von Grundfertigkeiten gebraucht: Lesen, Schreiben, Rechnen, Mediengebrauch als Kulturtechniken.

Elementare Schriftkultur und Kulturtechnik stehen in einem komplizierten Verhältnis zueinander. Das Beherrschen der Kulturtechnik ist keine unabdingbare Voraussetzung für die Teilhabe an der Schriftkultur. Historisch war lange neben der eigenen Lektüre das Anschauen von Bildern, das Hören von Texten verbreitet (durch Predigt, Rezitation auf Märkten, Vorlesen) und anstelle des Schreibens das Diktieren – also semiliterarische Formen (vgl. SCHENDA 1981). Heute ist nicht zuletzt über Fernsehen, Film und Video eine Teilhabe an kulturellen Geschichten als Möglichkeit der Sinnfindung und Weltdeutung möglich. Allerdings gehört das Gefühl, teilzuhaben, meist nicht zum Selbstverständnis der Betroffenen, ihnen scheint die Aneignung der Kulturtechnik eine unüberwindbare Hürde – mit den bekannten Folgen. Weil keine Erfolgserlebnisse erfahren und erwartet werden, kommt es zu Vermeidungsverhalten und Verweigerungshaltung (HUBERTUS/NICKEL 2003).

Aufgabe des Anfangsunterrichts ist, eine Balance zu finden zwischen dem Eröffnen und Erweitern von Zugängen zu elementarer Schriftkultur und der Anleitung zum Training von Lesen und Schreiben als Kulturtechnik (vgl. DEHN 2006; DEHN/HÜTTIS-GRAFF 2006; HANKE 2007; HOFMANN/VALTIN 2007; KIRSCHHOCK 2004; SASSE/VALTIN 2004; vgl. auch BOS u.a. 2006, S. 50f, S. 30f.)

2 Beispiel: Das Buch von Kiraz

Im September von Klasse 1 schreibt Kiraz in der Schule dieses Buch (vgl. DEHN 2007, S. 15ff.). Die Kinder haben den ganzen Vormittag Zeit, weil das Sportfest ausgefallen ist. Kiraz stellt zuerst das Buch aus einem DIN-A4-Blatt her, indem sie es in schmale Streifen faltet und sie von der Lehrerin (Irmtraud Schnelle) ‚tackern‘ lässt. Dann schreibt und malt sie.

Ein Buch von
einer Frau
Von Kiraz

Es war einmal
eine Frau. Sie
ging raus, und
da traf sie eine
Maus.

Es geht weiter.
Sie freute sich
ganz, ganz doll.
Sie nahm

Sie nahm die
Maus in die
Hand. Die Maus
quietschte (sich)
ganz doll.

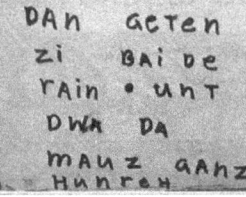

Dann gingen sie
beide rein, und
da war die Maus
ganz hungrig.

133

Da gingen sie, gingen sie in das Bett. Ach, wie die Maus müde war.

Die Maus quiekte sich in(s) Bett. Es war kuschelig, hei.

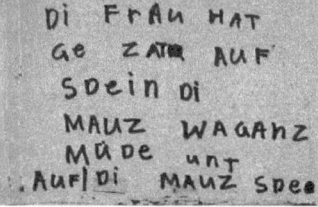

Die Frau hat gesagt: Aufstehn! Die Maus war ganz müde, und die Maus steht auf.

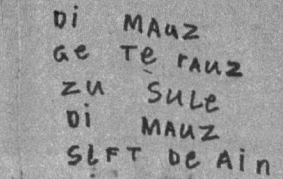

Die Maus ging raus zur Schule. Die Maus schlief ein.

Die Arbeit zeigt, dass Kiraz in hohem Maße vertraut ist mit Büchern und mit Geschichten. Zu Hause hat sie keine Bücher. Aber in der Vorschulklasse hat sie viele Geschichten gehört, sie hat Verse und Reime gesprochen und hat mit ihnen gespielt und hat selbst kleine Merkzettel für ihre Eltern ‚schreiben' müssen. Ihr sind also vielfältige Zugänge zur Schriftkultur im Sinne literarischer Formen und Zweckformen eröffnet worden, im Rahmen institutionellen Lernens:

Kiraz beherrscht das Medium Bilderbuch. Sie reserviert eine Titelseite (mit Angabe der Autorin), hält die Aufteilung von Text und Bild jeweils als Doppelseite konsequent durch und thematisiert zweimal auch das Umblättern, explizit (*ez GeT WAITA*) und indem sie die letzte Zeile wiederholt (*zi nimte*) – wie das bei der Buchmalerei im Mittelalter Praxis war! Bereits am Schulanfang verfügt Kiraz über die Struktur und das Inventar von Geschichten: Sie entwickelt die Begegnung der beiden Figuren in mehreren Handlungsschritten, formuliert einen Konflikt und lässt die Geschichte mit einer Pointe enden. Die ist für ein Schriftstück, das als Schul-Arbeit gemacht wird, nicht ohne Witz.

Der Text macht die Bilder eindeutig, und man kann sagen, die Bilder illustrieren den Text nicht nur, sondern führen ihn weiter aus. Die Pointe, dass die Maus in der Schule schnarcht, erscheint nur im Bild – mit der Lautmalerei (*rürü*) und den Schnarch-Wolken.

Voraussetzung dafür, dass Kiraz dieses Schriftstück herstellen kann, ist, dass sie Geschichten kennt und ihr Bücher vertraut sind. Demgegenüber ist es ziemlich belanglos, ob sie genau so eine Geschichte (bloß) nacherzählt oder ob sie die Kombination der Elemente und Strukturen erfunden hat. – Lernen ist immer eine Mischung von Nachahmung und Konstruktion, von Imitation und Erfindung.

In ihrem Zugriff auf die literarische Form unterscheidet sich Kiraz' Arbeit nicht von der eines einsprachigen Kindes. Wenn wir betrachten, wie sich Kiraz die Wörter erschreibt, erkennen wir deutlich die Probleme, mit denen sie sich auseinandersetzt, und gewinnen Einblick in ihren Lernstand im Prozess des Schriftspracherwerbs in der Zweitsprache Deutsch – unter kulturtechnischem Aspekt.

1. Wir können die Wörter alle lesen, den Text verstehen, insbesondere, wenn wir ihn laut lesen. Das bedeutet, dass sich Kiraz bereits am Schulanfang die grundlegende Beziehung von Lautung und Schreibung angeeignet hat und (fast) über das vollständige Buchstaben-Inventar verfügt.

2. Kiraz orientiert sich stark an ihrer Artikulation – wie die meisten Kinder zu Beginn des Schreibprozesses (*Ain, Bur, unT, FruiTe...*). Aber es gibt bereits erste Indizien für eine Auseinandersetzung mit Schriftvorgaben, also der orthografischen Schreibung der Zweitsprache (*Von Kiraz*, aber auch *Fon*; *ein*, aber auch *Ain*).

3. Sie bezieht sich auf die Orthografie des Türkischen: sie schreibt *z* für *s*, so ist es ja auch bei ihrem Namen *Kiraz* (aber auch in der Zweitsprache richtig: *Ganz*); sie schreibt s für sch (*Sule* für *Schule* – *Şule* ist auch ein türkischer Mädchenname, *SLFT* für *schläft*), vgl. auch das (in KWILDE).

4. Kiraz bildet die Vergangenheitsform immer auf die gleiche Weise: *KWIC De* für *quietschte*; *GeTen* statt *gingen*, *nmTe* statt *nahm*, TrFDe statt *traf*. Das Türkische kennt keine starken Verben, die Kennzeichnung für Gegenwart oder Vergangenheit wird an den Wortstamm angehängt. Als Zweitsprachenlernerin verbindet Kiraz Elemente aus ihrer Herkunftsprache mit ihrer Zweitsprache Deutsch.

5. Die Wortgrenzen, die sie markiert, unterscheiden sich von der Norm: zum einen schreibt Kiraz Wörter einfach zusammen (WAGAnz, enDi); zum anderen trennt sie, was zusammen gehört (BAi De, KWic De …). Die Entscheidung, was ein Wort ist, wird nicht akustisch, sondern kognitiv getroffen. Wenn wir in einer fremden Sprache Wörter hören wollen, kann das nicht gelingen. – Die Ausbildung eines Begriffs von ‚Wort‘ ist unerlässlich für den Schriftspracherwerb. Die Schrift selbst ist eine wesentliche Orientierungshilfe dafür. Dieses Problem betrifft alle Lerner, die Lösung braucht nicht eigens gelehrt zu werden, sondern ergibt sich meistens allmählich mit der größeren Vertrautheit mit Geschriebenem.

6. Kiraz hat motorisch Routine. Die Buchstaben kommen, so scheint es, ziemlich flüssig aufs Papier. Das zeigt, dass sie geübt ist mit Schreibwerkzeugen, sei es beim Malen, sei es bei Schreibversuchen. Sie bevorzugt Großbuchstaben, mischt einzelne Kleinbuchstaben hinein (vor allem *i, e, r, n, m, u*). Auch dieses Problem löst sich von selbst im Umgang mit Schrift. Am Ende der Grundschule finden sich keine Großbuchstaben mehr mitten im Wort. – Die Groß- und Kleinschreibung am Wortanfang allerdings bleibt ein gravierendes Problem der deutschen Orthografie.

Ist das Buch von Kiraz eine Ausnahme dafür, wie Schulanfänger Schrift gebrauchen, elementare Schriftkultur zum Vorschein bringen? Das ist schwer zu entscheiden, weil wir bisher den Kindern in der Schule wenig Gelegenheit geben, zu zeigen, wie sie in und mit Geschichten leben, welche Zugänge zu elementarer Schriftkultur sie gefunden und welchen Lernstand sie im Schriftspracherwerb erreicht haben. Dabei ist das Interesse an Geschichten eine starke Motivation für das Schreiben- und Lesenlernen!

3   Mündlichkeit, Schriftlichkeit und Bildungssprache

Wir haben also gesehen, dass Lesen und Schreiben mit dem Sprechen und Hören in einer sehr komplexen Beziehung stehen. Präzisiert sind sie in zwei ganz unterschiedlichen Argumentationslinien:

(1) Die Romanisten KOCH und OESTERREICHER (1985, 1994) haben einerseits unterschieden zwischen *Sprache der Nähe (Mündlichkeit)* und *Sprache der Distanz (Schriftlichkeit)*, andererseits zwischen *Medium* und *Konzeption*. Konzeptionelle Mündlichkeit und Schriftlichkeit unterscheiden sich im Hinblick auf die Kommunikationsbedingungen und die Versprachlichungsstrategien. Hier sind Übergänge und Mischformen möglich. Medial kann eine Äußerung entweder mündlich oder schriftlich sein: Der Vortrag oder die Radionachrichten sind medial mündlich und zugleich konzeptionell eher schriftlich. Das Buch von Kiraz ist medial schriftlich und konzeptionell eher mündlich, weil es parataktisch (reihend) formuliert ist.

Mit dieser Unterscheidung von Medium und Konzeption ist eine besondere Wertschätzung konzeptioneller Schriftlichkeit verbunden. Der mediale Aspekt tritt dadurch in den Hintergrund – obwohl die medialen Bedingungen zentral sind für Mündlichkeit (Stimmlage, Gestik, Pausen …) wie für Schriftlichkeit (Papier, Bildschirm; Format und Layout …) und Konzeption und Medium immer auch aneinander gebunden sind: Die Vernachlässigung des medialen Aspekts wird jüngst deutlich kritisiert (vgl. POHL/STEINHOFF 2009). Im Folgenden bleibt unsere Perspektive dennoch auf die konzeptionelle Schriftlichkeit gerichtet.

KASTEN 2 ▶	Konzeptionelle Mündlichkeit und konzeptionelle Schriftlichkeit

Dialogisch, interaktiv	monologisch
Vertrautheit mit dem Partner	Fremdheit der Partner
face-to-face Interaktion	raumzeitliche Trennung
freie Themenentwicklung	Themenfixierung
privat	öffentlich
spontan	reflektiert
Situationsverschränkung	Situationsentbindung
Affektivität	Objektivität
usw.	usw.

Versprachlichungsstrategien

Prozesshaftigkeit	Vergegenständlichung
Vorläufigkeit	Endgültigkeit
parataktisch	hypotaktisch
geringere:	höhere:

Kompaktheit
Integration
Komplexität
Elaboriertheit
Planung
Informationsdichte

Vgl. SIEBERT-OTT 1998 mit Bezug auf KOCH/OESTERREICHER 1985 und GÜNTHER 1993.

Die Sprache im Unterricht ist konzeptionell eher schriftlich, und zwar in geschriebener wie in gesprochener Form, also sowohl medial mündlich wie medial schriftlich. Die Kommunikationsbedingungen sind nicht privat, sondern auf Objektivität und Reflexion gerichtet. Die Versprachlichungsstrategien sind auf Kompaktheit, Informationsdichte, Elaboriertheit hin orientiert, die Sachverhalte werden nicht parataktisch (reihend) dargestellt, sondern hypotaktisch (unterordnend).

(2) Der Soziolinguist BERNSTEIN (1974) hat mit seiner Unterscheidung von *„restricted code"* (der Alltagssprache der englischen Unterklassen) und *„elaborated code"* (der ausgefeilten Sprache der Mittel- und Oberklassen) schon

sehr früh – implizit – die Beziehung zum Schreiben hergestellt: „Bernsteins ‚*restricted*‘ und ‚*elaborated*‘ Kodes könnten ebenso gut ‚oral-begründet‘ und ‚textbegründet‘ heißen." (ONG 1987, S. 107). Später hat BERNSTEIN diese Unterscheidung auch auf den Unterricht bezogen und die Bedeutung der dekontextualisierten Sprache („*disembedded talk*"; BERNSTEIN 1999; vgl. GOGOLIN 2004) für den Schulerfolg betont.

Diese Sprache wird mit dem Begriff *Bildungssprache* gekennzeichnet: Sie „unterscheidet sich von der ‚Umgangssprache‘ durch die Verwendung fachlicher Terminologie und die Orientierung an syntaktischen Strukturen, Argumentations- und Textkompositionsregeln, wie sie für schriftlichen Sprachgebrauch gelten." (GOGOLIN 2008a, S. 26; vgl. auch ihren Beitrag mit Imke LANGE in diesem Band). Der Schulerfolg ist an das Beherrschen der Bildungssprache gebunden. Das gilt für alle Schülerinnen und Schüler. Aber für die, die aus bildungsfernen Familienwelten kommen, insbesondere die, deren häusliche Umgebung nicht ‚leseaffin‘ (s.o.) ist, ist das Beherrschen der Bildungssprache eine besondere Hürde. Zu dieser Gruppe gehören überproportional viele Schulanfängerinnen und -anfänger mit Migrationsgeschichte. Die Schule hat (zu) lange diese Voraussetzung für Schulerfolg nicht gesehen und sich mit einer zufriedenstellenden Alltagskommunikation begnügt; und sie hat den Zusammenhang von Schriftspracherwerb und Teilhabe an Bildungssprache vernachlässigt. „Bildungssprache können (Migranten-)Kinder nur in der Schule lernen (…) – aufbauend auf Literalitätserfahrungen in der Familie, im Kindergarten oder in der Vorschule." (NEUMANN 2008, S. 36f.) Voraussetzung ist vor allem die „Bildung komplexer syntaktischer Muster" (ebd., S. 38).

Aber nicht nur der Schulerfolg hängt vom Beherrschen der Bildungssprache ab. MENG zeigt an Sprachbiografien von Russlanddeutschen eindrücklich, dass das Bewältigen komplexer „standard- und schriftsprachlicher Kommunikationsaufgaben" im Deutschen auch nach sechs Jahren ‚sprachlicher Integration‘ keinem Familienmitglied möglich ist, weil sie die Familiensprache (gleich, ob Russisch oder Deutsch) ausschließlich „im mündlichen Medium" gebrauchen können (MENG 2001, S. 244f.).

4   Anforderungen an den Anfangsunterricht

4.1   Funktion der Herkunftssprache für den Schriftspracherwerb

Bei der Entwicklung der letzten 40 Jahre lassen sich – grob – drei Phasen unterscheiden: Während zunächst eine ausreichende Beherrschung des Deutschen als Voraussetzung für jeglichen Unterricht, auch für das Lesen- und Schreibenlernen, angesehen wurde, wurde seit den 1980er Jahren diskutiert und in Schulversuchen auch erprobt, inwiefern der Schriftspracherwerb gerade in der Herkunftssprache die grundlegende Begriffsbildung befördern könne und daher an erster Stelle stehen sollte (vgl. KARAJOLI/NEHR 1996; ausführlich SIEBERT-OTT 1998, S. 157ff.). In den letzten 10-15 Jahren sind andere Fragen in den Vordergrund getreten. Zum einen hat sich unser Bild von Mehrsprachigkeit differenziert:

1. Es erscheint nicht sinnvoll, bei der Ermittlung des sprachlichen Hintergrunds bloß dichotomische Formulierungen (kann – kann nicht) zu wählen. „Sprachpräferenzen und Sprachdominanzen können sich sehr unterschiedlich über die Mitglieder einer Familie verteilen" (GOGOLIN 2004, S. 102). Und auch dann, wenn beide Eltern in Deutschland geboren sind, können Migrationshintergründe und Herkunftssprachen lebenbestimmend sein (ebd.).

2. Eine früh einsetzende mehrsprachige Erziehung muss für Kinder „grundsätzlich keine Überforderungssituation" bedeuten (SIEBERT-OTT 1998, S. 155). Es hat sich gezeigt, dass mehrsprachige Kinder über ein „Potential im Fremdsprachenlernen verfügen, das sie von den Schülern deutscher Erstsprache deutlich unterscheidet"; zum Beispiel macht der Leistungsvorsprung im Englischen – unter sonst gleichen Lernbedingungen – in Klasse 9 mindestens ein halbes Schuljahr aus (DESI 2006, S. 26). – Allerdings wird dieses Potential bisher nicht für das Lehren und Lernen des Deutschen fruchtbar gemacht (vgl. GOGOLIN 2008b, S. 16).

Zum anderen besteht weitgehend Konsens darin:

1. dass es vor allem darauf ankommt, die Kluft zwischen den mündlich orientierten Spracherfahrungen der Familiensprache und der Schriftkultur in der Schule zu überwinden (vgl. SIEBERT-OTT 1998). Konsens besteht auch darin, dass ein großer Teil der mehrsprachigen Kinder keine „reichhaltigen Literacy-Erfahrungen" in die Schule mitbringt (SPECK-HAMDAN 2005, S. 104). – Kiraz (s.o.) ist ein Beispiel dafür, wie es vorschulischer Bildung gelungen ist, solche Erfahrungen zu vermitteln. – SIEBERT-OTT vertritt die These, „dass am Beginn einer schwierigen Lernentwicklung bei Kindern aus Sprachminderheiten häufig ein fehlender Zugang zu elementaren Formen der Schriftkultur steht"; dass Lernschwierigkeiten nicht in erster Linie „auf eine unzulängliche Entwicklung der grammatischen Kompetenz in der Zweitsprache" zurückgeführt werden können (1998, S. 151). Sie spezifiziert damit DEHN/HÜTTIS-GRAFF/KRUSE (1996) im Hinblick auf Kinder aus „zugewanderten Sprachminderheiten".

2. dass die Förderung der Muttersprache durch muttersprachlichen Unterricht nur dann förderlich für den Schulerfolg ist, wenn „gezielt und mit geeigneten Mitteln versucht wird, den Kindern den Zugang zu konzeptioneller Schriftlichkeit zu eröffnen" (Siebert-Ott 1998, S. 151). Allerdings zeigen sich für das Beherrschen der Bildungssprache „nachhaltige Effekte der Einführung in Literalität" erst nach mehreren Jahren (Gogolin 2004, S. 109). Insgesamt kommt es darauf an, Transferleistungen zwischen Sprachen herzustellen (Gogolin 2008b, S. 16). Also nicht ein isoliertes Training unterschiedlicher Sprachaspekte, sondern so, dass das Kind seine Sprachen funktional in sein Selbstbild integrieren kann. Dazu kann das Sprachenportrait beitragen, wie es im Rahmen des Sprachenportfolios entwickelt ist (vgl. Decker 2008; Oomen-Welke 2006).

4.2 Das Grundschulalter als ‚syntaktisches Alter'

Wichtig festzuhalten scheint mir, dass es vor allem die syntaktische Kompetenz ist, die sich förderlich auf verschiedene Lernbereiche auswirkt. Sie ist das Zentrum von konzeptioneller Schriftlichkeit und Bildungssprache. So konnte im bilingualen Schulversuch gezeigt werden, dass es „zwischen der syntaktischen Komplexität in der Erstsprache", wie sie sich im ersten Schuljahr zeigte, „und der Leseleistung im vierten Schuljahr signifikante Zusammenhänge gibt" (Roth/Gogolin/Neumann 2007, S. 161). Insofern sollte der Unterricht die syntaktischen Fähigkeiten stärken – gegenüber der bloßen Wortschatzerweiterung (ebd., S. 162):

Die Fähigkeit, die Strukturen komplexer Sachverhalte sprachlich zu fassen, ist bisher im Deutschunterricht der Grundschule noch zu wenig im Blick. So konnte bei der Longitudinalstudie zur Textkompetenz im Grundschulalter gezeigt werden, dass die Texte zwischen Ende Klasse 2 und 4 nicht vor allem dadurch länger werden, dass mehr Wörter zu einem Verb kommen (also lexikalisch durch die Ausdehnung der Wörter und Wortgruppen, die zu einem Verb gehören), sondern durch mehr Teilsätze (August u.a. 2007, S. 352). Diese Teilsätze und ihre Verknüpfung sind ein Indiz für die syntaktische Konzeptionierung des Textes. Auch wenn diese Befunde bisher nur für Texte von Kindern mit Deutsch als Erstsprache gelten, kann man im Hinblick auf die Funktion der Bildungssprache für das Lernen (nicht nur) mehrsprachiger Kinder das Grundschulalter als ‚syntaktisches Alter' bezeichnen.

Weil eine syntaktische Ausweitung und Differenzierung im Fokus der Schreibenden stehen, nicht eine lexikalische, gehen die verbreiteten Übungen z.B. zum ‚schmückenden Adjektiv' weitgehend ins Leere. Sie betreffen nicht das Problem, mit dem die Kinder in der Grundschule beschäftigt sind. – Wortschatzerweiterung sollte im Hinblick auf den Verwendungshintergrund und den Gebrauchswert erfolgen, nicht bloß als Vokabelerwerb (vgl. STEINHOFF 2009, S. 9, S. 57).

Wenn der Deutschunterricht in der Grundschule, wie bisher zumeist, das Augenmerk auf die Kritik an „und-da/und-dann" Verknüpfungen in den Texten der Kinder legt, behandelt er nur ein Problem der Textoberfläche. Stattdessen müsse es, so ein Fazit dieser Studie, darum gehen, „gegliederte Textteile bei den Kindern zu evozieren", damit sie lernen, Einzelnes „in besonderer Weise zu perspektivieren" (AUGST u.a. 2007, S. 360). Das ist in der Studie u.a. mit Aufgaben wie Instruktion für dein Lieblingsspiel aus dem Sportunterricht oder Beschreibung des eigenen Zimmers oder des Klassenraums – jeweils für ein Kind aus einem fremden Land – untersucht. Beschreiben, berichten, instruieren, erzählen, argumentieren lernt man durch Aufgaben, die die Auseinandersetzung mit den strukturellen Anforderungen daran provozieren, nicht durch bloße Unterweisung. Wer zum Beispiel seinen Klassenraum beschreibt, muss eine Form für die Anordnung der Gegenstände darin finden, die Blickachse oder den Rundgang; wer von seinem Lieblingsspiel berichtet, muss eine Verknüpfung finden für Ziel und Regeln des Spiels einerseits, die Abfolge andererseits.

Diesen Anspruch an Aufgaben im Sprachunterricht, nämlich syntaktische Prozesse in Gang zu setzen, kann man mit dem Konzept des ‚Scaffolding' in Beziehung bringen (FÜRSTENAU 2009). Es geht zwar in solcherart Sprachunterricht nicht – wie beim ursprünglichen ‚Scaffolding' – darum, die Aufgabenschwierigkeit flexibel und sensibel zu verändern, aber die Aufgabe stellt doch ein Gerüst dar, auf dem sich die Lernenden zunehmend sicher bewegen können, und der Anspruch an die Lehrperson ist, auch einfachere Formen der Aufgabenlösung im Wissen um die Entwicklung zunächst zu tolerieren.

In der bilingualen Studie hat sich ergeben, dass das Erzählen und das Erklären eine besondere Bedeutung für die Aneignung der Bildungssprache haben (NEUMANN 2008, S. 37). Das erste ist unmittelbar mit dem Schriftspracherwerb verbunden, auch weil für das Erzählen Distanz zur augenblicklichen Situation konstitutiv ist (s.o.); das zweite hat seine besondere Bedeutung im Sachunterricht, wenn Phänomene beschrieben, Kontexte und kausale Bezüge der Erklärung bedürfen. Dafür wurde in der Studie auch mit Bildimpulsen (s. Beispiel 2) gearbeitet.

Inwiefern Unterricht durch Rahmung, Situierung der Aufgabe Bildungssprache mehr oder weniger befördern kann, dazu zwei Beispiele (s. dazu die „Fragen und Denkanstöße" S. 146f.):

Beispiel 1

Morgenkreis. Die Kinder können von ihrem Wochenende berichten (Januar Klasse 1)

Lehrer: Wir beginnen mit der berühmt-berüchtigten Frage (Pause und dann sehr laut): Wer möchte etwas erzählen (...)

Dustin: Ich habe Fernsehen geguckt, mit meine Carrera-Bahn gespielt, mit meine Eisenbahn gespielt, mehr nicht. Wer möchte sprechen? Tanju.

Tanju: Ich habe geschlafen, mehr nicht. Wer möchte sprechen?

Lehrer: Du hast wieder nur geschlafen?

Tanju: (nickt) Hazard.

Hazard: Ich hab draußen gespielt, Fernsehen geguckt, draußen ge..., Fernsehen XXX, weil XXX (...)

Zainab: Ich war bei, ich war bei ... Ich habe mit meinen Freunden Fußball Gespielt, ein bisschen Karate gemacht. Wer möchte sprechen?

(...)

(Aus: Osburg 2002, S. 173.)

Beispiel 2

Die ‚Lupenstelle' des Bildimpulses ist auf den überkochenden Topf gerichtet. Die bei Schulbeginn einsprachig portugiesische Marlene sagt dazu im

143

November von Klasse 1: „caiu uma sopa abaixo tava a ferver muito – e a
mãe tava a ver" (Es ist Suppe runtergefallen, sie hat stark gekocht – und die
Mutter hat es gesehen.) Im Juni von Klasse 1 sagt sie: „o comer está ai para
fora – de panela" (das Essen kommt da raus – aus dem Topf) und auf Deutsch
sagt sie: „Sie/die Essen von alle – dass sie runterfällt – und Mama ist – keiner
macht bam bam bam."
(Aus: ROTH/GOGOLIN/NEUMANN 2007, S. 105-137; vgl. NEUMANN 2008, S. 37.)

4.3 Schriftspracherwerb und elementare Schriftkultur

Schriftkulturelle Erfahrungen, Erfahrungen mit Literalität, haben auf das Beherrschen der Bildungssprache nachhaltige Effekte erst nach mehreren Jahren
(GOGOLIN 2004, S. 109); auf den Schriftspracherwerb im ersten Schuljahr allerdings zeigen sich unmittelbar positive Effekte. In der Trainingsstudie von KNOPF
und LENEL (2005) führte die verstärkte Erfahrungsmöglichkeit mit Schrift im
letzten Kindergartenjahr zu besseren Erfolgen im Schriftspracherwerb (‚Le-
seecke' mit Bilderbüchern; ‚Büroecke' mit vielen Schreibutensilien; tägliches
Vorlesen der Erzieherin, Projekt zur Frühgeschichte der Schrift am Beispiel von
Hieroglyphen und chinesischen Schriftzeichen; vgl. SPECK-HAMDAN 2005, S.
103). Auch das ‚Diktieren', das heißt, dass die Schreibanfänger einem Erwachsenen ihre Schreibidee, ihre Formulierung diktieren, ist eine wichtige Möglichkeit, Schriftlichkeit allererst kennenzulernen – und zwar zunächst entlastet von
den orthografischen und motorischen Aspekten des Schreibens (vgl. DEHN 2006,
S. 100-103; DEHN 2007, S. 19-22; MERKLINGER 2009). Diese Entlastungsmög-
lichkeit kann auch für ältere Kinder mit schwieriger Lernentwicklung genutzt
werden, z.B. in der Weise, dass die Lehrperson es übernimmt, was der Schüler
als seine Schreibidee (medial mündlich) formuliert hat, ihm dann stückweise zu
diktieren, so dass sein Gedächtnis entlastet ist und er sich auf orthografische und
motorische Prozesse konzentrieren kann (WELGE 1996).

In den letzten Jahren ist auch versucht worden, die (mehrsprachigen) Eltern
in Projekten zur „Family Literacy" einzubeziehen in schriftkulturelle Prozesse,
zum Beispiel indem Mütter (allein und gemeinsam mit ihren Kindern) dialogi-
sche Formen des Vorlesens erproben (vgl. ELFERT/RABKIN 2009; NICKEL 2004,
2005; SASSE/VALTIN 2006).

Elementare Schriftkultur ist in besonderer Weise geeignet, den Prozess des
Schriftspracherwerbs zu initiieren und schwierigen Lernentwicklungen zu begegnen. Das konnte an vielen Fallbeispiele gezeigt werden (DEHN u.a. 1996).
Unstrittig ist, dass der Erwerb der ‚technischen' Lese- und Schreibfähigkeiten
gleichermaßen unerlässlich ist (vgl. DEHN 2008; vgl. GOGOLIN 2004). Am Schulanfang gehört dazu vor allem die ‚phonologische Bewusstheit', d. h. die Fähig-

keit, die Aufmerksamkeit auf einzelne Wörter, Silben, Laute zu richten, auf ihre Analyse und Synthese (vgl. u.a. DEHN 2006; HANKE 2007; KIRSCHHOCK 2004; SPECK-HAMDAN 2005; VALTIN 2003).

4.4   Begriffsbildung und Interaktion

(Nicht nur) für mehrsprachige Kinder ist das Sprechen über Schrift und Schreiben schwer. Sie kennen vielleicht zwar die Wörter ‚Wort‘, ‚Buchstabe‘, ‚Satz‘, aber sie haben meist noch keinen Begriff davon gebildet. Dazu bedarf es der Achtsamkeit der Lehrperson und ihrer Unterstützung.

Beispiel 3
In der Vorschulklasse (April) haben die Kinder Gelegenheit, sich etwas zum Ansehen und „Lesen" zu suchen oder zu malen oder Wörter abzuschreiben, die sie im Raum sehen, zum Beispiel das Rezept vom Waffelbacken.
„Bernd ist besonders eifrig dabei. Auf seinem Blatt steht: Margarine.
Als die Lehrerin bei ihm steht, sagt er: Da steht Milch.
Lehrerin: Was steht da?
Bernd: Milch.
Lehrerin: Nein, da steht nicht Milch.
Bernd guckt verunsichert.
Lehrerin: Da steht nicht Milch. Das ist zu lang für Milch. Guck mal, da steht ein ganz langes Wort und Milch ist nur so kurz. Und da steht Mar-ga-ri-ne.
Bernd: Margarine?
Lehrerin: Margarine.
Bernd: Margarine."
(Aus: DEHN 1994, S. 79.)

Bernd initiiert die Interaktion, indem er der Lehrerin sagt, was er geschrieben hat. Indem sie ihn korrigiert, verunsichert sie ihn zunächst und gibt ihm dann zwei sachstrukturell angemessene Hinweise, auf die Wortlänge und die Silbenstruktur (Das ist zu lang für Milch. – Mar-ga-ri-ne). Bernd hat sich einerseits an seinem Wissen vom Waffel-Rezept orientiert, andererseits am Anfangsbuchstaben. Die Lehrerin eröffnet ihm zwei weitere Zugänge zur Struktur der Schreibung. In der Szene wiederholt er nur, was sie sagt; aber er hat damit ein Handwerkszeug erhalten, das er für seine weitere Arbeit nutzen kann.

Dass ein solches Verhalten der Lehrperson nicht selbstverständlich ist, zeigt OSBURG (2002) in ihrer Untersuchung von 128 Szenen aus dem Schulalltag.

Beispiel 4
Die Studentin schreibt den Namen des Schülers Christian auf (Januar Klasse 1)
Roman: Da steht Christian.
Christian: Da, neun Buchstaben.
Studentin: Ganz schön viele, ne? Ganz schön langer Name.
Christian: Aber Chrischi ist nicht so lang. Chri-schi. Zwei Buchstaben nur.
Rebecca: Chri-sti-an.
Studentin: Ist kürzer. Chri-sti-an ist viel länger als Chrischi.
(Aus: OSBURG 2002, S. 231.)

Die Studentin gibt keine Gelegenheit, die Anzahl der Buchstaben zu kontrollieren und die Beziehung von Buchstabe und Silbe zu klären, z. B. indem sie ‚Chrischi' unter ‚Christian' schreibt und die Kinder vergleichen und zählen lässt (OSBURG 2002, S. 231). „Singuläres begriffliches Wissen" wie das von Christian wirkt sich negativ auf den Schriftspracherwerb aus, wenn es nicht gelingt, es auf „reguläres begriffliches Wissen", auf konventionelle Bedeutung, zu beziehen (ebd., S. 263).

Begriffliche Schwierigkeiten haben Kinder auch in der Unterrichtskommunikation: Was bedeutet denn „geht jetzt still an eure Arbeit", wenn den Kindern doch nur vertraut ist, „zur Arbeit" oder „in die Arbeit" zu gehen (SPECK-HAMDAN 2005, S. 105)? Und die Aufforderung „stellt euch vor…" ist Kindern, die Erfahrungen mit dem Erzählen und Zuhören haben, eher geläufig (ebd., S. 107) – ein Beispiel für den Zusammenhang von Schriftkultur und Bildungssprache!

5 Zusammenfassung

Zwischen frühen Erfahrungen mit elementarer Schriftkultur und dem schulischen Schriftspracherwerb besteht ein enger Zusammenhang. Sofern mehrsprachige Kinder nicht nur aus einem bildungsfernen, sondern auch aus einem schriftfernen, vor allem mündlich bestimmten Familienumfeld kommen, sind schulische Erfahrungen mit Literalität unerlässlich, um lang anhaltenden Lernschwierigkeiten frühzeitig zu begegnen.

Schriftspracherwerb seinerseits befördert eine Form des fachbezogenen dekontextualisierten Sprechens, die neuerdings als Bildungssprache bezeichnet wird. Schriftförmig, konzeptionell schriftlich zu agieren, nicht nur lesen und schreiben zu können, sondern auch an der Unterrichtskommunikation teilhaben zu können, ist eine wichtige Voraussetzung für den Schulerfolg.

Insofern hängen diese sprachlichen Lernbereiche aufs engste zusammen. Wenn Schriftspracherwerb im Sinne elementarer Schriftkultur und Bildungssprache im Unterricht auch so behandelt werden, kann erreicht werden, dass die Anfängerinnen und Anfänger Schrift und Sprachen in ihrem Selbstbild funktional integrieren.

Fragen und Denkanstöße

1. Tragen Sie Beispiele zusammen zur Beziehung von Schriftkultur – Schriftspracherwerb – Bildungssprache.
2. Untersuchen und diskutieren Sie, inwiefern in den Beispielen 1 und 2 aus dem Unterricht (S. 142f.) durch den Kontext und die Qualität der Aufgabe Bildungssprache mehr oder weniger befördert werden kann (vgl. dazu auch die Gegenüberstellung von Kindertexten zu zwei Schreibaufgaben: Zu einem Bilderbuch schreiben – Aus den Ferien etwas aufschreiben (Juni Klasse 1) in Dehn 1999, S. 179ff.).
3. Konkretisieren Sie 'Anforderungen an den Unterricht' aus Ihrer Perspektive. Welche Chancen und Schwierigkeiten sehen Sie für den sprachlichen Anfangsunterricht? Wie könnten die ersten Schritte aussehen?

Literaturempfehlungen

SIEBERT-OTT, G. (1998): Probleme des Schriftspracherwerbs bei Kindern aus zugewanderten Sprachminderheiten. In: WEINGARTEN, R./GÜNTHER, H. (Hrsg.): Schriftspracherwerb. Baltmannsweiler, S. 151-182.

SIEBERT-OTT untersucht aus fachdidaktischer Sicht detailliert den Einfluss der Mehrsprachigkeit der Kinder auf den (Schrift-)Spracherwerb. Ihre These ist, dass es weniger eine unzulängliche grammatische Kompetenz in der Zweitsprache ist, die zu Schwierigkeiten führen kann, sondern vor allem ein „fehlender Zugang zu elementaren Formen der Schriftkultur" (S. 151). Der Beitrag zeichnet sich zum einen dadurch aus, dass er den Zusammenhang von Mündlichkeit und Schriftlichkeit betont, ihn theoretisch gründlich herleitet, zum anderen dadurch, dass er die Auseinandersetzung um zweisprachige Alphabetisierung (in den 1990er Jahren) darstellt. Im Zentrum steht die Bezugnahme auf elementare Formen der Schriftkultur. Insofern ist der Beitrag grundlegend für die Etablierung des Begriffs Bildungssprache, auch wenn dieser Begriff hier direkt noch nicht vorkommt.

SPECK-HAMDAN, A. (2005): Nahtstelle Übergang vom Elementar- zum Primarbereich. In: BARTNITZKY, H./SPECK-HAMDAN, A. (Hrsg.): Deutsch als Zweitsprache lernen. Frankfurt, S. 100-109.

Auch SPECK-HAMDAN betont die Wichtigkeit von Literacy-Erfahrungen, insbesondere für zwei- und mehrsprachige Kinder. Sie tut das aus grundschulpädagogischer Sicht – bis hin zu konkreten Vorschlägen für die Unterrichtspraxis. Der Fokus ist auf den Übergang vom Kindergarten zur Schule gerichtet. Sie sieht eine besondere Chance zweisprachiger Kinder darin, dass sie zum Beispiel beim Vergleich ihrer Sprachen bereits gelernt haben, zwischen Bezeichnung und Bedeutung zu unterscheiden, eine Einsicht, die monolinguale Kinder erst mit der Schriftsprache erwerben (S. 104f.).

Literaturverzeichnis

Augst, G./Disselhoff, K./Henrich, A./Pohl, T./Völzing, P.-L. (2007): Text-Sorten-Kompetenz. Eine echte Longitudinalstudie zur Entwicklung der Textkompetenz im Grundschulalter. Frankfurt.

Barton, D. (1994): Literacy. An Introduction to the Ecology of Written Language. Oxford.

Bernstein, B. (1974): Class, Codes and Control. Theoretical Studies towards a Sociology of Language. London (erste Ausgabe 1971).

Bernstein, B. (1999): Vertical and horizontal discourse – an essay. In: British Journal of Sociology of Education, 20. Jg., Heft 2, S. 157-173.

Bos, W./Hornberg, S./Arnold, K.-H./Faust, G./Fried, L./Lankers, E.-M./Schwippert, K./ Valtin, R. (Hrsg.) (2008): IGLU-E 2006: Die Länder der Bundesrepublik Deutschland im nationalen und internationalem Vergleich. Zusammenfassung. Im Internet verfügbar unter http://www.ifs.uni-dortmund.de/iglu2006

Bosch, B. (1984): Grundlagen des Erstleseunterrichts. Neudruck Frankfurt. Arbeitskreis Grundschule (zuerst 1937).

Bühler, K. (1965): Sprachtheorie. Die Darstellungsfunktion der Sprache. Stuttgart (2. Aufl.).

Decker, Y. (2008): Russisch ist mein halbes Herz. Ansprüche an ein Sprachenportfolio für den DAZ-Unterricht. In: Grundschule, 40. Jg., Heft 2, S. 42-43.

Dehn, M. (1994): Schlüsselszenen zum Schrifterwerb. Arbeitsbuch zum Lese- und Schreibunterricht in der Grundschule. Weinheim.

Dehn, M./Hüttis-Graff, P./Kruse, N. (Hrsg.) (1996): Elementare Schriftkultur. Schwierige Lernentwicklung und Unterrichtskonzept. Weinheim.

Dehn, M. (1999): Texte und Kontexte. Schreiben als kulturelle Tätigkeit in der Grundschule. Berlin.

Dehn, M. (2006): Zeit für die Schrift. Band 1: Lesen lernen und Schreiben können. Berlin.

Dehn, M./Hüttis-Graff, P. (2006): Zeit für die Schrift Band 2: Beobachtung und Diagnose. Berlin.

Dehn, M. (2007): Kinder & Lesen und Schreiben. Was Erwachsene wissen sollten. – Seelze-Velber.

Dehn, M. (2008): Literacy und Lernvoraussetzungen am Schulanfang. In: Die Grundschulzeitschrift, 22. Jg., Heft 215/216, S. 28-33.

DESI-Konsortium (2006): Unterricht und Kompetenzerwerb in Deutsch und Englisch. Zentrale Befunde der Studie Deutsch-Englisch-Schülerleistungen-International (DESI). Frankfurt. Im Internet verfügbar unter www.dipf.de/desi/DESI_Zentrale _Befunde.pdf (download vom 14.3. 2009).

Deutsches PISA-Konsortium (2001): PISA 2000. Basiskompetenzen von Schülerinnen und Schülern im internationalen Vergleich. Opladen.

Elfert, M./Rabkin, G. (2009): Family Literacy. In: Fürstenau, S./Gomolla, M. (Hrsg.): Migration und schulischer Wandel: Elternbeteiligung. Wiesbaden, S. 107-120.

Fürstenau, S. (2009): Lehren und Lernen in heterogenen Gruppen. In: Fürstenau, S./ Gomolla, M. (Hrsg.): Migration und schulischer Wandel: Unterrichtsqualität. Wiesbaden, S. 61-84.

Giese, H.W./Gläß, B. (1984): Analphabetismus und Schriftkultur in entwickelten Gesellschaften. In: Der Deutschunterricht, 36. Jg., Heft 6, S. 25-35.

Gogolin, I. (2004): Zum Problem der Entwicklung von „Literalität" durch die Schule. In: Zeitschrift für Erziehungswissenschaft, 7. Jg., Beiheft 3, S. 101-111.

Gogolin, I. (2008): Herausforderung Bildungssprache. In: Die Grundschulzeitschrift, 22. Jg., Heft 215/216, S. 26. (=2008a)

Gogolin, I. (2008): Durchgängige Sprachförderung. In: Bainski, C./Krüger-Potratz, M. (Hrsg.): Handbuch Sprachförderung. Essen, S. 13-21. (=2008b)

Günther, H. (1993): Erziehung zur Schriftlichkeit. In: Eisenberg, P./Klotz, P. (Hrsg.): Sprache gebrauchen – Sprachwissen erwerben. Stuttgart, S. 85-95.

Hanke, P. (2007): Anfangsunterricht. Leben und Lernen in der Schuleingangsphase. Weinheim (2. erweiterte Auflage).

Hofmann, B./Valtin, R. (Hrsg.) (2007): Förderdiagnostik beim Schriftspracherwerb. Berlin. Deutsche Gesellschaft für Lesen und Schreiben.

Hubertus, P./Nickel, S. (2003): Sprachunterricht in der Erwachsenenbildung: Alphabetisierung von Erwachsenen. In: Bredel, U./Günther, H./Klotz, P./Ossner, J./Siebert-Ott, G. (Hrsg.): Didaktik der deutschen Sprache. 2 Bände. Paderborn, S. 719-728.

Karajoli, E./Nehr, M. (1996): Schriftspracherwerb unter Bedingungen der Mehrsprachigkeit. In: Günther, H./Ludwig, O. (Hrsg.): Schrift und Schriftlichkeit. Ein interdisziplinäres Handbuch internationaler Forschung. Berlin, Bd. 2, S. 1191-1205.

Kirschhock (2004): Entwicklung schriftsprachlicher Kompetenzen im Anfangsunterricht. Bad Heilbrunn.

Koch, P./Oesterreicher, W. (1985): Sprache der Nähe – Sprache der Distanz. Mündlichkeit und Schriftlichkeit im Spannungsverhältnis von Sprachtheorie und Sprachgeschichte. In: Romanisches Jahrbuch 36, S. 15-43.

Koch, P./Oesterreicher, W. (1994): Schriftlichkeit und Sprache. In: Günther, H./Ludwig, O. (Hrsg.): Schrift und Schriftlichkeit. Ein interdisziplinäres Handbuch internationaler Forschung. Bd. 1, Berlin, S. 587-604.

Knopf, M./Lenel, A. (2005): Schriftspracherwerb und dessen mögliche Früförderung. In: Guldimann, T./Hauser, B. (Hrsg.): Bildung 4- bis 8-jähriger Kinder. Münster, S. 41-57.

Meng, K. (2001): Russlanddeutsche Sprachbiografien. Untersuchungen zur sprachlichen Integration von Aussiedlerfamilien. Tübingen.

Merklinger, D. (2009): Schreiben ohne Stift: Zur Bedeutung von Medium und Skriptor für die Anfänge des Schreibens. In: Hofmann, B./Valtin, R. (Hrsg.): Projekte. Positionen. Perspektiven. 40 Jahre DGLS. Berlin; DGLS, S. 177-204.

Neisser, U. (1974): Kognitive Psychologie. Stuttgart.

Neumann, U. (2008): Schulisch lernen. Die Bildungssprache der Schule können (Migranten-)Kinder nur in der Schule lernen. In: Grundschule, 40. Jg., Heft 2, S. 36-38.

Nickel, S. (2004): Family Literacy – Familienorientierte Literalisierung zur Förderung des Schriftspracherwerbs. In: Carle, U./Panagiotopoulou, A. (Hrsg.): Sprachentwicklung und Schriftspracherwerb. Beobachtungs- und Fördermöglichkeiten in Familie, Kindergarten und Grundschule. Baltmannsweiler, S. 71-83.

Nickel, S. (2005): Literacy beginnt in der Familie. Family Literacy – eine Aufgabe für die Schule? In: Hofmann, B./Sasse, A. (Hrsg.): Übergänge. Kinder und Schrift zwischen Kindergarten und Schule. Berlin: Deutsche Gesellschaft für Lesen und Schreiben, S. 179-188.

Ong, W. (1987): Oralität und Literalität. Die Technologisierung des Wortes. Opladen.

Oomen-Welke, I. (2006): Meine Sprachen und ich. In: Ahrenholz, B. (Hrsg.): Kinder mit Migrationshintergrund. Freiburg, S. 115-131.

Osburg, C. (2002): Begriffliches Wissen am Schulanfang. Schulalltag konstruktivistisch analysiert. Freiburg.

Pohl, T./Steinhoff, T. (2010): Textformen als Lernformen. In: Pohl, T./Steinhoff, T. (Hrsg.): Textformen als Lernformen (Kölner Beiträge zur Sprachdidaktik – KoeBeS) Köln. (in Vorb.)

Roth, J./Gogolin, I./Neumann, U. (2007): Abschlussbericht über die italienisch-deutschen, portugiesisch-deutschen und spanisch-deutschen Modellklassen. Universität Hamburg. Im Internet verfügbar unter www2.erzwiss.uni-hamburg.de/institute/interkultur/Bericht_2007.pdf; download vom 8.6.2010.

Sasse, A./Valtin, R. (Hrsg.) (2006): Schriftspracherwerb und soziale Ungleichheit. Zwischen sozialer Ungleichheit und Family Literacy. Berlin; Deutsche Gesellschaft für Lesen und Schreiben.

Schenda, R. (1981): Alphabetisierung und Literarisierungsprozesse in Westeuropa im 18. und 19. Jahrhundert. In. Herrmann, U. (Hrsg.): Das pädagogische Jahrhundert, Weinheim, S. 154-165.

Siebert-Ott, G. (1998): Probleme des Schriftspracherwerbs bei Kindern aus zugewanderten Sprachminderheiten. In: Weingarten, R./Günther, H.(Hrsg.): Schriftspracherwerb. Baltmannsweiler, S. 151-182.

Speck-Hamdan, A. (2005): Nahtstelle Übergang vom Elementar- zum Primarbereich. In: Bartnitzky, H./Speck-Hamdan, A. (Hrsg.): Deutsch als Zweitsprache lernen. Frankfurt, S. 100-109.

Steinhoff, T. (2009): Wortschatz – eine Schaltstelle für den schulischen Spracherwerb? Siegener Papiere zur Aneignung sprachlicher Strukturformen (SPASS) Heft 17.

Ulich, M. (2003): Sprachliche Bildung und Literacy im Elementarbereich. In: Kindergarten heute, Heft 3, S. 6-18.

Valtin, R. (2003): Methoden des basalen Lese- und Schreibunterrichts. In: Bredel, U./ Günther, H./Klotz, P./Ossner, J. (Hrsg.): Didaktik der deutschen Sprache. Band II. Paderborn, Band II, S. 760-771.

Welge, G. (1996): David: „Und sie gehen ein Stück zusammen." – Ein später Zugang zur Schrift. In: Dehn, M./Hüttis-Graff, P./Kruse, N. (Hrsg.): Elementare Schriftkultur. Schwierige Lernentwicklung und Unterrichtskonzept. Weinheim, S. 83-91.

Kapitel 7

Marion Döll | İnci Dirim

Mehrsprachigkeit in der Sprachdiagnostik

Die im letzten Jahrzehnt durchgeführten international vergleichenden Schulleistungsuntersuchungen wie PISA und PIRLS/IGLU haben offensichtlich gemacht, welcher Abstand zwischen Schülerinnen und Schülern mit und ohne Migrationshintergrund hinsichtlich ihrer Leistungen in für Schulerfolg zentralen Kernbereichen wie Lesekompetenz und mathematischer Kompetenz besteht. Wenn Mädchen und Jungen mit Migrationshintergrund hinter den Leistungen ihrer autochtonen Mitschüler und Mitschülerinnen zurückbleiben, wird dies häufig mit unzureichenden Kenntnissen der Landes- bzw. Schulsprache erklärt. Vielerorts sind daher Bemühungen unternommen worden, die betroffenen Kinder und Jungendlichen durch Sprach-/Deutschfördermaßnahmen bei der Erlangung begabungsgemäßer Leistungen (und langfristig gesehen auch Bildungsabschlüsse) zu unterstützen. Für die Förderarbeit wiederum ist es wichtig zu wissen, wo das Kind bzw. der oder die Jugendliche ‚steht‘, d.h. welche sprachlichen Fähigkeiten bereits erworben sind und woran bzw. worauf in der Förderung angeknüpft und aufgebaut werden kann. Im Zuge dessen wurden in den letzten Jahren mehrere förderdiagnostisch angelegte Sprachstandsfeststellungsverfahren entwickelt und der Öffentlichkeit zur Verfügung gestellt.

1   Geschichte der Sprachstandsdiagnostik in Deutschland

Im Zuge der Beschulung einer zunehmenden Zahl von Kindern nicht-deutscher Erstsprache in hiesigen Schulen wurde in den 1970er Jahren von Lehrkräften erstmals der Wunsch nach Verfahren geäußert, mit denen der Sprachstand der Kinder bestimmt werden kann (vgl. REICH 2005b, S. 87). Im Zentrum stand dabei der Aneignungsstand im Deutschen als Zweitsprache; die Bedeutung der Erstsprachen der Kinder für den Sprachaneignungsprozess war noch nicht erkannt, da mit der systematischen Erforschung von Mehrsprachigkeit gerade erst begonnen wurde.

Es wurden eine Reihe von Verfahren, u.a. Tests (z.B. das *PI-Verfahren*, s. FLIEGNER/GOGOLIN 1980; FLIEGNER/GOGOLIN/URBANEK 1982), Beobachtungs- und Schätzverfahren, entwickelt. Dauerhaft etablieren konnte sich jedoch keines der Instrumente. Gründe hierfür waren einerseits die Annahme, die Schülerinnen und Schüler und ihre Familien würden sich auf lange Sicht ‚von alleine‘ sprachlich ihrer deutschen Umgebung anpassen, andererseits wurde es seitens der Wissenschaft abgelehnt, die Entwicklung von Verfahren zur Sprachstandsfeststellung weiter voranzubringen, da diese allzu oft für Selektions- und Zuweisungsentscheidungen gebraucht wurden (REICH 2005b, S. 89f.). Zudem wurden Ende der 1980er Jahre Mängel im Bereich der Testgütekriterien festgestellt. Bis zum Eintritt des ‚PISA-Schocks‘ war es daher „still, ganz still um die Analyse des Sprachstands von Migrantenschülern geworden" (REICH 2005b, S. 91). Das in den letzten Jahren wieder aufgelebte Interesse an der Förderung von Schülerinnen und Schülern mit Migrationshintergrund sorgte für einen Schub in der Entwicklung neuer Instrumente, vorwiegend für den Elementar- und Primarbereich.

2 Qualitätsmerkmale

In den letzten Jahren wurden zahlreiche Sprachstandsfeststellungsverfahren unterschiedlicher Konzeption und Konstruktion entwickelt und verfügbar gemacht – EHLICH (2009) spricht sogar von einer „Inflation der Verfahren" und bedauert, dass Qualität und Menge der Verfahren nicht in gleichem Maß zunehmen (s. ebd., S. 17). Im Jahr 2005 wurden im vom Bundesministerium für Bildung und Forschung herausgegebenen Band „Anforderungen an Verfahren der regelmäßigen Sprachstandsfeststellung als Grundlage für die frühe und individuelle Förderung von Kindern mit und ohne Migrationshintergrund" Qualitätsmerkmale für Sprachstandsfeststellungsverfahren herausgearbeitet und zusammengestellt. Der vollständige Kriterienkatalog kann und soll an dieser Stelle nicht vorgestellt werden – gleichwohl werden im Folgenden einige der Aspekte skizziert, die von Pädagogen, die vor der Aufgabe stehen, ein geeignetes Sprachstandsfeststellungsverfahren auszuwählen, ohne großen Aufwand beurteilt werden können.

Verfahren, die den *Sprach*stand eines Kindes oder Jugendlichen, also die Gesamtheit seiner Fähigkeiten in einer oder mehreren Sprachen, erfassen sollen, müssen eine Reihe sprachlicher Teilqualifikationen berücksichtigen. EHLICH (2005, S. 12ff.) benennt sieben einzubeziehende Basisqualifikationen:

- rezeptive und produktive phonische Qualifikation
- pragmatische Qualifikation I (basale pragmatische Kenntnisse, z.b. im Bereich Turn-Taking)
- pragmatische Qualifikation II (erweiterte pragmatische Kenntnisse, z.b. Anwendung kontextadäquater sprachlicher Mittel)
- morphologisch-syntaktische Qualifikation
- diskursive Qualifikation
- literale Qualifikation

Dieses über die klassischen, aus dem schulischen Deutschunterricht bekannten Qualifikationen (wie Wortschatz und Grammatik) hinausgehende Sprachverständnis setzt sich im theoretischen Diskurs zunehmend durch – in der Mehrzahl der in der letzten Dekade entwickelten Sprachstandsfeststellungsverfahren findet es sich dagegen kaum wieder. Nur einem Bruchteil der Verfahren liegt eine linguistische Theorie zu Grunde, mehrheitlich wird stattdessen auf Alltagsauffassungen von Sprache rekurriert, die wiederum stark durch grammatikorientierten schulischen Sprachunterricht geprägt sind. Vor allem Fähigkeiten im lexikalischen und morphosyntaktischen Bereich werden daher für die Einschätzung sprachlicher Fähigkeiten herangezogen (vgl. SCHNIEDERS/KOMOR 2005). Teilweise erfolgt gar eine Orientierung an den Normen der Schriftsprache oder dem Sprachstand Erwachsener, die den Prozessen der kindlichen Sprachaneignung und den Besonderheiten der gesprochenen Kindersprachen nicht gerecht wird. Gesprochene Kindersprache zeichnet sich vor allem durch Charakteristika der Mündlichkeit und Übergangsphänomene des Spracherwerbsprozesses aus. Ein ganz typischer Unterschied zwischen Mündlichkeit und Schriftlichkeit besteht beispielsweise hinsichtlich der Verwendung der Konjunktion „weil". Während sie im Schriftlichen durchgehend subordinierend verwendet wird („Vanessa weint, weil Elias sie geschubst hat."), wird sie im mündlichen Sprachgebrauch oft auch koordinierend eingesetzt („Vanessa weint, weil Elias hat sie geschubst."). Ein typisches Übergangsphänomen des Spracherwerbsprozesses ist die Übergeneralisierung der schwachen Konjugation (z.B. „er gehte" statt „er ging" und „sie singte" statt „sie sang"). Nur selten berücksichtigt werden in Sprachstandsfeststellungsverfahren außerdem pragmatische und diskursive Fähigkeiten. Die Anwender und Anwenderinnen werden jedoch nicht selten im Glauben gelassen, mit einem Verfahren den ‚gesamten' Sprachstand eines Kindes oder Jugendlichen im Deutschen zu erfassen – und eben nicht nur Ausschnitte wie Wortschatz oder Syntax.

KASTEN 1 ▶

„Ein weiteres Problem der meisten Verfahren ist außerdem, dass eine Begründung für die Auswahl sprachlicher Teilbereiche unterbleibt. So ist es eben nicht von sich aus einleuchtend, warum z.B. Präpositionen, Körperteile, Singular und Plural repräsentativ für die Ausbildung des sprachlichen Systems und damit die Einschätzung des Sprachstandes eines Kindes sind [...]. Es ist also genau zu prüfen, ob das in den Verfahren – meist implizit – zugrunde gelegte Verständnis von Sprache tatsächlich eine Aussage über die sprachlichen Fähigkeiten von zweisprachigen Kindern zulässt und nicht nur eine über eher intuitiven Zugänge der jeweiligen Verfasserinnen und Verfasser." (ROTH/DIRIM 2007, S. 662)

Als weiteres Qualitätskriterium für Sprachstandsfeststellungsverfahren ist die Prüfung und Einhaltung von Testgütekriterien zu nennen. Es muss gesichert sein, dass ein Verfahren tatsächlich das misst bzw. feststellt, was es zu messen bzw. festzustellen beabsichtigt (Validität), dass in ausreichendem Umfang Messgenauigkeit gewährleistet ist (Reliabilität) und dass (Test-)Ergebnisse von Rahmenbedingungen der Durchführung unabhängig sind (Objektivität). Nur eine Minderzahl der im Überblick von SCHNIEDERS und KOMOR (2005) vorgestellten Verfahren erfüllt bislang diese Anforderungen.

Als weiteren in aktuellen Verfahren bislang nur unzureichend berücksichtigten Aspekt benennt EHLICH die *Mehrsprachigkeit*. Unmissverständlich fordert er: „Bei Kindern, die eine andere Familiensprache als Deutsch haben, sind beide Sprachen in die regelmäßigen Sprachstandsfeststellungen einzubeziehen" (EHLICH 2005, S. 50). Nur auf diesem Weg kann ein umfassendes Bild der sprachlichen Fähigkeiten, die „Gesamtsprachlichkeit" (SCHROEDER/STÖLTING 2005), eines Kindes oder Jugendlichen erfasst werden, das die Grundlage ist für eine an den Ressourcen der Schülerinnen und Schüler ansetzenden Förderung. In der Mehrzahl verfügbarer Verfahren zur Sprachstandsfeststellung überwiegt jedoch das einseitige Interesse an der deutschen Sprache (s. REICH 2005a, S. 148). Verfahren, die Mehrsprachigkeit berücksichtigen, orientieren sich eher an der Vorstellung einer Bilingualität als additives Nebeneinander von zwei monolingualen Sprachen. Besonderheiten der migrationsspezifischen Mehrsprachigkeit (s. DIRIM/MECHERIL 2009) werden nicht oder nur am Rande einbezogen.

Auch bei sorgfältigster Konstruktion eines Verfahrens bleibt bislang ein Problem ungelöst: die Frage nach angemessenen Maßstäben für die Beurteilung von sprachlichen Leistungen (vgl. REICH 2005b). Bisher stand vor allem die monolinguale Erstspracheneignung im Zentrum der Forschung. Über die bi- oder multilinguale Sprachaneignung weiß man im Vergleich dazu bislang nur wenig (vgl. EHLICH/BREDEL/REICH 2008). Für die Aneignung des Deutschen als Erstsprache beispielsweise konnten Erwerbsreihenfolgen bestimmter sprachlicher Strukturen oder Phänomene und dafür typische Zeitfenster im Leben eines Kindes herausgearbeitet werden. Vom bilingualen Erstspracherwerb wird gesprochen, wenn bis zum Alter von drei Jahren gleichzeitig zwei Sprachen erworben werden. Vom frühen Zweitspracherwerb ist die Rede, wenn der Erwerb der zweiten Sprache kurz nach dem dritten Lebensjahr einsetzt, in einer Zeit also, in der die Kinder beim Erwerb neuer Sprachen bereits erworbene sprachliche Muster nutzen. Allerdings gibt es Hinweise darauf, dass der frühe Zweitspracherwerb große Parallelen zum Erstspracherwerb aufweist (TRACY 2007, AHRENHOLZ 2008), so dass diese Unterscheidung teilweise fragwürdig ist. Bei einem späteren Einsatz des Zweitspracherwerbs kann damit gerechnet werden, dass, je später die zweite Sprache gelernt wird, umso stärker auf die Strukturen der Erstsprache zurückgegriffen wird. Einerseits kann dies hilfreich sein, andererseits aber auch zu Interferenzen führen (GRIESSHABER 2008). Insgesamt weist die Forschung zur bi- und multilingualen Aneignung der Sprachen in migrationsgesellschaftlichen Kontexten noch große Lücken auf. Für die Einschätzung der sprachlichen Leistungen Bi- oder Multilingualer im Deutschen existiert demnach auch keine ‚richtige' Norm (vgl. auch REICH 2005a, S. 148). Dies gilt auch für die Erst- bzw. nicht-deutsche Herkunftssprache der Kinder, die sich unter den Bedingungen der Migration und unter Einwirkung einer Umgebung, in der eine andere Sprache dominant ist, anders entwickelt als im Herkunftsland. Eine Orientierung an durchschnittlichen Leistungen Einsprachiger verstärkt das defizitorientierte Bild Zwei- oder Mehrsprachiger als ‚doppelt Halbsprachige'; eine Orientierung an den Durchschnittswerten Zwei- oder Mehrsprachiger dagegen würde zur Etablierung einer Sonderbehandlung führen. Unterlässt man die Differenzierung zwischen Ein- und Zwei- bzw. Mehrsprachigkeit und zieht die Durchschnittswerte einer gemischten Gesamtpopulation für Vergleiche heran, wird eine Gleichartigkeit von mono-, bi- und multilingualer Aneignung unterstellt (vgl. REICH 2005a, S. 151f.).

Werden die Verfahren im Rahmen einer Schullaufbahn begleitenden sprachlichen Bildung allein für die Feststellung sprachlicher *Lernfortschritte* eingesetzt, tritt der Bedarf an einem normativen Maßstab für Sprachstandsdiagnoseinstrumente in den Hintergrund (REICH 2005b, S. 91). An Stelle einer Orientierung an einem (problematischen) normativen Maßstab tritt die Prüfung und Dokumentation des Erreichens individueller Kurzziele.

3   Verfahren zur Sprachstandsfeststellung

Neben der Frage, welche sprachlichen Qualifikationen für die Feststellung des Sprachaneignungsstands herangezogen werden, unterscheiden sich Feststellungsverfahren auch darin, in welcher Form Informationen über den sprachlichen Entwicklungsstand eines Kindes erfasst werden. Unterschieden wird zwischen Beobachtungsverfahren, Profilanalysen, Tests und Schätzverfahren.

KASTEN 2 ▶

Beobachtungsverfahren sind dazu geeignet, einen breiten Überblick über die sprachlichen Kompetenzen in Alltagssituationen zu generieren. Sie sind in den pädagogischen Alltag einer Einrichtung besonders gut integrierbar.

Auch **Profilanalysen** basieren zumeist auf einem breiteren Verständnis von Sprache und ermöglichen auf der Grundlage einer Sprachprobe einen detaillierten Einblick in die Sprachkompetenz.

Tests sind stark standardisierte Verfahren, mit denen die Kompetenzen in ausgewählten, spezifischen Sprachbereichen erhoben werden können.

Schätzverfahren spielen im Kontext schulischer Sprachförderung eine marginale Rolle, da der Sprachstand hier durch Selbst- und/oder Fremdeinschätzung festgestellt wird, was wiederum kaum ausreichend detaillierte und exakte Diagnosen ermöglicht.

Die verschiedenen Verfahren decken unterschiedliche Bedarfe ab; prinzipiell ist hier zwischen Förderdiagnostik und Auslese- bzw. Zuweisungsdiagnostik (Screening) zu unterscheiden. Förderdiagnostik ist prozess- und ressourcenorientiert angelegt und hat die Optimierung und Unterstützung von Lernprozessen im Blick. Diagnostisches und praktisch-pädagogisches Handeln sind hier eng miteinander verknüpft (HORSTKEMPER 2006). Im Fokus stehen die Fähigkeiten, Kenntnisse, Ressourcen und Bedürfnisse von Schülerinnen und Schülern. Screenings dagegen geben in der Regel keinen detaillierten Einblick in die individuelle Kompetenz, sondern ermöglichen lediglich die Feststellung, ob Förderbedarf besteht. Je nach Erfordernis kann eine Kombination von Verfahren sinnvoll sein. Nach einem Screening könnte beispielsweise eine Beobachtung der Sprachkompetenzen durchgeführt werden, um genauere Informationen zum konkreten Sprachstand von Kindern mit Förderbedarf zu erhalten (vgl. RÖHNER/ UYSAL 2005).

Im Folgenden werden einige der die nicht-deutsche(n) (Erst-)Sprachen der Kinder und Jugendlichen einbeziehenden Verfahren beispielhaft näher vorgestellt.

SISMIK – Sprachverhalten und Interesse an Sprache bei Migrantenkindern in Kindergarteneinrichtungen

Das am Staatsinstitut für Frühpädagogik in München entwickelte Verfahren SISMIK (ULICH/MAYR 2003) zielt auf die Beobachtung des sprachlichen Handelns bei Kindern im Alter zwischen dreieinhalb und sechs Jahren. Neben der Feststellung des Sprachstands einzelner Kinder dient das Verfahren auch der Sensibilisierung der pädagogischen Fachkräfte für Sprachaneignungsprozesse und unterstützt bei der Planung sprachförderlicher Angebote.

Entlang eines differenzierten Kriterienkatalogs beobachten Erzieherinnen und Erzieher *verbales und nonverbales Handeln, Wortschatz, Aussprache, morphologische, syntaktische* und *(prä-)literale Fähigkeiten* in freien Kommunikationssituationen im Kindergartenalltag. Da die Beobachtungen über einen längeren Zeitraum hinweg stattfinden sollen, ist es möglich, mehr als nur eine Momentaufnahme der Sprachkompetenz der Kinder zu erfassen. Im Vordergrund stehen die prozesshafte Entwicklung der Kommunikationsfähigkeit der Kinder im Deutschen und ihre Sprachlernmotivation. Die Beobachtungsergebnisse zeigen, welche besonderen Fähigkeiten und Schwierigkeiten die Kinder in verschiedenen Kommunikationssituationen haben. Anhand von im Begleitmaterial dargestellten Fallbeispielen wird zudem aufgezeigt, wie ausgehend von den Ergebnissen konkret gefördert werden kann. Zur Einordnung der Ergebnisse sind altersdifferenzierte Vergleichsnormen, die auf Grundlage der Ergebnisse einer aus über 2000 Kindern mit Migrationshintergrund bestehenden Stichprobe extrahiert wurden, angegeben.

Im Fokus der Beobachtung steht vorwiegend die deutsche Sprache. Zur Verwendung der Familiensprache werden durch die (zumeist deutschsprachigen) Erzieherinnen und Erzieher auf Grundlage von Gesprächen mit den Eltern und Beobachtungen, die auch ohne Kenntnis der jeweiligen Sprache gemacht werden können, basale Informationen zusammengetragen.

HAVAS 5 – Hamburger Verfahren zur Analyse des Sprachstands bei 5-Jährigen

Das im Jahr 2002 von der Hamburger Behörde für Bildung und Sport in Auftrag gegebene und vom Hamburger Landesinstitut für Lehrerbildung und Schulentwicklung statistisch geprüfte HAVAS 5 (REICH/ROTH 2004) ist für die Anwendung durch Erzieherinnen, Erzieher, Lehrerinnen und Lehrer konzipiert. Ziel ist es, eventuellen Sprachförderbedarf von Kindern ein Jahr vor und bei der Einschulung differenziert zu erkennen und individuell passende Fördermaßnahmen einzuleiten (REICH/ROTH 2007, S. 71).

Als profilanalytisches Verfahren bietet HAVAS 5 die Möglichkeit festzustellen, wie weit die Entwicklung eines Kindes in verschiedenen sprachlichen Teilbereichen des Deutschen (z.b. Wortschatz und Satzbau) jeweils vorangeschritten ist und wird damit dem Umstand gerecht, dass sich die Entwicklung in den einzelnen Bereichen nicht zwingend parallel vollzieht. Mit einer Bildergeschichte („Katze und Vogel") und einer konkreten Erzählaufforderung werden die Kinder zum Sprechen animiert; ihre Äußerungen werden aufgezeichnet (z.b. mit einem MP3-Rekorder) und im Nachgang entlang eines Auswertungsbogens analysiert. Ergebnis der Analyse ist ein Kompetenzprofil, das zeigt, wie weit das Kind in seiner *allgemeinen mündlichen Darstellungsfähigkeit* entwickelt ist und inwieweit die Qualifikationsbereiche *Wortschatz, Morphologie* und *Syntax* bereits ‚erobert' worden sind. Zudem wird festgestellt, welche *interaktiven Strategien* ein Kind anwendet. All diese Informationen ermöglichen eine passgenaue Förderung, da gezielt an bereits entwickelte Fähigkeiten der Kinder angeknüpft und auf sie aufgebaut werden kann. Die nicht-deutschen Familiensprachen der Kinder werden im HAVAS 5 in besonderem Maß berücksichtigt. Das Verfahren liegt für die in Deutschland weit verbreiteten Sprachen Italienisch, Polnisch, Portugiesisch, Russisch, Spanisch und Türkisch vor. Für Kinder, die diese Sprachen sprechen, ist es möglich, ihre über das Deutsche hinausgehenden sprachlichen Fähigkeiten für den Sprachunterricht fruchtbar zu machen.

Cito-Sprachtest (Cito = Central Institute for Test Development)
Mit der Entwicklung des Cito-Sprachtests wurde im Jahr 2003 begonnen. Beteiligt waren Vertreter der Stadt Duisburg, mehrerer Duisburger Grundschulen, der Regionalen Arbeitsstelle zur Förderung von Kindern und Jugendlichen aus Zuwandererfamilien (RAA), des damaligen Landesinstituts für Schule und Weiterbildung des Landes Nordrhein-Westfalen, der niederländischen CITOgroep sowie der Universität Duisburg-Essen. Nach dem Vorbild des niederländischen *Toets Tweetaligheid* entstand ein computergestütztes Verfahren, mit dem ausschließlich rezeptive Fähigkeiten im Deutschen und Türkischen erfasst werden können. Der Test ist evaluiert und normiert (KONAK/DUINDAM/KAMPHUIS 2005). Getestet werden Kinder etwa neun bis zehn Monate vor ihrer Einschulung. Ihnen werden am Computer Bilder und Aussagen präsentiert, zu denen sie per Mausklick im Multiple-Choice-Verfahren Fragen beantworten müssen. Erfasst werden Fähigkeiten in den Bereichen *phonologische Bewusstheit, passiver Wortschatz, Textverständnis* und *kognitive Begriffe*. Für jeden dieser vier Testteile wird am Ende ein Ergebnis ausgegeben, das die gezeigten Leistungen des Kindes auf einer dreistufigen Skala („gut", „befriedigend" und „förderbedürftig")

ausweist, wobei der sprachliche Hintergrund der Kinder (einsprachig, zweisprachig mit Dominanz im Deutschen usw.) berücksichtigt wird. Festgestellt wird mit dem Verfahren also, ob Förderbedarf vorliegt oder nicht – Hinweise darauf, wo die Förderung beim einzelnen Kind ansetzen kann bzw. sollte, können jedoch kaum gewonnen werden. Vor diesem Hintergrund wird der Cito-Sprachtest mancherorts zusammen mit einem anderen Verfahren verwendet. SCHEFFLER und STERKENBURGH (2009) berichten beispielsweise vom gestuften Einsatz von Cito und HAVAS 5: Mit Kindern, die mit Cito als „förderbedürftig" eingestuft werden, wird an einigen Duisburger Schulen zusätzlich HAVAS 5 durchgeführt, um die Ressourcen der Kinder zu ermitteln, an denen die Förderarbeit anknüpfen kann.

FÖRMIG-‚Tulpenbeet'

Im Rahmen des BLK-Modellprogramms ‚Förderung von Kindern und Jugendlichen mit Migrationshintergrund' (FÖRMIG; s. GOGOLIN 2008) sind in jüngerer Zeit förderdiagnostische profilanalytische Instrumente entwickelt worden, die auf die Erfassung schriftsprachlicher Fähigkeiten von Schülerinnen und Schülern zielen.

Die Schreibaufgabe ‚Tulpenbeet' wurde für den Einsatz am Ende der Primarstufe entwickelt. Den Kindern wird eine fünfteilige Bildfolge vorgelegt, auf deren Grundlage sie einen narrativen Text verfassen. Bei den Abbildungen handelt es sich um eine typische Begebenheit des Familienalltags mit überraschender Pointe: Vater und Kinder gehen im Park spazieren. Der Vater möchte die auf einer Parkbank sitzenden Kinder fotografieren, wobei es zu einem Zwischenfall, dem Sturz in ein Tulpenbeet, kommt (GANTEFORT/ROTH 2008). Das Verfahren liegt für die Sprachen Deutsch, Russisch und Türkisch vor und wird im Rahmen des Modellprogramms empirisch geprüft und optimiert.

Mit ‚Tulpenbeet' werden vier sprachliche Dimensionen erfasst: die sogenannte *Textbewältigung* (Bewältigung der gestellten Aufgabe, Verwendung literarischer Elemente usw.), der *Wortschatz*, die Herstellung von Textkohäsion (*Satzverbindungen*) sowie die Verwendung *bildungssprachlicher Elemente* (REICH/ROTH/GANTEFORT 2008). Das Instrument rückt damit ab von der Betrachtung der elementaren Sprachaneignung und nimmt die Analyse schulisch hoch relevanter Kompetenzen auf Textebene in den Fokus (GANTEFORT/ROTH 2008, S. 30).

FÖRMIG-‚Bumerang'

Auch das Instrument ‚Bumerang' zielt auf die Erfassung schriftsprachlicher Kompetenzen – im Gegensatz zum ‚Tulpenbeet' ist es jedoch für Jugendliche, die am Ende der Sekundarstufe I stehen, konzipiert. Das Verfahren wurde ebenfalls für die Sprachen Deutsch, Russisch und Türkisch entwickelt und wird im Rahmen des Modellprogramms empirisch geprüft.

Den Jugendlichen werden zwei Schreibaufgaben gestellt: Einerseits soll eine Bewerbung um einen Praktikumsplatz bei einem fiktiven Jugendsportmagazin verfasst und andererseits auf Grundlage einer neunteiligen Bildfolge der Bau eines Bumerangs so beschrieben werden, dass Leser, denen die Bilder nicht vorliegen, in die Lage versetzt werden, den Bumerang herzustellen (DIRIM/DÖLL 2009). Im Mittelpunkt der Analyse stehen allgemeine bildungssprachliche und fachsprachliche Fähigkeiten, die am Ende der Sekundarstufe I und während einer Berufsausbildung relevant sind: *Textkompetenz, bildungssprachliche Fähigkeiten*, Herstellung von *Textkohäsion* sowie *Allgemein-* und *Fachwortschatz* (REICH/ROTH/DÖLL 2009). Durch Auswertung der Schreibproben entsteht für die Schülerinnen und Schüler ein individuelles Profil, das deutlich macht, welche Kompetenzen die Jugendlichen bereits erworben haben und an welchen Fähigkeiten Förderung ansetzen kann.

Allen angeführten Verfahren gemein ist die Tatsache, dass jeweils zwei (oder mehr) Sprachen getrennt von einander untersucht werden. Die auf diese Weise erfassten Sprachdaten decken sich nur zum Teil mit dem beobachtbaren Sprachverhalten von zwei- und mehrsprachig aufwachsenden Kindern mit Migrationshintergrund. Zahlreiche Untersuchungen zeigen, dass diese Kinder ihre Sprachen im Alltag nicht monolingual verwenden, sondern sie in verschiedenen Formen abwechselnd bzw. miteinander kombiniert gebrauchen (vgl. KREHUT/DIRIM 2008, AUER 2009). Dabei werden die Sprachen auf unterschiedliche Weise kombiniert: Beim Code-Switching wird von im Rahmen der momentanen Interaktion funktionalen Wechseln ausgegangen, beim Code-Mixing von einem sehr dichten Gemisch der Sprachen, das den Eindruck einer neuen organischen Einheit zweier oder mehrerer Sprachen vermuten lässt. Beim Transfer werden einzelne Elemente – vor allem aus Gründen der Sprechökonomie – in die momentan verwendete Sprache integriert. Außer diesen soziolinguistischen Besonderheiten lassen sich die Sprachmischungen aus einer grammatischen und psycholinguistischen Perspektive untersuchen und klassifizieren.

Die oben genannten Formen der Sprachalternation tauchen in mündlichen und schriftlichen Erhebungen auf, werden aber bei den meisten Verfahren in der Analyse der Sprechproben nicht berücksichtigt. Allein HAVAS 5 bietet die Möglichkeit, das Vorkommen im Auswertungsbogen eigens zu notieren, allerdings ohne weiteren Einbezug in die Interpretation des Sprachstandes. Im Rahmen des Verfahrens FÖRMIG-Bumerang gibt es die Möglichkeit nicht standardsprachliche Varianten der Migrantensprachen zu erfassen und zu analysieren. Die Ergänzung der Auswertung um diesen Analyseaspekt geht auf die Beobachtung zahlreich verwendeter Sprachformen, die im Türkeitürkischen nicht zu finden sind, zurück. Die Gründe für ihr Zustandekommen sind vielfältig; vermutlich spielen eine gewisse Normdistanz zur Standardsprache, das Fehlen des herkunftssprachlichen Unterrichts und der spezifische Wandel der Migrantensprachen in Deutschland (DIRIM 2009) eine Rolle.

Auch wenn die beiden genannten Verfahren die Möglichkeit bieten, einige Formen des alternierenden Sprachgebrauchs zu erfassen, sind sie nicht in der Lage, ein umfassendes Bild von der „Gesamtsprachlichkeit" (SCHROEDER/STOELTING 2005) der Kinder zu vermitteln. Abgesehen von dem o.g. Problem der fehlenden Vergleichsnormen sind die derzeit vorliegenden Verfahren also auch auf Grund des Fehlens einer systematischen Erfassung des alternierenden Sprachgebrauchs nicht dazu geeignet, den „allgemeinen" Sprachstand zwei- und mehrsprachiger Kinder zu vermitteln. Die Verfahren geben vorwiegend einen Einblick in bestimmte monolinguale und schulrelevante Kompetenzbereiche und sollten vor dem Hintergrund dieser Prämisse mit Bedacht eingesetzt werden. Ihre Ergebnisse fördern schulrelevante Fähigkeiten zu Tage, die im Rahmen einer die Herkunftssprachen umfassenden sprachlichen Bildung relevant werden. Schullaufbahnbezogene oder andere für den Lebenslauf einzelner Kinder gravierende Entscheidungen lassen sich auf ihnen nicht begründen.

4   Zusammenfassung

Für eine gezielte Unterstützung der Sprachentwicklung von Kindern und Jugendlichen sind Kenntnisse über den jeweiligen Sprachstand hilfreich. Besonders im Kontext der (migrationsbedingten) Mehrsprachigkeit an Schulen spielt die Sprachdiagnostik eine wichtige Rolle. Die zurzeit üblichen Verfahren entsprechen allerdings nicht zwangsläufig dem weit gefassten Sprachverständnis des aktuellen sprachwissenschaftlichen Diskurses. Ein weiteres Problem besteht darin, dass viele Verfahren die klassischen Testgütekriterien nicht erfüllen. Und schließlich wird auch das Phänomen Mehrsprachigkeit nur unzureichend berücksichtigt. Dieser Mangel ist u.a. darauf zurückzuführen, dass der Forschungsstand über bi- und multilingualen Spracherwerb immer noch viele Fragen offen lässt. Die ohnehin problematische Bestimmung sinnvoller Normen für die Sprachstandsmessung ist deshalb im Falle zwei- oder mehrsprachige Kinder noch schwieriger. Vor dem Hintergrund dieser Problematik werden Verfahren zur Sprachstandsfeststellung vorgestellt, die nicht nur Kenntnisse in der deutschen Sprache, sondern auch in den nicht deutschen (Erst-) Sprachen von Kindern und Jugendlichen erheben: SISMIK, HAVAS 5, der Cito-Sprachtest und die auf schriftsprachliche Kompetenzen ausgerichteten Instrumente des FörMig-Programms. Obwohl diese Verfahren bereits aufschlussreiche Erkenntnisse liefern, sind auch sie noch nicht geeignet, die ‚Gesamtsprachlichkeit' mehrsprachiger Schülerinnen und Schüler umfassend zu berücksichtigen. Zukünftige Verfahren werden noch gezielter auf die besondere Situation der zwei- und mehrsprachig aufwachsenden Kinder eingehen müssen, um als Grundlage für eine angemessene Förderung fungieren zu können.

Fragen und Denkanstöße

1. Welche Verfahren würden Sie im Rahmen eines schullaufbahnbegleitenden Plans diagnosegestützter Sprachförderung mehrsprachig aufwachsender Kinder zu welchen Zeitpunkten einsetzen? Begründen Sie bitte Ihre Wahl!
2. Diskutieren Sie bitte die Frage, ob in Deutschland Verfahren für die Erfassung des Sprachstandes, die in den Herkunftsländern der Familien mit Migrationshintergrund entwickelt wurden, eingesetzt werden können.
3. Können die Ergebnisse der beiden Sprechprobenanalysen eines bilingualen Kindes direkt miteinander verglichen werden? Vergleichen Sie das Deutsche mit einer nicht indoeuropäischen Sprache und überlegen Sie, was bei der Interpretation von Sprachstandsanalyseergebnissen in mehreren Sprachen zu beachten ist.

Online	Als Ergänzung zu diesem Lehrbuchkapitel haben Sie Zugang zu einem Film, der die zweisprachige Durchführung (Deutsch/Russisch) der Sprachstandserhebung mit dem Verfahren HAVAS 5 illustriert.	**www.vs-verlag.de/onlinePLUS**

Literaturempfehlungen

BAINSKI, Christiane und KRÜGER-POTRATZ, Marianne (Hrsg.): Handbuch Sprachförderung. Essen: Verlag Neue Deutsche Schule
Das Handbuch bündelt in Form von Beiträgen aus Wissenschaft und (Schul-) Praxis Informationen zu Sprachstandsfeststellung, nachhaltiger Sprachförderung und dem wertschätzenden Umgang mit Mehrsprachigkeit.

Bundesministerium für Bildung und Forschung (BMBF) (Hrsg.) (2005): Anforderungen an Verfahren der regelmäßigen Sprachstandsfeststellung als Grundla-

ge für die frühe und individuelle Förderung von Kindern mit und ohne Migrationshintergrund. Autoren: EHLICH, K. unter Mitarbeit von U. BREDEL, B. GARME u. a. (= Bildungsreform Band 11) Bonn.
Der Sammelband enthält einen Überblick über den theoretischen Diskurs zur Konstruktion von sprachstandsdiagnostischen Verfahren und über die bis zu seinem Erscheinungsdatum entwickelten öffentlich zugänglichen Instrumente. Außerdem werden einschlägige Entwicklungen in einigen europäischen Staaten vorgestellt.

KREHUT, A./DIRIM, İ. (2008): Sprachgebrauch außerhalb der Schule. In: ULRICH, Winfried (Hrsg.): Deutschunterricht in Theorie und Praxis. Band VIII: Deutsch als Zweit- und Fremdsprache (hrsg. v. AHRENHOLZ, Bernd und Ingelore OOMEN-WELKE). Baltmannsweiler: Schneider Verlag, S. 409-419.
In dem Beitrag werden mit empirischen Daten Formen und Gebrauchsweisen des multilingualen Sprachgebrauchs unter Kindern und Jugendlichen, die in migrationssprachlichen Umgebungen leben, vorgestellt.

Literaturverzeichnis

Ahrenholz, B. (2008): Erstsprache – Zweitsprache – Fremdsprache. In: Ahrenholz, B./ Oomen-Welke, I. (Hrsg.): Deutsch als Zweitsprache. Baltmannsweiler, S. 64-80.
Auer, P. (2009): Competence in performance: Code-Switching und andere Formen bilingualen Sprechens. In: Gogolin, I. (Hrsg.): Streitfall Zweisprachigkeit. Wiesbaden, S. 91-110.
Bundesministerium für Bildung und Forschung (BMBF) (Hrsg.): Anforderungen an Verfahren der regelmäßigen Sprachstandsfeststellung als Grundlage für die frühe und individuelle Förderung von Kindern mit und ohne Migrationshintergrund. Autoren: Ehlich, K. unter Mitarbeit von Bredel, U./Garme, B. u. a. (= Bildungsreform Band 11) Bonn.
Dirim, İ./Döll, M. (2009): ‚Bumerang' – Erfassung der Sprachkompetenzen im Übergang von der Schule in den Beruf – vergleichende Beobachtungen zum Türkischen und Deutschen am Beispiel einer Schülerin. In: Lengyel, D./Reich, H.H./Roth, H.-J./Döll, M. (Hrsg.): Von der Sprachdiagnose zur Sprachförderung. FÖRMIG Edition Band 5. Münster, S. 139-146.
Dirim, İ./Mecheril, P. (2010): Die Sprachen(n) der Migrationsgesellschaft. In: Mecheril, P. (Hrsg.): Einführung in die Migrationspädagogik. Beltz.
Ehlich, K. (2005): Sprachaneignung und deren Feststellung bei Kindern mit und ohne Migrationshintergrund. Was man weiß, was man braucht, was man erwarten kann. In: Bundesministerium für Bildung und Forschung (BMBF) (Hrsg.): Anforderungen an Verfahren der regelmäßigen Sprachstandsfeststellung als Grundlage für die frühe und individuelle Förderung von Kindern mit und ohne Migrationshintergrund. Autoren: Ehlich, K. unter Mitarbeit von Bredel, U./Garme, B. u. a. (= Bildungsreform Band 11) Bonn, S. 11-75.

Ehlich, K. (2009): Sprachaneignung – Was man weiß, und was man wissen müsste. In: Lengyel, D./Reich, H.H./Roth, H.-J./Döll, M. (Hrsg.): Von der Sprachdiagnose zur Sprachförderung. FÖRMIG Edition Band 5. Münster, S. 15-24.

Fliegner, J./Gogolin, I. (1980). Sprachstandsmessung bei Schulanfängern. Teil 5 des Projekts Ausländische Kinder an unseren Schulen. Integration, Beratung, Unterricht. Düsseldorf: Pädagogisches Institut der Landeshauptstadt Düsseldorf.

Fliegner, J./Gogolin, I./Urbanek, R. (1982). Sprachstandsmessung bei Schulanfängern (Neufassung nach Überarbeitung). Düsseldorf: Pädagogisches Institut.

Gantefort, Ch./Roth, H.-J. (2009): Ein Sturz und seine Folgen. Zur Evaluation von Textkompetenz im narrativen Schreiben mit dem FÖRMIG-Instrument ‚Tulpenbeet'. In: Klinger, T./Schwippert, K./Leiblein, B. (Hrsg.): Evaluation im Modellprogramm FÖRMIG, Planung und Realisierung eines Evaluationskonzepts. FÖRMIG Edition Band 4. Münster, S. 29-50.

Gogolin, I. (2008): Förderung von Kindern und Jugendlichen mit Migrationshintergrund - ein länderübergreifendes Programm zur Optimierung der Sprachbildung. In: Gesellschaft, Wirtschaft, Politik, Jg. 57, H. 1, S. 65-75.

Grießhaber, W. (2008): Zweitspracherwerbsprozesse als Grundlage der Zweitsprachförderung. In: Ahrenholz, B. (Hrsg.): Deutsch als Zweitsprache. Voraussetzungen und Konzepte für die Förderung von Kindern und Jugendlichen mit Migrationshintergrund. Freiburg im Breisgau (Fillibach), S. 31-48.

Horstkemper, M. (2006): Fördern heißt diagnostizieren. In: Friedrich Jahresheft 24/2006, S. 4-7.

Krehut, A/Dirim, İ. (2008): Sprachgebrauch außerhalb der Schule. In: Ulrich, W. (Hrsg.): Deutschunterricht in Theorie und Praxis. Band VIII: Deutsch als Zweit- und Fremdsprache (hrsg. v. Ahrenholz, Bernd und Ingelore Oomen-Welke). Baltmannsweiler: Schneider Verlag, S. 409-419

Konak, Ö./Duindam, T./Kamphuis, F. (2005). Cito-Sprachtest. Wissenschaftlicher Bericht. http://www.cito.com/de/sprachtest/resources/Cito-Sprachtest-Wissenschaftli cher-Bericht.pdf [Stand: 04.09.2008]

Reich, H. H. (2005a): Forschungsstand und Desideratenaufweis zu Migrationslinguistik und Migrationspädagogik. In: BMBF (Hrsg.) (2005): Anforderungen an Verfahren der regelmäßigen Sprachstandsfeststellung als Grundlage für die frühe und individuelle Förderung von Kindern mit und ohne Migrationshintergrund. Autoren: Ehlich, K. unter Mitarbeit von Bredel, U./Garme, B. u. a. (= Bildungsreform Band 11) Bonn, S. 121-169.

Reich, H. H. (2005b): Auch die „Verfahren zur Sprachstandsanalyse bei Kindern und Jugendlichen mit Migrationshintergrund" haben ihre Geschichte. In: Gogolin, I./ Neumann, U./Roth, H.-J. (Hrsg.): Sprachdiagnostik bei Kindern und Jugendlichen mit Migrationshintergrund. FÖRMIG Edition Band 1. Münster, S. 87-95.

Reich, H. H./Roth, H.-J. (2004): HAVAS 5 – Hamburger Verfahren zur Sprachstandsanalyse 5-Jähriger. Auswertungsbogen und Auswertungshinweise. Hamburg: Landesinstitut für Lehrerbildung und Schulentwicklung.

Reich, H. H./Roth, H.-J. (2007): HAVAS 5 – das Hamburger Verfahren zur Analyse des Sprachstands bei Fünfjährigen. In: Reich, H. H./Roth, H.-J./Neumann, U. (Hrsg.):

Sprachdiagnostik im Lernprozess. Verfahren zur Analyse von Sprachständen im Kontext von Zweisprachigkeit. FÖRMIG Edition Band 3. Münster, S. 71-94.

Reich, H. H./Roth, H.-J./Gantefort, Chr. (2008): Auswertungshinweise 'Der Sturz ins Tulpenbeet' (Deutsch). In: Klinger, T./Schwippert, K./Leiblein, B. (Hrsg.): Evaluation im Modellprogramm FÖRMIG, Planung und Realisierung eines Evaluationskonzepts. FÖRMIG Edition Band 4. Münster, S. 29-50.

Reich, H. H./Roth, H.-J./Döll, M. (2009): Fast Catch Bumerang – Auswertungshinweise, Schreibimpuls und Auswertungsbogen. In: Lengyel, D./Reich, H.H./Roth, H.-J./ Döll, M. (Hrsg.): Von der Sprachdiagnose zur Sprachförderung. FÖRMIG Edition Band 5. Münster, S. 209-241.

Röhner, C./Uysal, T. (2005): Diagnose von Sprachverhalten und Sprachkompetenzen von Migrantenkindern mit SISMIK und CITO Eine vergleichende Analyse in Fallbeispielen. In: Röhner, C. (Hrsg.): Erziehungsziel Mehrsprachigkeit. Weinheim, S. 105-123.

Roth, H.-J./Dirim, İ. (2007): Erfassung der sprachlichen Performanzen zweisprachig aufwachsender Kinder in Deutschland – Verfahren zur Sprachstandsfeststellung vor und bei Schulbeginn. In: Schöler, H./Welling, A. (Hrsg.): Handbuch der Pädagogik und Psychologie bei Behinderungen. Band 3: Förderschwerpunkt Sprache. Göttingen, S. 647-665.

Schnieders, G./Komor, A. (2005): Eine Synopse aktueller Verfahren der Sprachstandsfeststellung. In: Bundesministerium für Bildung und Forschung (BMBF) (Hrsg.): Anforderungen an Verfahren der regelmäßigen Sprachstandsfeststellung als Grundlage für die frühe und individuelle Förderung von Kindern mit und ohne Migrationshintergrund. Autoren: Ehlich, K. unter Mitarbeit von Bredel, U./Garme, B. u. a. (= Bildungsreform Band 11) Bonn, S. 261-342.

Schroeder, Ch./Stölting, W. (2005): Mehrsprachig orientierte Sprachstandsfeststellungen für Kinder mit Migrationshintergrund. In: Gogolin, I./Neumann, U./Roth, H.-J. (Hrsg.): Sprachdiagnostik bei Kindern und Jugendlichen mit Migrationshintergrund. FÖRMIG Edition Band 1. Münster, 59-74.

Tracy, R. (2007): Wie Kinder Sprache lernen. Und wie wir sie dabei unterstützen können. Tübingen.

Ulich, M./Mayr, T. (2003): SISMIK – Sprachverhalten und Interesse an Sprache bei Migrantenkindern in Kindergarteneinrichtungen. München: Staatsinstitut für Frühpädagogik.

Kapitel 8

Britta Hawighorst

Schulischer Wandel durch sprachsensible Unterrichts- und Schulentwicklung

Um Sprachfördermaßnahmen langfristig im Arbeitsalltag von Schulen zu etablieren, bedarf es einer systematischen Unterrichts- und Schulentwicklung. Der Beitrag beschreibt am Beispiel der Gesamtschule Kirchdorf in Hamburg, wie Sprachbildung als übergeordnetes pädagogisches Ziel konzipiert und wie entsprechende Schulentwicklungsprozesse gestaltet werden können. Ein Schwerpunkt liegt auf der Beschreibung neuer schulorganisatorischer Strukturen, die mit der Absicht geschaffen wurden, eine nachhaltige Umsetzung von Sprachbildung zu gewährleisten.

Der Beitrag basiert auf einem detaillierten Porträt der Schule, das im Rahmen einer prozessbegleitenden Evaluation ihrer Sprachbildungsarbeit erstellt worden ist. Auf der Grundlage von Interviews mit Lehrkräften, Mitgliedern der Schulleitung, Eltern sowie Schülerinnen und Schülern werden in ihm die Prozesse der Schulentwicklung nachgezeichnet, die die Gesamtschule als Fallschule des Modellprogramms FörMig (Förderung von Kindern und Jugendlichen mit Migrationshintergrund) durchlaufen hat (vgl. http://www.blk-foermig.uni-hamburg.de/web/de/all/modell/index.html).

1 Sprachbildung als schulübergreifende Aufgabe

Die Gesamtschule Kirchdorf liegt in Wilhelmsburg, einem der ärmsten Stadtteile Hamburgs. Zurzeit sind die Arbeitslosenquote und die Quote der Arbeitslosengeld-II-Empfänger etwa doppelt so hoch wie in der Hamburger Gesamtgesellschaft. Auch in der Bildungsstatistik nimmt Wilhelmsburg im Vergleich zu anderen Stadtteilen einen der unteren Plätze ein. Während in der aktuellen Verteilung der Schülerinnen und Schüler auf die Schulformen nur 15 Prozent das Gymnasium besuchen, besuchen zehn Prozent der Grundschülerinnen und -schüler eine Sonderschule.

Die konzentrierte Ansiedlung von Migrantinnen und Migranten, die in dem Stadtteil seit den 1970er Jahren erfolgte, spiegelt sich an der Gesamtschule Kirchdorf in der Zusammensetzung der Schülerschaft wider: Aktuell stammen 92 Prozent aus zugewanderten Familien. Von den mehrsprachigen Schülerinnen und Schülern bilden Kinder und Jugendliche mit türkischsprachigem Hintergrund mit 60 Prozent die größte Gruppe. Zu den weiteren Herkunftssprachen gehören Albanisch (16 Prozent), Kurdisch (9 Prozent) und Arabisch (4 Prozent). Monolingual Deutsch wachsen acht Prozent der Schülerschaft auf.

Die Sprachbildungsarbeit der Schule setzt an der Erfahrung an, dass die Schülerinnen und Schüler eine intensive sprachliche Förderung benötigen, um die Chance zu haben, erfolgreich einen Bildungsgang zu durchlaufen. Den meisten von ihnen – dies gilt sowohl für die mehrsprachigen als auch für die monolingual deutschen Kinder und Jugendlichen – fehlen zum Eintritt in die Sekundarstufe basale Lese- und Schreibfertigkeiten. Vor diesem Hintergrund bildet die Förderung von Sprachkompetenzen einen Schwerpunkt des pädagogischen Programms der Schule (s. Kasten 1; zu weiteren Arbeitsschwerpunkten vgl. das Schulprogramm unter http://www.gskirchdorf.de). Eine Säule der Sprachförderung besteht seit vielen Jahren darin, für alle Jahrgangsstufen der Sekundarstufe I einen zusätzlichen, den Deutschunterricht ergänzenden Unterricht in Deutsch als Zweitsprache anzubieten.

Im Rahmen des Modellprogramms FörMig hat die Gesamtschule Kirchdorf begonnen, ihr vorhandenes Sprachbildungskonzept im Sinne der ‚Durchgängigen Sprachbildung' zu überarbeiten. ‚Durchgängige Sprachbildung' bezeichnet eine Perspektive pädagogischen Handelns, in der Sprachbildung als grundlegende Aufgabe über Grenzen von Institutionen, Jahrgängen und Fächern hinweg gefasst wird. Sie zielt auf die Vermittlung von ‚Bildungssprache', also der spezifischen Sprache, in der und mit der in der Schule gelehrt und gelernt wird (vgl. hierzu ausführlich Kapitel 5 und 6 in diesem Band). Die am Modellprogramm teilnehmenden Einrichtungen haben diese allgemeinen Zielperspektiven mit unterschiedlichen Schwerpunkten und vor dem Hintergrund ihrer jeweiligen didaktischen und pädagogischen Ausrichtungen ausgeformt und experimentell erprobt.

Der zentrale Arbeitsschwerpunkt der Gesamtschule Kirchdorf ist es, Sprachfördermaßnahmen im Unterricht aller Fächer umzusetzen. Das heißt, fachliches und sprachliches Lernen sollen grundsätzlich miteinander verbunden werden. Dabei soll den Schülerinnen und Schülern ein intensiver und aktiver Gebrauch von (Bildungs-) Sprache ermöglicht werden.

> **KASTEN 1 ▶**   **Auszug aus dem Schulprogramm der Gesamtschule Kirchdorf, April 2002**
>
> „Deutsch als Verkehrssprache in unserer Gesellschaft muss, gerade wenn sie sich zu einer multilingualen Gesellschaft weiter entwickelt, in ausreichender Komplexität bei allen Menschen, die in ihr leben, vorhanden sein. Die Schule muss Methoden entwickeln, die allen Schülern die Partizipation am Sprachlernprozess ermöglicht.
>
> Der Unterricht an der GSK ging bisher davon aus, dass alle Schüler als Voraussetzung ihres Lernens über mehr oder weniger gesicherte Kenntnisse des Deutschen verfügen. Diese Voraussetzung gilt aber schon lange nicht mehr. Die Schule muss die Verkehrssprache Deutsch selbst zum Lerninhalt machen, um für die vielfältige Schülerschaft gleiche gesellschaftliche Partizipationschancen zu eröffnen."

2   Maßnahmen der Schulentwicklung

In den letzten Jahren wurden an der Schule unterschiedliche Wege erprobt, Sprachförderung in allen Fächern zu realisieren. Zum einen wurde der Ansatz verfolgt, durch Fortbildungsmaßnahmen für das Kollegium die Grundlage für die praktische Umsetzung zu legen. Im Rahmen schulinterner Fortbildungen und pädagogischer Ganztagskonferenzen wurden Strategien und Methoden des Deutschen als Zweitsprache im Regelunterricht erarbeitet. Inhaltliche Schwerpunkte waren Aspekte des Textverstehens und der Textproduktion, der Fehlerkorrektur und der Wortschatzarbeit. Auch hat sich das Kollegium mit Möglichkeiten der Textentlastung auseinandergesetzt. Im Rückblick haben diese Maßnahmen bewirkt, dass gelungene Formen der Sprachbildung Gegenstand von Diskussionen der gesamten Schule – und nicht nur der Deutsch- und DaZ-Lehrkräfte – geworden ist. Ein Zitat einer Lehrerin, die seit einigen Jahren an der Schule tätig ist, verdeutlicht dies: „Das erste was ich hier gehört habe, war: ‚Du musst an DaZ denken, in allen Fächern.'" Viele Lehrkräfte haben durch die beschriebenen Maßnahmen wichtige Impulse für ihren Unterricht gewonnen, die Umsetzung erfolgte in den Jahrgängen und Fächern insgesamt jedoch mehr oder weniger intensiv.

Vor diesem Hintergrund hat sich ein weiterer Entwicklungsansatz als besonders tragfähig für die Etablierung von Sprachförderung in allen Fächern erwiesen: die Verbindung integrativer Sprachförderung mit dem Ausbau individualisierter Lernformen. Im Unterricht ein individualisiertes und eigenständiges

Lernen der Kinder und Jugendlichen zu ermöglichen, hat sich – ebenso wie
Sprachförderung – in den letzten Jahren als ein zentrales Ziel herauskristalli-
siert. Hintergrund ist, dass als große Herausforderung für die Unterrichtsgestal-
tung nicht nur Sprachschwierigkeiten wahrgenommen werden, sondern auch
die sehr differenten Lernstände, die in einer Klasse vorzufinden sind. Ein Zitat
des Sprachlernkoordinators der Schule fasst die Ausgangslage zusammen, die
zu einer Integration von individualisiertem (Fach-)Unterricht und sprachlicher
Bildung führte[1]:

„Ganz am Anfang stand eigentlich ein starker Unmut der Kolleginnen und
Kollegen. Zu sagen, man kann hier nicht mehr unterrichten. Wir unterrichten gegen die Schüler und nicht mit ihnen und für sie. So kann es nicht weitergehen."

3 Sprachbildung im individualisierten Unterricht

Mit dem Schuljahr 2007/2008 hat die Schule – zunächst in den fünften und
sechsten Jahrgängen in den Fächern Mathematik, Deutsch und Englisch – syste-
matisch den Einstieg in die Umsetzung individualisierter Lernformen begonnen.
Zentrale Grundlagen des Unterrichts sind zum einen Kompetenzraster, die den
Schülerinnen und Schülern dienen, die einzelnen Arbeits- und Lernschritte im
Fach inhaltlich zu organisieren, zum anderen das Logbuch, ein Tagebuch, mit
dessen Hilfe die Planung und Reflexion von Lernschritten erfolgt. Die in den
Kompetenzrastern beschriebenen Unterrichtseinheiten und das dazugehörige
Arbeitsmaterial wurden von den beteiligten Lehrkräften erstellt.

---

1   Der Einsatz eines Sprachlernkoordinators oder einer Sprachlernkoordinatorin ist Bestandteil
    des „Hamburger Sprachförderkonzepts." Hamburgweit wurden im Schuljahr 2005/2006 Maß-
    nahmen zur Strukturierung der Sprachförderung im vorschulischen und schulischen Bereich
    eingeführt. Die Einrichtungen sind durch Ziel- und Leistungsvereinbarungen verpflichtet, die
    im Sprachförderkonzept enthaltenen Maßnahmen umzusetzen. Ein besonderer Akzent wird
    auf die Förderung vor Schuleintritt gesetzt. Weitere Merkmale sind die Durchführung von
    Sprachstandserhebungen, die individuelle Förderplanung in additiven Sprachfördergruppen,
    die Integration der Sprachförderung in den Fachunterricht und die stärkere Koordination der
    Sprachförderung an den bildungsbiografischen Übergängen. Der Sprachlernkoordinator oder
    die Sprachlernkoordinatorin übernimmt an den Schulen die Aufgabe, ein schulspezifisches För-
    derkonzept zu erstellen, die Umsetzung des Konzepts zu begleiten und weiterzuentwickeln.

KASTEN 2 ▶ Logbuch

Das Logbuch dient als Werkzeug, mit dem die Schülerinnen und Schüler lernen sollen, die ‚Regie' über ihre Lernprozesse zu führen, indem sie jeden Tag eigenständig Ziele setzen und über ihre Lernfortschritte nachdenken.

Grundlegend für die Methode des Logbuchs ist die Annahme, dass Schülerinnen und Schüler im Vergleich zu einem lehrerzentrierten Unterrichtshandeln hier klarere und handhabbarere Ziele formulieren können. Über die Verbalisierung der eigenen Vorstellungen werden sie befähigt, für sich selbst Ziele in Form von Aufträgen zu setzen.

KASTEN 3 ▶ Kompetenzraster

In einem Kompetenzraster sind die Lerninhalte eines Fachs gestaffelt in unterschiedlichen Niveaustufen aufgelistet. In der Vertikalen des Rasters sind die Sachgebiete bzw. Kompetenzbereiche einer Unterrichtseinheit aufgeführt. Dabei werden möglichst präzise „Ich-lerne"-Formulierungen verwendet (z.B. „hier lerne ich verschiedene Diagramme zu lesen und auszuwerten). Ausführlich wird der Weg von Grundkenntnissen bis zu komplexen Fähigkeiten beschrieben. In der Horizontalen sind zu jedem der Sachgebiete Niveaustufen definiert (Einsteiger/Fortgeschrittener/Experte). Auf diese Weise wird ein für den Lernstand eines Schülers möglichst passendes Lernangebot bereitgestellt. Die durch Kompetenzbereiche und Niveaustufen aufgespannte Matrix ist gefüllt mit die Sachgebiete ausdifferenzierenden Teilkompetenzen (in Bezug auf Diagramme z.B. „Ich kann Daten aus einem Datendiagramm ablesen") sowie mit den jeweiligen Teilkompetenzen zugeordneten Aufgabenstellungen. Dieses Trainingsangebot verweist auf Aufgaben, die die Schüler zu einem großen Teil auf speziellen Arbeitsblättern finden, die durch Übungen aus vorhandenen Schulbüchern ergänzt werden.

Lernbüro Mathe — KOmpetenzRAster: „Wir lernen uns kennen" — Schuljahr 2008/2009

	Einsteiger	Fortgeschrittener	Experte
1 Hier lerne ich eine Umfrage durchzuführen und die Ergebnisse aufzuschreiben.	Ich kann meine Klassenkameraden freundlich nach etwas/ nach Daten fragen. *Training:* AB 1-1 / Arbeite mit deinem Vokabelheft — Ich kann gesammelte Daten sortieren und auswerten. *Training:* AB 1-2; AB 1-3 / Arbeite mit deinem Vokabelheft	Ich kenne die folgenden Begriffe: - die Umfrage - das Sortieren - die Urliste - die Strichliste - die Häufigkeitstabelle. Ich kann mit diesen Begriffen arbeiten. *Training:* AB 1-4, AB 1-5, AB 1-5a, ☆ AB 1-5b / Arbeite mit deinem Vokabelheft	Ich kann eine Umfrage auswerten. Dazu schreibe ich eine Urliste und eine Häufigkeitstabelle mit Strichliste. *Training:* AB 1-6; AB 1-6a, AB 1-6b, AB 1-7-AB 1-8; AB 1-9; AB 1-10 / Arbeite mit deinem Vokabelheft
2 Hier lerne ich verschiedene Diagramme zu lesen und zu auszuwerten.	Ich kenne die folgenden Begriffe: - das Säulendiagramm - das Achsenkreuz - die X-Achse und die Y-Achse. Ich kann mit diesen Begriffen arbeiten. *Training:* AB 2-1; AB 2-2; AB 2-3 / Arbeite mit deinem Vokabelheft — Ich kann Daten aus einem Säulendiagramm ablesen und aufschreiben, was dargestellt ist. *Training:* AB 2-4; AB 2-5, ☆ AB2-5a / Arbeite mit deinem Vokabelheft	Ich kann zu einem Diagramm eigene schlaue Fragen überlegen. *Training:* AB 2-6 / Arbeite mit deinem Vokabelheft — Ich kann zwei Säulendiagramme miteinander vergleichen. *Training:* AB 2-7, AB 2-8 / Arbeite mit deinem	Ich kann ein Kreisdiagramm auswerten. *Training:* AB 2-9; AB 2-10 / Arbeite mit deinem Vokabelheft
3 Hier lerne ich, wie ich meine Ergebnisse aus den Umfragen zeichnerisch darstellen kann.	Ich kann die Ergebnisse meiner Umfrage in ein Achsenkreuz einzeichnen. *Training:* AB 3-1 / Arbeite mit deinem Vokabelheft	Ich kann die Ergebnisse meiner Umfrage in ein vorgegebenes Säulendiagramm einzeichnen. *Training:* AB 3-2; AB 3-3a / Arbeite mit deinem Vokabelheft — Ich kann zu den Ergebnissen einem Diagramm ein Achsenkreuz mit passenden Größen erstellen und ein Balkendiagramm einzeichnen. *Training:* AB 3-3; AB 3-4 / Arbeite mit deinem Vokabelheft	Ich kann zu den Ergebnissen meiner Umfragen ein Achsenkreuz mit passenden Größen erstellen und ein Balkendiagramm einzeichnen. *Training:* AB 3-3; AB 3-4 / Arbeite mit deinem Vokabelheft
4 Hier lerne ich die Begriffe Spannweite, Rangliste Zentralwert kennen und übe, wie man sie berechnet.	Ich kann Daten der Größe nach ordnen und statistisch auswerten. *Training:* ML S. 18,19 Nr. 1,2, 3, 4 / Arbeite mit deinem Vokabelheft	Ich kann die folgenden Begriffe erklären: - die Spannweite - der Zentralwert - die Rangliste. *Training:* ML S. 18 und 25 / Arbeite mit deinem Vokabelheft — Ich kann Zeitspannen berechnen. *Training:* ML S. 20 Nr. 1,2,3,4,5,6 S. 21 Nr. 1 / Arbeite mit deinem Vokabelheft	Ich kann anspruchsvolle Aufgaben statistisch auswerten. *Training:* ML S. 19 Nr. 5,6 / Arbeite mit deinem Vokabelheft

Präsentation ML S 9 Tipps und 11 Checkliste

Ich kann ein besonders gelungenes Arbeitsergebnis präsentieren.

AB = Arbeitsblatt;   ML = Buch Mathe Live   ☆ = Zusatzaufgabe für Mutige

Vor allem im Fach Mathematik ist Sprachförderung von vornherein in die Konzeptionierung von individualisierten Unterrichtsarrangements eingeflossen. In den erstellten Unterrichtseinheiten findet dies zum einen darin Ausdruck, dass die in dem Raster aufgeführten Lernziele explizit auch (fach-)sprachliche Kompetenzen (etwa: „ich kenne die folgenden Begriffe...") enthalten. Diese sind zum Großteil der ‚Einsteigerstufe' zugeordnet, sodass sich die Lernenden an dieser Stelle die notwendigen sprachlichen Mittel erarbeiten können, die für die Bearbeitung von Aufgaben auf einem höherem Niveau erforderlich sind. Die bei mathematischen Aufgaben zu bewältigende sprachlichen Anforderungen werden darüber hinaus auch bei Gestaltung der Arbeitsblätter und bei der Auswahl weiterer Arbeitsmaterialien berücksichtigt. Insbesondere mit der Zusammenstellung der Arbeitsblätter ist ein explizit sprachförderliches Material hergestellt worden, das es erlaubt, dass die Schülerinnen und Schüler ohne fremde Hilfe die Aufgaben verstehen. Die Arbeitsblätter führen beispielsweise mathematische Fachbegriffe ein, die für die Erarbeitung eines Themengebiets notwendig sind. Diese Begriffe werden zu Beginn eines weiteren Lernschritts wiederholt. Auch finden sich Übungen, die auf eine Strukturierung des vorhandenen Wortschatzes der Schülerinnen und Schüler abzielen oder Visualisierungen werden verwendet, um die Bedeutung von fachsprachlichen Begriffen und Texten zu veranschaulichen.

Sprachbildung im Rahmen individualisierter Lernmethoden zu realisieren, stellt sich – so lässt sich die Einschätzung der beteiligten Lehrkräfte zusammenfassen – als lohnendes Unterfangen dar. Wenn die sprachlichen Mittel vorhanden sind, gelinge es den Kindern leichter, mathematische Inhalte zu durchdringen. Während früher oftmals beobachtet wurde, dass gerade Textaufgaben nur schwer zu überwindende sprachliche Hürden aufwiesen, seien die Kinder nun besser in der Lage, sprachliche Schwierigkeiten von mathematisch-inhaltlichen Schwierigkeiten zu unterscheiden und die Bedeutung von Begriffen und Sätzen zu hinterfragen. Als sprachförderlich bedeutsam wird darüber hinaus die Möglichkeit eingeschätzt, im höheren Maße als früher individuelle Beratungsgespräche führen zu können. Dadurch, dass Einzelgespräche möglich seien, würde der Unterricht insgesamt mehr Kinder erreichen.

4   Schulische Bedingungen der Sprachbildungsarbeit

Sprachliche Bildung manifestiert sich im individuellen Unterricht der Lehrkräfte. Darüber hinaus sind Praktiken und Organisationsstrukturen der Schule als Ganze entscheidend für das Gelingen einer durchgängigen Sprachbildung. An der Gesamtschule Kirchdorf haben sich unterschiedliche Handlungsfelder der Schulentwicklung als bedeutsam für die Umsetzung von Sprachfördermaßnahmen erwiesen:

- Herausgestellt hat sich zum einen die Bedeutung von Maßnahmen der *Professionalisierung*. Kenntnisse der Lehrkräfte über Möglichkeiten von Sprachförderung und Erprobungen der Umsetzung sprachförderlicher Vorgehensweise sind eine wichtige Voraussetzung für eine Veränderung und Neuorientierung der Unterrichtspraxis.
- Auch eine *Planung und Prozesssteuerung* stellt sich als wichtiger Aspekt der Schulentwicklung dar. In den letzten Jahren hat sich gezeigt, dass Steuerungsprozesse, die die einzelnen sprachförderlichen Aktivitäten bündeln und ihnen eine Ausrichtung geben, für eine zielführende Umsetzung nötig sind.
- Eine weitere Grundlage für die Umsetzung des Entwicklungsprojekts an der Schule ist eine Stärkung der *Teamarbeit*. Fundament für die Erarbeitung der dem individualisiertem Unterricht zugrunde liegenden Arbeitsmaterialien ist die kontinuierliche Zusammenarbeit der Jahrgangsteams in den unteren Jahrgangsklassen.
- *Kooperationen mit externen Partnern* wirken sich unterstützend auf die schulische Sprachbildungsarbeit aus. Beispielsweise wird der Austausch von Informationen und Erfahrungen mit Mitgliedern anderer Schulen – etwa kooperierender Grundschulen – als besonders gewinnbringend wahrgenommen. Auch sind die Eltern der Schülerinnen und Schüler wichtige Kooperationspartner, die über die Entwicklungen und Innovationsprozesse an der Schule informiert und möglichst darin einbezogen werden.
- Letztlich hat sich *Transfer und Nachhaltigkeit* als Zielperspektive der Konzeptionierung von Sprachbildung als wichtige Bedingung für das Gelingen des Schulentwicklungsprozesses herausgestellt.

Auf welche Weise auf Transfer und Nachhaltigkeit zielende Strukturen an der Schule gestaltet werden, wird im Folgenden detailliert dargestellt.

5   Transfer und Nachhaltigkeit

Dass Sprachbildungsarbeit nicht nur punktuell, im Unterricht einzelner Kollegen oder für einzelne Jahrgänge, verankert sein sollte, ist Konsens an der Schule. Die Schule verfügt über langjährige Erfahrungen der Sprachförderung. Eine ‚Sensibilisierung‘ in Bezug auf das Thema ist zum großen Teil erfolgt. Wie Sprachbildung jedoch sinnvoll zu gestalten ist, bleibt nach wie vor Gegenstand methodisch-didaktischer und schulorganisatorischer Überlegungen. Und auch die Frage, wie möglichst die gesamte Lehrerschaft für das Anliegen gewonnen werden kann, bleibt bestehen.

Vor diesem Hintergrund geht es zum einen darum, den in den letzten Jahren erreichten Stand zu sichern, indem die angestoßenen Maßnahmen fortgesetzt und weiterverbreitet werden und insbesondere neu hinzukommende Lehrkräfte in die Sprachbildung integriert werden. Wie das bereits gewonnene praktische Wissen innerhalb der Schule weitergegeben werden und wie eine Nachhaltigkeit der angestoßenen Maßnahmen gewährleistet werden kann, sind dabei zentrale Fragen.

Die aktuellen Überlegungen hierzu setzen an der Erfahrung an, dass sich Transfer und Nachhaltigkeit nicht automatisch im Prozess der Unterrichtsentwicklung ergeben. Einzelne Maßnahmen konnten im Schulalltag nicht im gewünschten Maße oder nicht konsequent umgesetzt werden. Um Maßnahmen dauerhaft und durchgängig zu etablieren, bedarf es – so lassen sich die Erfahrungen zusammenfassen – einer Planung und Organisation. Es müssen hierzu ‚Strukturen' vorhanden sein, die eine Verbindlichkeit von Sprachbildung gewährleisten (vgl. die folgenden Unterkapitel).

Verbindlichkeit sollte sich aus Sicht der Beteiligten darin niederschlagen, dass Sprachbildung als Leitbild der gesamten Schulgemeinschaft gilt. Es geht darum, ihr den Status eines übergeordneten Ziels zuzuweisen. Das bedeutet, dass Sprachbildung nicht in der Verantwortung Einzelner liegt, sondern durchgängig bei allen Lehrenden.

5.1 Unterrichtsmaterial

Für die Etablierung einer über Einzelengagement hinausgehenden Sprachbildung hat an der Schule die Erstellung sprachförderlichen Unterrichtsmaterials eine große Bedeutung. Dieses Material wird innerhalb der Fachkollegien, von Jahrgang zu Jahrgang oder auch an neu hinzukommende Kollegen weitergegeben. Zugute kommt diesem Transfer, dass auf die an Gesamtschulen üblichen Koordinationsstrukturen innerhalb der Fächer und Jahrgänge zurückgegriffen werden kann.

Gleichwohl wird auch die Erfahrung gemacht, dass eine Überfülle an Material auch zu Orientierungslosigkeit führen kann. Deswegen ist es notwendig, Materialien gezielt bereitzustellen. In der Erfahrung der Lehrkräfte haben sich vor allem diejenigen Materialien bewährt, die im konkreten Kontext eines Fachs erstellt, erprobt und überarbeitet worden sind. Während sich beispielsweise die auf die konkreten Anforderungen von Fächern in bestimmten Jahrgängen abgestimmte Unterrichtsreihen als praktikabel erwiesen haben, war der Nutzen von

Sammlungen allgemeiner DaZ-Materialien vergleichsweise gering. Die Überlegungen richten sich aktuell darauf, wie es grundsätzlich gelingen kann, fachgebundenes Material in einem überschaubaren Umfang bereitzustellen. Wichtig erscheint es zudem, dass eine Lehrkraft die Verantwortung für die ‚Pflege' des Materials – also für die Aktualität, Vollständigkeit und Zugänglichkeit – übernimmt.

Die in den fünften und sechsten Jahrgängen entwickelten sprachförderlichen Arbeitsmaterialien sind ein Beispiel für ein fachgebundenes, auf den konkreten Kontext des Unterrichts zugeschnittenes Unterrichtsmaterial. Die Lehrkräfte nehmen den mit ihm verbundenen Arbeitsaufwand als lohnend wahr, weil sie davon ausgehen, dass das entwickelte Material nicht nur einmalig Verwendung findet, sondern konstitutiv auch für den Unterricht der nachkommenden Jahrgänge ist. Da die Arbeitsblätter eine wichtige Grundlage für die Umsetzung der Kompetenzraster im Unterricht sind, sind sie eng mit den curricularen Vorgaben des Fachs verzahnt, so dass anzunehmen ist, dass ein nachhaltiges Interesse an ihnen bestehen wird. Förderlich für eine zukünftige verbindliche Nutzung des Materials ist, dass die nachfolgenden Mathematiklehrkräfte des fünften Jahrgangs im jetzigen Unterricht hospitieren und sich mit der aktuellen Umsetzung individualisierten Lernens und den Spezifika des Materials auseinandersetzen.

Eine Handreichung mit „Tipps und Tricks zur Sprachförderung" wurde erstellt, die dem Kollegium zugänglich gemacht wurde. Diese Handreichung verfolgt das Ziel, angesichts der vorhandenen Materialfülle eine überschaubare Orientierungshilfe zur Planung und Durchführung von Sprachförderung im Fachunterricht zu bieten. Inhaltliche Schwerpunkte sind die Einführung neuer Wörter, die Erhöhung komplexer Sprachanteile und die Förderung von Leseverstehen.

5.2 DaZ-Begleiter

Eine Maßnahme aus jüngerer Zeit ist die Einführung von ‚DaZ-Begleitern'. Lehrkräfte, die im Bereich Deutsch als Zweitsprache über Erfahrungen und praktische Kenntnisse verfügen, übernehmen mit der Organisation von Sprachbildung verbundene Aufgaben. Mit dieser Funktion ist das Ziel verbunden, die in den Fächern integrierte Sprachförderung zu sichern, auszubauen und insgesamt ein qualitativ höheres Niveau der Sprachförderung zu erreichen.

Eine zentrale Aufgabe ist, als Doppelbesetzung im Fachunterricht der Kolleginnen und Kollegen anwesend zu sein und eine unterstützende Rolle einzunehmen. In der Absicht, möglichst viele Fächer und zugleich auch alle Jahrgänge zu erreichen, wird in jedem Jahrgang ein Fach bestimmt, in dem ein DaZ-Begleiter tätig wird. So wird zunächst in den Jahrgängen 5 und 6 das Fach Mathematik begleitet, in den Jahrgängen 7 und 8 ein naturwissenschaftliches Fach und den Jahrgängen 9 und 10 Gesellschaftslehre. Diese Zuordnung soll zukünftig jährlich überprüft werden und jeweils an die Möglichkeiten und Entwicklungen angepasst werden.

Weitere Aufgaben sind es, Unterrichtsmaterialien zu sichten, zu überarbeiten, auch herzustellen, Sprachtests durchzuführen sowie auch die Arbeit mit den weiteren DaZ-Begleitern und der Sprachlernkoordination abzustimmen (vgl. zur Sprachlernkoordination das folgende Unterkapitel). Beabsichtigt ist, dass die Sprachlernkoordination wiederum den DaZ-Begleitern unterstützend zur Seite steht. Durch diese Organisationsform soll gewährleistet sein, dass die einzelnen Lehrerinnen und Lehrer durch die Zuarbeit der DaZ-Begleiter unterstützt und entlastet werden.

Ein DaZ-Begleiter sollte im Idealfall in dem jeweiligen Jahrgang fest verankert sein und in ihm unterrichten. Dies ist beabsichtigt, um zum einen ein Vertrauensverhältnis zwischen den Beratern und den anderen Lehrkräften zu gewährleisten. Zum anderen soll der Begleiter möglichst gut die fachlichen und sprachlichen Gegebenheiten des Fachs kennen, um die Materialentwicklung und -modifikation möglichst passgenau vornehmen zu können. Neben der Verankerung in den Jahrgängen ist vorgesehen, dass der Begleiter ein Fach übernimmt, in dem er sich verhältnismäßig gut auskennt. Da er in seinen eigenen Fächern selbst unterrichtet, ist es organisatorisch kaum machbar, ihn hier einzusetzen.

Als wichtig herausgestellt hat sich eine konkrete Bestimmung der Aufgaben, die ein DaZ-Begleiter in den Doppelbesetzungsstunden übernehmen soll. Ein transparentes Aufgabenprofil ist nötig, da es möglichen Vorbehalten der Kolleginnen und Kollegen, dass es sich um ‚Vorschreibungen' oder ‚Kontrolle' handeln könne, entgegenwirken kann. Aufgaben der DaZ-Begleiter in diesen Stunden sind: Beobachtung des Sprachverhaltens der Lehrkräfte und der Schülerinnen und Schüler, Unterstützung der Schülerinnen und Schüler in bestimmten Arbeitsphasen (z.B. durch Hilfestellungen beim Aufgabenverständnis und durch Formulierungshilfen), Mitnahme von Mappen und Heften, Einzelgespräche mit Schülerinnen und Schülern mit Tipps und Hilfestellungen, in die die Beobachtungen und Ergebnisse der Mappendurchsicht einfließen.

5.3 Sprachlernkoordination

Von großer Bedeutung für eine nachhaltige Etablierung von Sprachbildung ist die Sprachlernkoordination, die sich im Rahmen des „Hamburger Sprachförderkonzepts" an der Gesamtschule Kirchdorf gebildet hat. Sieht das Hamburger Konzept eine für diese Funktion besonders qualifizierte Lehrkraft vor, haben sich an der Schule zusätzlich zu dem ‚offiziellen' Koordinatoren noch drei weitere Lehrkräfte zu einem Team zusammengefunden, das gemeinsam in regel-mäßig durchgeführten Sitzungen die konzeptionelle Planung und Organisation von Sprachbildung durchführt. Aktuell beschäftigt sich das Team zentral mit der Umsetzung des ‚DaZ-Begleiter'-Konzepts, mit der Planung von sprachbil-dungsbezogenen Fortbildungen und mit der Integration von individualisiertem Lernen und Sprachförderung in den unteren Jahrgängen.

Als bedeutsam für den Schulentwicklungsprozess im Ganzen wird der Um-stand eingeschätzt, dass der ‚offizielle' Sprachlernkoordinator zugleich auch die Funktion des Fortbildungsbeauftragten an der Schule ausfüllt und auf diesem Wege Einfluss auf die Präsenz von Sprachbildung im Fortbildungsangebot neh-men kann. Festhalten lässt sich, dass das Team der Sprachlernkoordinatoren ins-gesamt eine Schlüsselfunktion in dem Aufbau einer nachhaltigen Sprachbildung an der Schule einnimmt. Neben einem Einfluss auf das Handlungsfeld der Pro-fessionalisierung übernimmt es auch eine wichtige Funktion in der Steuerung des Schulentwicklungprozesses.

6 Zusammenfassung

Gezeigt wurde, auf welche Weise an der Gesamtschule Kirchdorf Sprachbil-dung als zentrales Ziel der Unterrichts- und Schulentwicklung verfolgt wird. Es ist deutlich geworden, dass durchgängige Sprachbildung in facettenreichen Pro-zessen umgesetzt wird, die in der Alltagspraxis fortlaufend neu realisiert wer-den müssen. Die Schule als Ganze ist eingebunden in diese Prozesse. Zentral manifestiert sich Sprachbildung im Unterricht der individuellen Lehrkräfte, sie betrifft aber auch die Kommunikation und Kooperation innerhalb des Kollegi-ums sowie Organisationsstrukturen, die geschaffen werden, um Sprachbildung als zentrale Aufgabe der Schule zu verbürgen.

Fragen und Denkanstöße

1. Wie ist individualisiertes Lernen an der Schule gestaltet? Auf welche Weise fließt Sprachförderung in diese Lernform ein?
2. Auf welche Weise trägt die Schule dafür Sorge, dass Sprachbildungsarbeit langfristig zu ihrem ‚Alltagsgeschäft' gehört?

Kapitel 9

Ursula Neumann

Schulischer Wandel durch bilinguale Klassen

Im Rahmen des Hamburger Modellversuchs zur Einrichtung bilingualer Grundschulklassen wurde in der Rudolf-Roß-Schule, Gesamtschule in Hamburg, eine bilinguale Schulklasse mit Deutsch und Portugiesisch eingeführt. Dieser Schritt löste in der Schule einen Prozess der Schul- und Unterrichtsentwicklung aus, der sich an der Mehrsprachigkeit der Schülerschaft orientiert.

1   Bilinguale Grundschulklassen in Hamburg

In Hamburg wurde seit dem Jahr 2000 das Modell bilingualer Grundschulklassen aufgebaut. Inzwischen ist der Versuch abgeschlossen und zur Regeleinrichtung geworden. Es werden an sechs Schulen bilinguale Züge in vier verschiedenen Sprachkombinationen mit Deutsch geführt: Italienisch, Portugiesisch, Spanisch (2 Schulen) und Türkisch (2 Schulen).

1.1   Organisation und didaktische Ansätze

Vorbild für die bilingualen Grundschulklassen in Hamburg sind US-amerikanische Modelle, die mit einem „dual language program" arbeiten (LINDHOLM-LEARY 2001; HOWARD u.a. 2007). Dabei werden die Kinder zeitlich zu etwa gleichen Teilen in zwei Sprachen unterrichtet. Die Schülerzusammensetzung folgt dem Prinzip, dass sowohl einsprachige Kinder beider Sprachen als auch zweisprachige Kinder gemeinsam unterrichtet werden. In den Hamburger Klassen kommt eine vierte Gruppe von Kindern hinzu, nämlich solche, die mit einer anderen Sprache als der jeweiligen Partnersprache zweisprachig mit Deutsch aufwachsen. Außerdem gibt es immer eine gewisse Fluktuation, weil Kinder die Klasse verlassen, um in das Herkunftsland ihrer Eltern überzusiedeln, oder neu eingewanderte Kinder in die Klasse eingeschult werden. Solche Veränderungen sind spannend für die Kinder, denn sie werden von den Lehrerinnen didaktisch genutzt: Es kann ein Briefkontakt entstehen, der zweisprachig gestaltet wird; mit dem ,neuen' Kind muss z.b. Portugiesisch gesprochen werden, wenn es noch kein Deutsch kann: Es entstehen ,echte' Situationen, in denen die Zweisprachigkeit nützlich und die Übersetzungsfähigkeit erforderlich ist.

Die Kinder lernen lesen und schreiben parallel in beiden Sprachen. Im Idealfall sind die Methoden und die Reihenfolge der eingeführten Buchstaben zwischen den beiden Sprachen abgestimmt. In den bilingualen Klassen werden die Kinder nicht entsprechend ihrer sprachlichen Voraussetzungen getrennt, sondern gemeinsam unterrichtet, entweder durch ein Lehrerteam oder in zwei Gruppen geteilt von der herkunftssprachlichen Lehrerin und der deutschen Lehrerin parallel. Mathematik und Sport werden auf Deutsch erteilt. Eine besondere Rolle spielt der Sachunterricht. Er wird im ersten Schuljahr noch in deutscher Sprache erteilt, wobei die wichtigen Fachbegriffe auch in der Partnersprache gelehrt werden. Der Anteil des Deutschen geht im Laufe der vier Grundschuljahre allmählich zurück zugunsten des Anteils der Partnersprache. Das Konzept sieht vor, dass im vierten Schuljahr im Sachunterricht fast kein Deutsch mehr gesprochen wird; in der Regel ist dies jedoch nicht möglich, sondern es wird mit gleichen Anteilen beider Sprachen in Form des Teamteachings oder in getrennten Gruppen dasselbe Thema parallel in beiden Sprachen unterrichtet. In diesem Fall wechseln die Gruppen nach einigen Wochen.

Möglich werden die Teilung der Klasse in Gruppen und das Teamteaching durch die herkunftssprachliche Lehrkraft, die mit zwölf Stunden der Klasse zusätzlich zur Verfügung steht. Bezahlt wird sie durch die Konsulate der jeweiligen Herkunftsländer (Italien, Portugal, Spanien, Türkei). Weitere zwei Stunden stehen den Lehrerteams zur Verfügung, um Material zu entwickeln und sich abzustimmen. Eine spezielle Ausbildung für die Arbeit in den bilingualen Klassen haben weder die Lehrkräfte der Konsulate noch die deutschen Lehrkräfte. Dies ist nicht unproblematisch, denn den Lehrerinnen und Lehrern aus den Herkunftsländern fällt es oft schwer, ihre Sprachen als Zweitsprachen zu unterrichten, die deutschen Lehrkräfte können häufig die Sprachen ihrer Kollegen und Kolleginnen nicht. Manche lernen sie parallel zu den Kindern oder mit ihnen zusammen, andere haben sie nach einigen Jahren der Erfahrung in bilingualen Klassen gelernt.

1.2 Sprachliche Entwicklung und Schulerfolge der Kinder

Ein großer Erfolg des bilingualen Modells in den Hamburger Grundschulklassen sind die guten bis sehr guten schulischen Erfolge der Kinder. Die Auswertung der Sprachdaten, die in Bezug auf die Entwicklung von Lesefähigkeit, Wortschatz, Grammatik und Sprachhandlungsfähigkeit beobachtet wurden, sowie die Leistungen in Mathematik zeigen, dass die bilingualen Klassen ihre Aufgabe, den Kindern eine gute Startchance für Erfolg im deutschen Schulsystem zu geben, bestens erfüllen (vgl. GOGOLIN/NEUMANN/ROTH 2007). In allen sechs bilingualen Klassen, die in die Untersuchungen einbezogen wurden, konnte darüber hinaus gezeigt werden, dass die Zusammenhänge zwischen sozialer Herkunft und Bildungserfolgschancen nur schwach ausgeprägt sind. Die Leistungen im Lesen und in Mathematik, die mit IGLU-Instrumenten untersucht wurden, hängen – anders als im deutschen Schulsystem üblicherweise – nur schwach mit dem soziökonomischen Statuts der Familie und ihrem Bildungsniveau zusammen. Damit deutet sich als Lösung für das Problem des deutschen Schulsystems an, wie die enge Verknüpfung von Schulerfolg und sozialer Herkunft gelockert werden kann, indem ein stärkerer Bezug auf die Herkunftssprachen der Kinder im Deutscherwerbsprozess und in einem sprachsensiblen Fachunterricht geschaffen wird.

Mit Blick auf die Fähigkeiten, die die Kinder im Deutschen entwickelten, sind die Ergebnisse ebenfalls positiv zu beurteilen. Sie weisen in eine auch didaktisch bedeutsame Richtung: Kinder, die im Laufe des ersten Schuljahres bereits syntaktisch komplexe Äußerungen produzierten, zeigten im 4. Schuljahr besonders gute Leseleistungen. Eine syntaktisch komplexe Sprache ist für den Bildungserfolg sowohl Voraussetzung als auch Ergebnis vom schulischen Lernen, wie der zunehmend gebräuchliche Begriff ‚Bildungssprache' deutlich macht (vgl. Kapitel 5 und 6). In bilingualen Klassen ist es gelungen, sowohl den einsprachig deutsch eingeschulten Kindern als auch den Kindern mit anderen Erstsprachen einen differenzierten Wortschatz im Deutschen zu vermitteln und zu einer Ausdifferenzierung in komplexen syntaktischen Strukturen beizutragen (vgl. GOGOLIN/NEUMANN/ROTH 2007, S. 88-90). Während die deutsche Bildungssprache im bilingualen Modell also aufgebaut werden konnte, wurde eine balancierte Zweisprachigkeit bis zum Ende der 4. Grundschulklasse nicht erreicht. Die gesellschaftlich begründete Dominanz des Deutschen spiegelte sich auch im schulischen Sprachgebrauch der Kinder sowie in den von ihnen erzielten Ergebnissen in den Partnersprachen wieder. Nach vier Jahren Unterricht im bilingualen Modell konnte sowohl in den im Deutschen als auch in der Partnersprache entwickelten Kompetenzen abgelesen werden, mit welchen Eingangsvoraussetzungen die Kinder ins erste Schuljahr gekommen waren. Der Zweitspracherwerbsprozess dauert – wie international angenommen wird – auch unter guten Bedingungen mindestens sechs Jahre. Trotz der guten Entwicklung des Deutschen bei partnersprachlichen Kindern lagen ihre Leistungen unter denen der zweisprachigen bzw. bei Einschulung monolingual deutschsprachigen Kinder.

Umgekehrt war dieser Zusammenhang noch deutlicher: Die deutsch-einsprachigen Kinder lernten zum Teil relativ wenig in den Partnersprachen. Dies war in allen vier beteiligten Sprachen zu beobachten, hing also offenbar nicht mit Faktoren wie Sprachprestige oder Didaktik des Unterrichts zusammen, wohl aber mit der sprachlichen Zusammensetzung der Klassen. Wenn z. B. gleichgeschlechtliche Sprachvorbilder und Kommunikationspartner in der Partnersprache fehlten, wie im Fall der italienisch-deutschen Klasse, waren die (in diesem Fall) Jungen nicht motiviert zum Sprechen und verweigerten den Sprachgebrauch im Italienischen weitgehend. Im bilingualen Modell konnte die jeweilige Partnersprache auf einem elementaren Niveau entwickelt werden; manche der Kinder „kämpfen aber noch mit den Herausforderungen der kommunikativen Alltagssprache" (GOGOLIN/NEUMANN 2008, S. 407).

Die zweisprachigen Schülerinnen und Schüler, von denen einige bei der Einschulung auch nur wenig Kompetenzen in den Partnersprachen besaßen, bauten ihre Kenntnisse rasch aus und waren in der Sekundarstufe in der Lage, den zweisprachig gestalteten Fachunterricht gut zu bewältigen. In der wissenschaftlichen Begleitung während des 5. und 6. Schuljahres wurde die sprachliche Entwicklung der Kinder mit zwei anderen Gruppen verglichen: mit einer Gruppe zweisprachiger Kinder, die zweimal in der Woche Herkunftssprachenunterricht Portugiesisch erhielt, und einer Gruppe monolingualer Kinder in Portugal (DUARTE 2010). Die Ergebnisse bestätigen die oben erwähnte Dauer von sechs Jahren für den erfolgreichen Erwerb einer Zweitsprache. Die Gruppe der bei Einschulung bilingualen Kinder in der bilingualen Klasse am Ende des 6. Schuljahres schnitt in allen durchgeführten portugiesisch- und deutschsprachigen Tests deutlich besser ab als die bilingualen Kinder, die in Regelklassen lernten und zusätzlichen Herkunftssprachenunterricht Portugiesisch besuchten. Außerdem erzielten alle Kinder der bilingualen Klassen im Portugiesischen Ergebnisse, die mit den Ergebnissen der monolingualen Kinder in Portugal vergleichbar sind. Besonders die bildungssprachlichen Schreibkompetenzen der bilingual in der Rudolf-Roß-Schule unterrichteten Kinder waren sichtbar besser verglichen mit denen der anderen Gruppen, also auch besser als die der in Portugal unterrichteten Kinder. Zudem war die Gruppe aus der bilingualen Klasse besser in der Lage, metasprachliches Wissen anzuwenden und aktiv in Äußerungen einzubringen.

2   Bilinguale Klassen und Schulentwicklung in der Rudolf-Roß-Schule

Die Rudolf-Roß-Schule liegt im Hamburger ‚Portugiesenviertel', das sich schon im 18. Jahrhundert in Hafennähe gebildet hat. Seit der Arbeitskräfteanwerbung befindet sich in Hamburg die größte portugiesische ‚Comunidade' Deutschlands, die nach FÜRSTENAU (2004, S. 179f) gut organisiert und damit auch politisch durchsetzungsfähig ist. Hauptsächlich für deren Kinder wurde an der Rudolf-Roß-Schule im Jahr 2000 im Rahmen des Hamburger Modellversuchs erstmalig eine bilingual deutsch-portugiesische Grundschulklasse eingerichtet. Der allmähliche Aufbau eines bilingualen Schulzweigs der Grundschule erwies sich als Erfolgsmodell: Die Kinder lernten sowohl die deutsche wie auch die portugiesische Sprache lesen und schreiben, sprechen und verstehen; die Übergänge in die Sekundarstufe I waren erfolgreich und – dies zeigen die Ergebnisse der jüngsten Schulleistungsüberprüfung – die Kinder sind auch beim Erwerb von Englisch in der Sekundarstufe erfolgreicher als ihre Mitschüler in den Parallelklassen. Diese Erfahrung, gestützt durch die Ergebnisse der wissenschaftlichen Begleitung, bestätigte die Schule in der Annahme, „dass Kinder in bilingualen Modellen (…) besser bei den Anforderungen ihres zweisprachigen Lebens unterstützt werden und ihr Spracherwerb in beiden Sprachen erfolgreicher verläuft als in monolingual ausgerichteten Schulen" (NEUMANN 2009, S. 317). Der Schulleiter der Rudolf-Roß-Schule spricht von einer „zweisprachigen Schule für Alle". In diesem Begriff kommt die Zielsetzung zum Ausdruck, dass die Methoden und didaktischen Entscheidungen aus den bilingualen Klassen für den Regelunterricht in multilingualen Klassen nutzbar gemacht werden sollen. Auch die einsprachig deutschen Kinder sollen davon profitieren, dass die Herkunftssprachen der zweisprachigen Kinder einen didaktischen Ort in der Schule haben und ihnen, soweit es Portugiesisch und Türkisch angeht, zugänglich gemacht werden (vgl. Kasten 1).

KASTEN 1 ▶   Das Sprachprogramm der Rudolf-Roß-Schule

Die folgende Darstellung basiert auf einem Gespräch mit dem Schulleiter:

Grundschulbereich
In der Grundschule bietet die Schule drei Klassentypen parallel an, mit denen alle Schülerinnen und Schüler adäquat erreicht werden sollen: Es gibt eine portugiesisch-deutsche Klasse, in der Kinder mit und ohne Portugiesischkenntnisse ein zweisprachiges Unterrichtsangebot erhalten. Daneben wird eine Klasse geführt, in der die englische Sprache in 70% der Unterrichtszeit immersiv als

185

Unterrichtssprache eingesetzt wird. Kinder mit Englisch als Herkunftssprache besuchen diese Klasse nicht. Es gehe darum, eine „englischsprachige Lernumgebung" zu schaffen. Für englischsprachige Kinder, z. B. aus Ghana, sei der Unterricht nach Meinung der Schulleitung nicht geeignet, da sie meist nicht ausreichend Deutsch sprächen. Der Unterricht sei stark vom Mündlichen geprägt. Die soziale Zusammensetzung dieser Englisch-Klassen sei günstiger als der beiden Parallelklassen, weil durch das Angebot auch bildungsorientierte Eltern an die Schule gezogen würden. Als dritter Zug wird eine „Michel-Klasse" geführt, in der mit dem Jugendpfarrer der berühmten Nachbarkirche zusammen gearbeitet wird. Durch die drei Profile in der Grundschule werde erreicht, dass alle Kinder bzw. ihre Eltern ein pädagogisch besonders gut gestaltetes Unterrichtsangebot erhalten und sich nicht eine „Restklasse" bilde. Dieser Ansatz scheine zu gelingen, denn in die portugiesisch-deutsche Klasse gingen sowohl Kinder aus Elternhäusern mit einem hohen Bildungsinteresse und mit sozial günstigen Voraussetzungen als auch Kinder aus sehr einfachen Verhältnissen beider Sprachgruppen.

Sekundarstufe

In der Sekundarstufe I wird der portugiesisch-deutsche Zug weitergeführt, die Klasse aber neu zusammengesetzt. Daneben gibt es ab der Klassenstufe 5 eine türkisch-deutsche Klasse, die zum Teil von den Absolventen der beiden türkisch-deutschen Züge in zwei anderen Grundschulen besucht werden. Neben diesen beiden Klassenzügen, die als „Profilzweige" bezeichnet werden, gibt es den Profilzweig: „Lernen auf Englisch", in dem an zwei Wochentagen auf Englisch gelernt wird. Insgesamt ist die Sekundarstufe I vierzügig ausgelegt. Alle Schülerinnen und Schüler der Sekundarstufe I erhalten Englischunterricht ab Klasse 5 und können als zweite Fremdsprache in Klasse 7 Spanisch oder Türkisch wählen. Zu diesem umfangreichen und differenzierten Angebot an Sprachen kommt eine besondere Gewichtung der Förderung der Kompetenzen in der deutschen Sprache hinzu.

In den bilingualen Klassen wird in der Klassenstufe 5/6 Portugiesisch bzw. Türkisch mit vier Stunden unterrichtet. Das Fach Gesellschaft wird auf Portugiesisch bzw. Türkisch in drei Stunden unterrichtet. Die portugiesisch- bzw. türkischsprachigen Lehrerinnen und Lehrer sind außerdem in der zweisprachig gestalteten Klassenlehrerstunde anwesend. Die Lehrkräfte in den bilingualen Klassen erhalten eine zusätzliche Stunde für die Koordination und Unterrichtsplanung angerechnet.

Die Rudolf-Roß-Schule hat sich durch die bilingualen Klassen gewandelt. Aus einer Innenstadtschule, die aufgrund ihrer Schülerschaft um ihren Ruf kämpfte, ist eine Schule geworden, in der die sprachlichen Fähigkeiten der Kinder und Jugendlichen geschätzt, weiterentwickelt und für das schulische Lernen genutzt werden. Mit den bilingualen Klassen der Grundschule kann einem Teil der Kinder des Einzugsgebiets eine anspruchsvolle, ihrer zweisprachigen Lebenslage adäquate sprachliche Bildung geboten werden. Für Eltern mit gehobenen Bildungsansprüchen stehen mit der portugiesisch-deutschen und der Englisch-Immersivklasse zwei attraktive Angebote bereit. Die ersten Erfahrungen in der Sekundarstufe verweisen aber darauf, dass diese meist deutschen Eltern, die ihre Kinder mit dem Ziel der Vermittlung einer guten Basis für den Erwerb weiterer Fremdsprachen eingeschult hatten, mit dem Erreichten zufrieden waren und ihre Kinder nunmehr in ‚normale‘ Gymnasien einschulten. Die Rudolf-Roß-Schule musste als Gesamtschule also Strategien entwickeln, die bildungsnahen Kinder an der Schule zu halten bzw. in der Sekundarstufe solche Kinder zu gewinnen. Die Schule setzt dabei auf die Förderung der Bilingualität. Zweisprachigkeit wird als Hebel dafür gesehen, interkulturelle Bildung zu erreichen und eine Schule zu gestalten, die den Anforderungen in der Einwanderungsgesellschaft gerecht wird. Über die Grundschule hinaus soll nunmehr auch die Sekundarstufe von den positiven Erfahrungen mit der Zweisprachigkeitsförderung profitieren.

Seit 2008 findet in der Schule ein Diskussionsprozess statt, bei dem ein neues, diesem Ziel entsprechendes Leitbild formuliert wird. Es soll dazu dienen, die Vorstellungen der Lehrerschaft mit denen der Eltern und der Schulbehörde in Einklang zu bringen. Die wichtigsten Ziele sind es, die fachlichen Leistungen der Schülerinnen und Schüler zu verbessern, in Zukunft verstärkt die Berufsorientierung zu berücksichtigen und Veränderungen des Unterrichts zu realisieren. Die Schülerinnen und Schüler sollen stärker ihren eigenen Lernprozess steuern. Der Unterricht soll so gestaltet sein, dass die individuellen Voraussetzungen der Schülerinnen und Schüler – auch ihre sprachlichen Kompetenzen – stärker berücksichtigt werden. Die Förderung der Zweisprachigkeit bedeutet an der Schule gleichzeitig die Unterstützung bildungssprachlicher Fähigkeiten in allen Fächern. Derzeit ist eine Arbeitsgruppe damit beschäftigt, alle Materialien für den Werkstattunterricht sprachlich zu überarbeiten. Es werden gezielte Übungen in Deutsch als Zweitsprache ergänzt, zweisprachige Arbeitsblätter für portugiesisch-deutsch und türkisch-deutsch erstellt (vgl. Kasten 2). Fachkonferenzen werden abgehalten, in denen Kolleginnen und Kollegen anderer Schulen die Einführung einer ‚durchgängigen Sprachbildung‘ vorstellen. Im Rahmen der aktuellen Hamburger Bildungsreform strebt die Schule, die ‚Stadtteilschule‘ werden soll, den Aufbau einer Sekundarstufe II an, in der die Relevanz der Zweisprachigkeit noch einmal gestärkt werden soll. Hierfür werden berufsschulische Angebote geplant, in denen Sprache bzw. andere Sprachen als Deutsch eine besondere Rolle spielen, u. a. im kaufmännischen Bereich.

Lernbüro 6

Baustein

Erdbeben/Deprem

3. Erkläre die Reibung der Erdplatten. Du kannst die unten stehenden Wörter benutzen.

Yanal hareket eden levhalar (Reibung)
Wenn Erdplatten sich aneinander vorbei bewegen und sich dabei berühren, **reiben** sie sich aneinander. Auch das geschieht sehr langsam, kaum spürbar. Manchmal verhaken sich zwei Platten ineinander, beide Platten ziehen aber weiter, jede in ihre Richtung. Dabei entsteht an den Rändern dieser Platten eine große Spannung. Wenn dann plötzlich von einer der Platten ein Stück abgerissen wird, spürt man auf der Erdoberfläche ebenfalls einen großen Ruck, ein Erdbeben.

Levhalar birbirlerine yaklaşırken, birbirlerine _____
Bu da _____
Bazen iki levha birbirine _____
Her iki levha da kendi yönüne doğru _____
Levhaların _____
Levhaların birinden bir parça _____
yeryüzünde _____

hareket etmek (sich bewegen), dokunmak (berühren), birbirine (aneinander), yanal (seitlich), yavaş (langsam), gerilim-gerginlik (die Spannung), ayrı (verschieden), kırılmak (abbrechen), yön (die Richtung), sarsıntı (der Ruck), yüzey (die Oberfläche), sürtmek (reiben), takılmal (sich verhaken), çekmek (ziehen) uçlar (die Ränder), meydana gelmek (entstehen)

3 Zusammenfassung

Für die Entwicklung der Rudolf-Roß-Schule hat sich die Erfahrung der Lehrkräfte, Kinder und ihrer Eltern mit den bilingualen Modellen als Motor erwiesen, der weitere Formen des Umgangs mit Mehrsprachigkeit hervorgebracht hat. Das Beispiel zeigt: Die Orientierung an Zweisprachigkeit kann das Profil einer Schule schärfen. Eine zweisprachige Schule zu entwickeln, muss nicht bedeuten, die gesellschaftliche Mehrsprachigkeit auf zwei Sprachen zu reduzieren, sondern ganz im Gegenteil: Zweisprachigkeit im Sinne der individuellen Fähigkeiten eines Kindes oder Jugendlichen kann für jede einzelne Schülerin und jeden Schüler angestrebt werden, ohne die Vielfalt der Sprachen in der Schülerschaft zu reduzieren. Eine klare Orientierung an den Ressourcen der Schülerinnen und Schülern einerseits und dem Bedarf der Wirtschaft und des Arbeitsmarkts an Personen, die mit der Mehrsprachigkeit der globalisierten Welt produktiv umgehen können, finden in einer so gestalteten Schule zusammen.

Fragen und Denkanstöße

1. Diskutieren Sie anhand der im Text genannten Argumente, welche Vorteile ein bilingualer Unterricht für die verschiedenen Schülergruppen hat: die einsprachig deutschen Kinder, die zweisprachigen Kinder und die Kinder, die im Laufe der Grundschulzeit neu zuwandern und in die deutsche Schule kommen.
2. Welche Rahmenbedingungen gelten für die beschriebenen bilingualen Grundschulklassen? Wie beurteilen Sie die Beteiligung von Konsulatslehrkräften daran?
3. Welche Einflüsse auf den Regelunterricht können von bilingualen Modellen ausgehen? Welche Vor- und Nachteile haben solche Schulformen?
4. Welche Schritte wären unter den bei Ihnen gegebenen lokalen Bedingungen (Schulpolitik des Landes, Zusammensetzung der Schülerschaft etc.) einer ausgewählten Schule nötig, um eine bilinguale Grundschulklasse einzurichten?

Literaturverzeichnis

Duarte, J. (2010): Bilingual Language Proficiency. A comparative study. Münster.
Fürstenau, S. (2004): Mehrsprachigkeit als Kapital im transnationalen Raum. Münster.
Gogolin, I./Neumann, U./Roth, H.-J. (2003) (2004) (2007) (2009): Schulversuch bilingualer Grundschule in Hamburg. Universität Hamburg: Arbeitsstelle Interkulturelle Bildung. Alle Berichte verfügbar unter: http://www2.erzwiss.uni-hamburg.de/institute/interkultur/forschung.htm (11.06.2009).

Gogolin, I./Neumann. U. (2008): Bilinguale Grundschulen in Hamburg – ein erfolgreicher Schulversuch. In: Budach, G./Erfurt, J./Kunkel, M. (dir.): Écoles plurilingues – mulitlingual schools: Konzepte, Institutionen und Akteure. Frankfurt a.M., S. 395-409.

Howard, E./Sugarman. J./Christian, D. (2007): Guiding Principles for Dual Language Education. http://www.cal.org/twi/Guiding_Principles.pdf (30.6.2009).

Kunkel, M. (2008): Zweisprachiges Lernen: Elternperspektiven zu einem deutsch-italienischen Schulprojekt in Frankfurt/M. In: Budach, G./Erfurt, J./Kunkel. M. (dir.): Écoles plurilingues – mulitlingual schools: Konzepte, Institutionen und Akteure. Frankfurt a.M., S. 317-344.

Lindholm-Leary, K. (2001): Dual language education. Clevedon o.a.

Neumann, U. (2009): Der Beitrag Bilingualer Schulmodelle zur Curriculuminnovation. In: Gogolin, I./Neumann, U. (Hrsg.): Streitfall Zweisprachigkeit – The Bilingualism Controversy. Wiesbaden, S. 317-331.

Neumann, U. (2008): Einstellungen von Eltern zur Zweisprachigkeit. Ergebnisse aus Befragungen an bilingualen Grundschulen in Hamburg. In: Rosen, L./Farrokhzad, S. (Hrsg.): Macht – Kultur – Bildung. Münster, S. 291-310.

Kapitel 10

Sara Fürstenau

Schulischer Wandel durch Herkunftssprachenunterricht

Die Grundschule ‚Kastanienstraße' (es handelt sich um ein Pseudonym) hat über Jahrzehnte verschiedene Strategien entwickelt, die darauf abzielen, die sprachlichen und soziokulturellen Erfahrungen der Kinder in Unterricht und Schulleben konstruktiv zu berücksichtigen und allen Kindern gleichermaßen Schulerfolg zu ermöglichen. Mit dem Ziel, Schulqualität im Kontext sprachlich-kultureller Heterogenität mit Fokus auf innerschulische Prozesse zu erkunden, wurde an der Schule eine ethnographische Fallstudie erarbeitet (vgl. FÜRSTENAU 2008). Die Fallstudie basiert auf teilnehmender Beobachtung am Schulleben sowie Leitfaden-Interviews mit Lehrkräften, Eltern und Kindern; Ergebnisse aus einer an der Schule durchgeführten Leistungsstudie wurden als Hintergrundinformation berücksichtigt. Die Schule Kastanienstraße befindet sich in einem Hamburger Stadtteil, in dem die Arbeitslosenquote etwa doppelt so hoch ist wie im Hamburger Durchschnitt. Ein Drittel der Stadtteilbevölkerung und 54% der Schülerinnen und Schüler haben keinen deutschen Pass. Etwa 80% der Schülerinnen und Schüler kommen aus eingewanderten sprachlichen Minderheiten, und es gibt mindestens 15 verschiedene Familiensprachen. Im Zeitraum der Feldforschung für die Fallstudie (2004-2005) ist die Schule dreizügig mit zwei Vorschulklassen. Sie wird von 340 Kindern besucht, und zum Kollegium gehören 26 Lehrerinnen und Lehrer, ein Schul-Sozialpädagoge und zwei Sozialpädagoginnen in der Vorschule. Programmatische Schwerpunkte sind sprachliche Bildung und Kooperation im Kollegium. Es gibt Herkunftssprachenunterricht für türkisch- und romanessprachige Kinder.

Im Umfeld der Schule Kastanienstraße gibt es seit Jahrzehnten eine Roma-Community. 1984 wurde erstmalig eine Schulklasse speziell für Roma-Kinder eingerichtet, 1989 gab es eine eigene Klasse für Kinder aus asylsuchenden Roma-Familien. Seit 1992 werden Schülerinnen und Schüler aus Roma-Familien in Regelklassen unterrichtet, und seit 2002 ist ein Romaneslehrer in der

Schule tätig. Insgesamt verfügt die Schule also über vielfältige Erfahrungen mit Kindern aus Roma-Familien, hat sich auf wandelnde Bedürfnisse und Ansprüche eingestellt und ist fortlaufend bemüht, die Konzepte zur Inklusion von Roma-Kindern zu optimieren. Die Schulfallstudie beinhaltet eine Analyse der Bedeutung des Romanesunterrichts und der Beziehungen zwischen Schule und Roma-Familien (vgl. VON REDECKER 2007, FÜRSTENAU/VON REDECKER 2009). Im Folgenden wird eine Momentaufnahme des Romanesunterrichts in der Schule Kastanienstraße im Zeitraum der Feldforschung dargestellt. In diesem Zeitraum besuchen etwa 15 Kinder aus Roma-Familien die Schule. Sie gehören mehrheitlich zu einer Gruppe, die erst in jüngerer Zeit aus einem osteuropäischen Land eingewandert ist.

KASTEN 1 ▶   Roma in Deutschland

In Deutschland leben zurzeit offiziell etwa 70.000 deutsche Sinti und Roma; hinzu kommen Flüchtlinge mit einem prekären Aufenthaltsstatus. Im internationalen Sprachgebrauch ist die Bezeichnung ‚Roma‘ ein Oberbegriff, der die Gruppe der Sinti einschließt. Es handelt sich um Bevölkerungsgruppen, die vor allem im 9. und 13. Jahrhundert aus mehreren Regionen Indiens Richtung Westen wanderten und so im 14. Jahrhundert und verstärkt im 19. Jahrhundert nach Europa kamen. Die Bezeichnung ‚Zigeuner‘ ist politisch belastet und wird vom Zentralrat Deutscher Sinti und Roma abgelehnt.

Seit ihrer Ankunft im mitteleuropäischen Raum erfuhren die Roma gesellschaftliche Diskriminierung und wurden sehr bald per Gesetz ausgegrenzt und vertrieben (vgl. RANDJELOVIĆ 2007a, S. 267). Ihren Höhepunkt erreichte die Verfolgung von staatlicher Seite in der Vernichtungspolitik des Nationalsozialismus. Im Nachkriegsdeutschland wurde es versäumt, mit der staatlichen Behandlung der Roma als ‚Fremde‘ zu brechen, auch wenn Familien seit Generationen in Deutschland lebten. Die nationalsozialistischen Verbrechen an den Roma wurden erst im Jahr 1982 als Völkermord anerkannt. Heute sind die Sinti und Roma eine offiziell anerkannte ethnische Minderheit in Deutschland.

Romanes – Sprache einer ethnischen Minderheit
Für die (Selbst-)Identifikation als ethnische Minderheit spielt im Falle der Roma die Sprache eine große Rolle. Alle Roma-Gruppen gebrauchen eine der in Europa etwa 60 gesprochenen Varietäten der Sprache Romanes, die sich durch einen gemeinsamen indischen Ursprung und eine Verwandtschaft zum Sanskrit auszeichnen (vgl. MATRAS 2003). Im Wortschatz greifen die Varietäten des Romanes auf die jeweiligen europäischen Landessprachen zurück. Romanes ist –

abgesehen von einzelnen Regionen in Mazedonien und im Kosovo – in keinem Land der Welt eine offizielle Amtssprache und wurde bis ins 20. Jahrhundert vor allem mündlich überliefert. Erst in den 1970er Jahren begann eine Gruppe von Roma-Intellektuellen eine eigene Standardisierung und Verschriftlichung des Romanes zu erarbeiten, um die Sprache als vereinendes Identitätssymbol zu institutionalisieren (vgl. ebd., S. 260).

Eine Sprachenerhebung an den Grundschulen in Hamburg verweist auf eine im Vergleich mit anderen Minderheitensprachen besonders hohe Vitalität des Romanes: Kinder, die in ihren Familien eine Varietät des Romanes gebrauchen, geben am häufigsten an, „ihre Herkunftssprache zu verstehen, sie am liebsten und am besten zu sprechen und sie meistens in Gesprächen mit der Mutter zu gebrauchen. Diese Angaben stehen für eine hohe Identifikation mit der Herkunftssprache" (Fürstenau u.a. 2003, S. 136).

1   Der Romanesunterricht

Aufgrund der Vielfalt der sprachlichen Varietäten und der vor allem mündlichen Tradition des Romanes ist die Konzeption von Romanesunterricht vor besondere Herausforderungen gestellt. Im Hamburger Bildungssystem wird ein vergleichsweise innovativer Ansatz verfolgt (vgl. Dikkers 2007): Es gibt einen ‚Arbeitskreis der Roma- und Sinti-Lehrer und -Schulsozialarbeiter', der unter Berücksichtigung der verschiedenen Varietäten des Romanes und in enger Orientierung am sprachlichen Anfangsunterricht in Deutsch schriftliches Material für den Romanesunterricht entwickelt. In Hamburg sind an acht von rund 245 Grundschulen Roma als Lehrer oder Schulsozialarbeiter beschäftigt. Die Schule Kastanienstraße ist eine dieser Schulen.
Der Romaneslehrer in der Schule Kastanienstraße – in der Fallstudie Herr Kaminski genannt – alphabetisiert Kinder aus Roma-Familien auf Romanes. Kinder, die von Haus aus Romanes sprechen, werden ab Klasse 1 einzeln oder in Kleingruppen stundenweise parallel zum Regelunterricht unterrichtet. Dabei kooperiert Herr Kaminski eng mit den Deutschlehrerinnen und -lehrern. Die meisten Kinder aus Roma-Familien in der Schule Kastanienstraße lernen das Lesen und Schreiben zunächst auf Romanes und erst im Anschluss daran auf Deutsch. Das sei in der langjährigen Erfahrung der Schule bisher der beste Weg, Kindern aus Roma-Familien überhaupt einen Zugang zur Schriftsprache zu eröffnen. Die Schulleiterin erklärt:

„In ihrer Sprache lernen Roma-Kinder viel schneller Lesen. Den Lehrer für Romanes haben wir noch nicht so lange. Wir haben früher bei manchem Kind vier Jahre gekämpft, mit sehr wenig Erfolg. Die haben ja immer noch sehr viele Fehlzeiten zwischendurch. Da fängt man alle paar Wochen wieder bei Null an. Aber seitdem der Romaneslehrer ihnen das Lesen in ihrer Sprache beibringt, klappt das viel besser."

Herr Kaminski selbst bezeichnet seinen Unterricht als „Spracherhaltunterricht" und möchte damit einen Beitrag zur Stärkung der „kulturellen Identität" von Kindern aus Roma-Familien leisten.

KASTEN 2 ▶   Auszüge aus einem Beobachtungsprotokoll (Schule Kastanienstraße)

Klasse 3, erste Stunde – Teamteaching der Klassenlehrerin und des Romaneslehrers:
In der Klasse sind zwei Mädchen und ein Junge aus Roma-Familien. Über eines der Mädchen sagt der Romaneslehrer, es sei ‚ein kluges Mädchen', aber die Eltern würden den Schulbesuch nicht unterstützen. Das Mädchen sei zurzeit mit den Eltern in X (im Herkunftsland), wo die schwangere Mutter zur Geburt ihres Kindes hingefahren sei. Die Mutter habe in Deutschland einen illegalen Status und deshalb keine Krankenversicherung. (...)
Heute wird das Diktat ‚An der Ampel' geschrieben. Die Klassenlehrerin bittet den Romaneslehrer, Matino das Diktat im Gruppenraum einzeln zu diktieren. Matino sei das Diktat in der Klasse zu schnell. Die Lehrerin wolle aber trotzdem, dass er es schreibt, um zu wissen, was er kann. Herr Kaminski solle darauf achten, dass Matino die Wörter getrennt schreibt. Matino könne ruhig Druckschrift schreiben. (...)
Im Klassenraum: (...) Die Lehrerin schreibt an die Tafel: ‚1. Am Anfang eines Satzes wird das Wort groß geschrieben. 2. Namenwörter werden groß geschrieben.' (...)
Im Gruppenraum: Herr Kaminski spricht Romanes mit Matino, während er auf Deutsch diktiert. Einige Erklärungen meine ich zu verstehen, z.B. ‚nach dem Punkt schreibt man groß.' Kommentar: Was hier stattfindet ist ein erklärendes, unterstützendes Diktieren: Dazu gehören Hinweise auf Groß- und Kleinschreibung, Sätze (Punkte), Schreibungen, Fragen dazu. (...)
„Zum Schluss legt Herr Kaminski Matino den gedruckten Diktattext vor und fordert ihn auf, vorzulesen. Das ist schwierig für Matino. (...)
Als Matino mit dem Text fertig ist, ist die Stunde fast vorbei. Herr Kaminski lässt dennoch keine Zeit verstreichen, sondern ‚fördert' weiter. Er zeigt Matino Gegenstände im Gruppenraum (Ball, Puppe, Stuhl, Heft...), lässt sie ihn auf

Deutsch und auf Romanes benennen und erklärt (soweit ich verstehe) auf Romanes, dass und warum diese Wörter groß geschrieben werden. Dann benennt Herr Kaminski Verben (auf Deutsch und auf Romanes) und erklärt offensichtlich die Kleinschreibung. Und: ‚Nach dem Punkt groß‘. (...)

Im Anschluss an die Schulstunde erläutert Herr Kaminski:
(...) Auf Romanes könne Matino besser lesen und schreiben. (...)
Herr Kaminski habe zwar einen eigenen Raum in der Schule. Seit einiger Zeit gehe er aber lieber in die Klassen, fördere integrativ (einzeln oder in kleinen Gruppen), damit die Kinder nicht das Gefühl hätten, aus der Klasse hinausgeholt zu werden und eine Sonderbehandlung zu erfahren. Herr Kaminski beschreibt seine Strategie, den Kindern den Schriftspracherwerb im Deutschen ‚auf Romanes‘ nahezubringen (wie ich es beobachtet habe). Das entspreche den sprachlichen Voraussetzungen der Kinder, die so auch besser lernten. (...)“

Sara FÜRSTENAU, 1.9.2004

Herrn Kaminski zufolge begrüßt die große Mehrheit der Roma-Eltern an der Schule Kastanienstraße den Romanesunterricht. Dabei handelt es sich um Eltern, die aus demselben osteuropäischen Land stammen wie der Lehrer und die die Variatät des Romanes, die der Lehrer unterrichtet, als Familiensprache gebrauchen. Für diese Eltern sei der Romanesunterricht ein Zeichen dafür, dass die Schule ihre Kinder der sprachlich-kulturellen Herkunft der Familie nicht entfremde.

Die Akzeptanz des Romanesunterrichts von Seiten der Roma-Familien ist nicht selbstverständlich. Da Romanes so gut wie gar nicht von Angehörigen der Mehrheitsgesellschaft erlernt wird, wird die Sprache fast ausschließlich innerhalb der Roma-Gemeinschaften gebraucht und von einigen Vertretern als eine Art ‚Geheimsprache‘ betrachtet (vgl. MATRAS 2003, S. 231f). Vor diesem Hintergrund wird die Vermittlung von Romanes als Schriftsprache in der deutschen Schule zuweilen als Einmischung in die eigene Kultur gedeutet. Einige Vertretungen der Roma, so z.B. der RCU Hamburg (Rom und Cinti Union), befürworten demgegenüber den schulischen Romanesunterricht und die Ausweitung des Gebrauchs der Sprache auf Bereiche außerhalb der Roma-Gemeinschaften. Ein anderer Vorbehalt gegenüber Romanesunterricht ergibt sich daraus, dass auch heute noch viele Roma-Familien in Deutschland die Strategie verfolgen, ihre ethnische Zugehörigkeit in der gesellschaftlichen Öffentlichkeit aus Angst vor Diskriminierung zu verheimlichen (vgl. Zentralrat Deutscher Sinti und Roma 2006). Einige Eltern begegnen einem speziellen schulischen Angebot für ihre

195

Kinder mit Skepsis oder Vorsicht, weil für sie der Wunsch im Vordergrund steht, dass ihre Kinder in der Schule genauso wie alle anderen Kinder behandelt werden.

KASTEN 3 ▶   Kinder aus Roma-Familien in deutschen Schulen

Die Schulpflicht für die Kinder der Roma wurde in Deutschland mit dem Ziel eingeführt, Angehörige einer ethnischen Minderheit im Zuge der Industrialisierung als potenzielle Arbeitskräfte ‚umzuerziehen' (vgl. RANDJELOVIĆ 2007a, S. 268). Seit der Reichsgründung 1871 gab es mehrere Erlasse zur „Fürsorge-(Zwangs-)Erziehung" von Sinti- und Roma-Kindern (KRAUSE 1989, S. 76ff). Krause spricht von einer „Verfolgung durch Erziehung" (ebd., S. 13).

Bis heute eröffnet das deutsche Bildungssystem den Roma kaum soziale Partizipationschancen. Schülerinnen und Schüler aus Roma-Familien erreichen in Deutschland selten reguläre Schulabschlüsse, die Mehrheit von ihnen wird an Sonderschulen unterrichtet, und die Schulabbrecherquoten sind in dieser Gruppe überproportional hoch (vgl. THOMAS 2000, EUMAP 2002, Zentrum für Antisemitismusforschung 2007, RANDJELOVIĆ 2007b). In einer im Jahr 2006 vom Zentralrat deutscher Sinti und Roma erstmalig durchgeführten Umfrage gaben 40% der befragten Roma-Familien an, dass ihre Kinder in der Schule unter Diskriminierungen durch Mitschüler und Lehrkräfte leiden. Alle wissenschaftlichen Untersuchungen zu diesem Thema führen die extrem ungünstige Situation der Kinder aus Roma-Familien auf Versäumnisse der Schulen zurück. Dabei geraten vor allem zwei Problembereiche in den Blick – Schulabsentismus und funktionaler Analphabetismus:

Schulabsentismus: Häufiges Fehlen von Kindern aus Roma-Familien wird von Seiten der Schulen nicht selten unreflektiert auf fehlendes Interesse am Lernen zurückgeführt und als „typisches Verhalten" hingenommen (KRAUSE 1989, S. 132). THOMAS (2000) spricht von einer „katastrophale(n) Vernachlässigung" der Roma in der Schule und sieht in der verbreiteten Charakterisierung der Familien als „bildungsunwillig" oder gar „bildungsunfähig" eine Strategie von Lehrkräften, sich aus der Verantwortung zu ziehen (ebd., S. 153). Stigmatisierung in der Schule trägt offensichtlich dazu bei, dass in Deutschland immer noch viele Roma-Familien am Nutzen des Schulbesuchs zweifeln (vgl. EUMAP 2002, S. 104).

Funktionaler Analphabetismus: Das Spannungsverhältnis zwischen der Institution Schule und vielen Roma-Familien wird bis heute unter anderem auf die Diskrepanz zwischen dem schulischen Anspruch schriftsprachlicher Bildung im Deutschen und der auf mündlicher Überlieferung beruhenden sprachlich-kulturellen Tradition der Roma zurückgeführt (vgl. Randjelović 2007a, S. 276). Schwierigkeiten von Kindern aus Roma-Familien beim Schriftspracherwerb werden in einem Zusammenhang damit gesehen, dass ihr sprachlich-kulturelles Selbstverständnis in der Schule wenig Beachtung findet.

2 Anerkennung zwischen Schule und Roma-Familien

Herr Kaminski sagt von sich, er sei „Bindeglied und Mediator zwischen der Schule und den Roma-Familien". Durch ihn erführen die Familien, was sie über die Schule wissen müssten, und den Lehrerinnen und Lehrern eröffne er Einblicke in die familiären Verhältnisse und soziokulturellen Lebenswelten der Kinder. Herr Kaminski ermöglicht zuallererst eine funktionierende Kommunikation zwischen Schule und Roma-Familien. Er kennt die Roma-Familien im Umfeld der Schule und weiß, welche Familienmitglieder lesen und schreiben können. Häufig übersetzt er Informationen der Schulbehörde oder der Schule vom Deutschen ins Romanes. Herr Kaminski unterstützt darüber hinaus auch die inhaltliche Verständigung. Er erklärt, dass viele Roma-Eltern aus dem Umfeld der Schule sich scheuten, die offiziellen Klassen-Elternabende zu besuchen. In Absprache mit den anderen Lehrkräften veranstaltet er deshalb spezielle romanessprachige Elternabende bei sich zu Hause.

Da er „einer von ihnen" sei, so Herr Kaminski, begegneten ihm die Roma-Eltern mit Vertrauen und empfänden die Ansprüche der Schule weniger stark als Einmischung in ihr Erziehungsverhalten, wenn er sie vermittle. Für ihn selbst sei es allerdings manchmal schwierig, „den Spagat zwischen Schule und Eltern gut hinzubekommen" und gleichzeitig „gewisse Erwartungen" an einen Rom zu erfüllen. In Herrn Kaminskis Einschätzung gebe es durchaus Fälle, in denen das Traditionsbewusstsein der Familien dem Schulerfolg der Kinder nicht förderlich sei. So sehe er sich z.B. bisweilen vor die Aufgabe gestellt, Eltern vom Wert des Lesens und Schreibens als Kulturtechnik zu überzeugen.

Durch die vermittelnde, vertrauensbildende Arbeit und den Herkunftssprachenunterricht beeinflusst der Romaneslehrer die Anerkennungsverhältnisse zwischen Schule und Roma-Familien. Das bringt die Schulleiterin in einer Aussage über die Rolle des Romaneslehrers zum Ausdruck:

„Es war auch sehr deutlich, wie es das Selbstbewusstsein der Kinder gestärkt hat, dass sie einen Lehrer in ihrer Sprache haben. Wie sie also richtig so gerade gestanden haben, „Wo ist *unser* Lehrer (betont und deutlich)?". Und auch, dass sie dann auf einmal in ihrer Sprache viel leichter Lesen lernen konnten (...), das war für den Lehrer und für die Kinder damals wirklich eine sehr gute Erfahrung. Auch diese Vorbildfunktion, dass da einer ist, der zu unserem Volk gehört und aber auch so eine angesehene Stellung in der Schule hat und ein Lehrer ist und das alles kann. Das hat eine sehr positive Wirkung gehabt."

Auch in der Schule Kastanienstraße sind die Fehlzeiten von Kindern aus Roma-Familien (vgl. Kasten 3) ein Thema. Aber hier scheint der Romanesunterricht zu einer positiven Entwicklung beigetragen zu haben. Der Sozialpädagoge der Schule ist der Überzeugung, dass die Kinder aus Roma-Familien seltener in der Schule fehlen als früher:

„Das Fehlen ist weniger geworden (…), die Schüler kommen jetzt auch freiwillig und gerne in die Schule (…), auch aus Eigenmotivation, und das ist eigentlich so das Beste. (…) Die Kinder schieben die Eltern an, sie wollen in die Schule, sie fordern es ein."

Schulfreude ist in der Beschreibung des Sozialpädagogen das beste Mittel gegen Schulabsentismus. Ausgehend von der Erfahrung, dass der Schulbesuch für Roma-Familien nicht unbedingt einen Wert an sich darstellt, hat es sich die Schule Kastanienstraße zur Aufgabe gemacht, dass Kinder aus Roma-Familien den regelmäßigen Schulbesuch als wertvoll erfahren. Eine Mutter, selbst Romni, sagt im Interview, ihre Kinder hätten die Schule Kastanienstraße lieber besucht als andere Schulen im selben Stadtteil:

„Hier sind die Leute schon gewöhnt an Roma, und da (an den anderen Schulen) sagen sie immer, die Roma und die Sinti machen Ärger."

Herrn Kaminski gelingt es offensichtlich, seinen Kolleginnen und Kollegen die Perspektiven und Interessen der Roma-Familien zu vermitteln. Ein Beispiel dafür sei seiner eigenen Einschätzung nach der besondere Wert der Familie für die meisten Roma. Die Lehrkräfte der Schule Kastanienstraße hätten verstanden, dass der Zusammenhalt der Familie für viele Roma weitaus wichtiger sei als die Belange der Schule. In einem konkreten Fall, als einige Kinder aus einer Roma-Familie längere Zeit unentschuldigt fehlten, war die Erkrankung eines weit entfernt lebenden Verwandten eine für die Klassenlehrerinnen nachvollziehbare

Erklärung; die Familie war mit den Kindern zu dem Verwandten gereist, ohne die Schule zu benachrichtigen.

In der Schule Kastanienstraße nutzen die meisten Lehrkräften den Beitrag des Romaneslehrers zur Verständigung zwischen Roma-Familien und Schule für die eigene Arbeit mit Roma-Kindern, statt ihre ‚Zuständigkeit' für diese Kinder an den Herkunftssprachenlehrer abzugeben. Die Gestaltung sprachlich-kultureller Heterogenität und die Verbesserung der Bildungschancen aller Kinder werden nicht als zusätzliche Aufgabe an spezielle Lehrkräfte delegiert, sondern als Herausforderung für alle regulären schulischen Prozesse begriffen. In die Entwicklung entsprechender Konzepte, z.b. für die sprachliche Bildung oder für den Religionsunterricht, ist das gesamte Kollegium einbezogen. Das Kollegium hat sich für Kooperation als programmatischen Schwerpunkt der Schule entschieden und z.b. durch eine wöchentliche Präsenzzeit am Nachmittag Raum für den Austausch untereinander und die Reflexion der gemeinsamen Arbeit geschaffen. Die ‚Schulkultur der Anerkennung' zeigt sich nicht nur im Umgang mit eingewanderten Minderheiten, sondern auch in der kollegialen Zusammenarbeit (vgl. FÜRSTENAU 2008).

Der Romaneslehrer ist im Kollegium mit einer Autorität ausgestattet, die angesichts seiner strukturellen Benachteiligung als eingewanderter Herkunftssprachenlehrer nicht selbstverständlich ist. In seinem osteuropäischen Herkunftsland hat Herr Kaminski eine Ausbildung als Grundschullehrer absolviert. Trotzdem ist er in Hamburg nur als Honorarkraft angestellt, was in den Worten der Schulleiterin „eine schreckliche Ausbeutung" darstellt. Die Schulleiterin bringt der Tätigkeit des Lehrers große Wertschätzung entgegen und setzt sich bei der Schulbehörde für eine Festanstellung ein.

3   Zusammenfassung

Die Organisation und Durchführung von Unterricht in den Herkunftssprachen eingewanderter Minderheiten birgt für Schulen das Potenzial, sprachlich-kulturelle Heterogenität im Schulleben insgesamt stärker zu berücksichtigen, Verhältnisse der Anerkennung zwischen Angehörigen der Mehrheitsgesellschaft und ethnischen Minderheiten zu verbessern und nicht zuletzt Bildungserfolge von mehrsprachigen Schülerinnen und Schülern zu erleichtern. Das zeigt das in diesem Kapitel skizzierte Beispiel einer Hamburger Grundschule, die Romanesunterricht für Kinder aus Roma-Familien anbietet.

Fragen und Denkanstöße

1. Benennen und diskutieren Sie anhand des Schulbeispiels unterschiedliche Argumente für (und gegen) Herkunftssprachenunterricht für Schülerinnen und Schüler aus sprachlichen Minderheiten. Welche weiteren Argumente fallen Ihnen ein?
2. Welche Bedeutung haben soziokulturelle Kontexte und soziale Hierarchien für den Romanesunterricht? Welche Bedeutung haben soziokulturelle Kontexte und soziale Hierarchien für den Unterricht in anderen Minderheitensprachen? Diskutieren Sie verschiedene Beispiele.
3. Wie beeinflussen strukturelle Rahmenbedingungen und Merkmale der einzelnen Schulen Status und Erfolg von Herkunftssprachenunterricht?
4. Welche Rolle spielen ‚Interkulturelle Kompetenzen' für den Romanesunterricht in dem Schulbeispiel? Diskutieren Sie auf der Grundlage des Kapitels über ‚Interkulturelle Kompetenzen' im Lehrbuch „Migration und schulischer Wandel: Elternbeteiligung" (WESTPHAL 2009).

Literaturverzeichnis

Dikkers , A. E. G. (2007): The education of Roma and Sinti children in Germany: choosing among alternative programmes. In: Bhatti, G./Gaine, C./Gobb, F./Leeman, Y. (Hrsg.): Social justice and intercultural education. An open dialogue. Stoke on Trent/Sterling, S. 169-182.

EUMAP (2002): Monitoring des Minderheitenschutzes in der Europäischen Union: Die Lage der Sinti und Roma in Deutschland. Göttingen.

Fürstenau, S. (2008): Schulqualität im Kontext sprachlich-kultureller Heterogenität. Abschlussbericht für die Deutsche Forschungsgemeinschaft. Hamburg. Zugänglich unter URL http://www.pedocs.de/volltexte/2009/623/

Fürstenau, S./Gogolin, I./Yagmur, K. (Hrsg.) (2003): Mehrsprachigkeit in Hamburg. Ergebnisse einer Sprachenerhebung an den Grundschulen in Hamburg. Münster.

Fürstenau, S./von Redecker, M. (2010): „Hier sind die Leute schon gewöhnt an Roma." Verhältnisse der Anerkennung zwischen Schule und Roma-Familien. In: Mecheril, P./ Dirim, I./Gomolla, M./Hornberg, S./Stojanow, K. (Hrsg.): Spannungsverhältnisse. Assimilationsdiskurse und interkulturell-pädagogische Forschung. Münster u.a., S. 153-171.

KMK (Hrsg., 2002): Bericht „Zuwanderung". Beschluss der Kultusministerkonferenz vom 24.5.2002. [http://www.kmk.org/fileadmin/veroeffentlichungen_beschluesse/2002/2002_05_24-Zuwanderung.pdf]; (Stand: 7.4.2010).

Krause, M. (1989): Verfolgung durch Erziehung. Eine Untersuchung über die jahrhundertelange Kontinuität staatlicher Erziehungsmaßnahmen im Dienste der Vernichtung kultureller Identität von Roma und Sinti. Hamburg.

Lindemann, F. (2005): „Schule muss schmecken!" Ermutigende Erfahrungen junger Roma im deutschen Bildungswesen. Weinheim und Basel.

Matras, Y. (2003): Die Sprache der Roma: Ein historischer Umriss. In: Matras, Y./Winterberg, H./Zimmermann, M. (Hrsg.): Sinti, Roma, Gypsies. Sprache – Geschichte – Gegenwart. Berlin, S. 231-261.

Randjelovič, I. (2007a): „Auf vielen Hochzeiten spielen": Strategien und Orte widerständiger Geschichte(n) und Gegenwart(en) in Roma Communities. In: Ha, K. N./Lauré al Samarai, N./Mysorekar, S. (Hrsg.): Re/visionen. Postkoloniale Perspektiven von People of Color auf Rassismus, Kulturpolitik und Widerstand in Deutschland. Münster, S. 265-279.

Randjelovič, I. (2007b): Diskriminierung von zugewanderten Roma im Bildungssystem. In: Antidiskriminierungsnetzwerk Berlin des Türkischen Bundes in Berlin-Brandenburg (Hrsg.): Sinti und Roma. Bürger/innen unseres Landes. Berlin, S. 26-33.

Redecker, M. von (2007): „Hier sind die Leute schon gewöhnt an Roma." Zwei Fallstudien über Kinder aus Roma-Familien in einer Hamburger Schule. Staatsexamensarbeit. Hamburg.

Thomas, Chr. (2000): Integration durch Achtung und Anerkennung der Differenz: Erfahrungen aus der Praxis im deutschen Bildungssystem. In: Hornberg, S. (Hrsg.): Die Schulsituation der Sinti und Roma in Europa. Frankfurt/M, S. 127-158.

Westphal, M. (2009): Interkulturelle Kompetenzen als Konzept der Zusammenarbeit mit Eltern. In: Fürstenau, S./Gomolla, M. (Hrsg.): Migration und schulischer Wandel: Elternbeteiligung. Wiesbaden, S. 89-105.

Zentralrat Deutscher Sinti und Roma (2006): Ergebnisse der Repräsentativumfrage des Zentralrats Deutscher Sinti und Roma über den Rassismus gegen Sinti und Roma in Deutschland. Verfügbar unter: http://zentralrat.sintiundroma.de/content/downloads/stellungnahmen/UmfrageRassismus06.pdf. (Stand: 21.9.2007)

Zentrum für Antisemitismusforschung der Technischen Universität Berlin (Hrsg.) (2007): Zur Lage von Kindern aus Roma-Familien in Deutschland.

Kapitel 11

Jessica M. Löser

Herkunftssprachen in der Schule.
Eine international vergleichende Perspektive

Durch Migrationsprozesse sind viele Staaten weltweit vor die Herausforderung gestellt, auf eine sprachlich und kulturell heterogene Schülerschaft zu reagieren. Die einschlägige Schul(qualitäts)forschung verdeutlicht, dass Staaten unterschiedlich erfolgreich dabei sind: Insbesondere Deutschland fällt diesbezüglich negativ auf; in Schweden und Kanada erreichen Schülerinnen und Schüler mit Migrationshintergrund, die innerhalb und deren Eltern außerhalb des Aufnahmelandes geboren sind, bessere Leistungsergebnisse, wie die Auswertung der PISA-Daten 2003 durch die OECD (2006) zeigt. Eine Verbesserung der schulischen Inklusion von Kindern und Jugendlichen mit Migrationshintergrund ist im deutschen Kontext dringend notwendig, wie der aktuelle Forschungsstand beispielsweise in Bezug auf die Unterrepräsentation von ausländischen Schülerinnen und Schülern an Gymnasien und der Überrepräsentation an Haupt- und Förderschulen verdeutlicht (vgl. z.B. KORNMANN/KORNMANN 2003; DIEFENBACH 2004; WERNING/LÖSER/URBAN 2008). In diesem Kontext wird vielfach der Umgang mit Herkunftssprachen (häufig auch als Erst- oder Familiensprachen bezeichnet) kontrovers diskutiert (vgl. Kapitel 4 in diesem Lehrbuch). Bisher wird in Deutschland, wo das nationale Selbstverständnis überwiegend an einer ethnisch-kulturellen Homogenität ausgerichtet ist, migrationsbedingte Sprachenvielfalt im bildungspolitischen und schulischen Kontext zumeist als Besonderheit und Ausnahme gesehen (vgl. GOGOLIN 1994; HORNBERG 1999; KRÜGER-POTRATZ 2005 sowie Kapitel 2 und 3). Schweden und Kanada zeigen diesbezüglich einen anderen Umgang.

In diesem Kapitel soll auf Grundlage der Ergebnisse einer qualitativ angelegten Vergleichsstudie (vgl. LÖSER 2009) betrachtet werden, wie in Schweden und Kanada mit migrationsbedingten Herkunftssprachen im schulischen Kontext umgegangen wird.[1] Eine Besonderheit der Bildungspolitiken in beiden Ländern ist beispielsweise, dass sie ein breit ausgebautes Angebot an Herkunftssprachenunterricht bieten; Schweden fällt diesbezüglich im internationalen Vergleich besonders auf (vgl. STEINER-KHAMSI 1992; OECD 2006, S. 10). Im Folgenden wird der Frage nachgegangen, wie neben dem speziellen Unterrichtsangebot der Einbezug der Herkunftssprachen im Regelunterricht in beiden nationalen Kontexten gestaltet wird. Die international vergleichende Perspektive birgt die Chance, sich vom Vorgehen anderer Staaten inspirieren zu lassen und neue Impulse für die Praxis in mehrsprachigen Schulen in Deutschland einzubringen. Dabei ist zu bedenken, dass ein Blick auf andere Staaten zumeist keine ‚fertigen Maßnahmen' mit sich bringt, die ‚einfach so' übertragbar sind (vgl. ALLEMANN-GHIONDA 2002; BMBF 2003; GOMOLLA 2005).

1   Bildungspolitischer und schulischer Umgang mit Mehrsprachigkeit in Schweden

Schweden hat im europäischen Vergleich vergleichsweise spät, und zwar insbesondere nach dem 2. Weltkrieg, eine hohe Anzahl an Migranten und Migrantinnen aufgenommen. Ihr Anteil hat sich seitdem kontinuierlich gesteigert, bis zur höchsten Zuwanderungsquote im Jahr 2005: in dem Jahr wurden 12,4% der Bevölkerung außerhalb Schwedens geboren (vgl. OECD 2007; BARTH/HEIMER/PFEIFFER 2008, S. 105). Die meisten Einwanderinnen und Einwanderer kamen aus Dänemark, Polen und dem Irak (vgl. OECD 2007). Mit der deutlichen Zunahme an Migrantinnen und Migranten wurde in Schweden seit den 1970er Jahren ein politisches Bewusstsein entwickelt, das von der Grundhaltung, Migrantinnen und Migranten sollten sich im Einwanderungsland assimilieren, Abstand nimmt. Dies hat sich auch auf den Umgang mit Sprachenvielfalt ausgewirkt.

KASTEN 1 ▶   Integrationspolitischer Ansatz in Schweden

Zunächst war Schwedens Integrationspolitik an assimilierenden Konzepten orientiert. Es wurde jedoch bereits in den 1970er Jahren mit einer Politik des Multikulturalismus eine neue Richtung eingeschlagen, die die Aufrechterhaltung der Herkunftskulturen und -sprachen positiv bewertete. Diese Orientierung wird an den Prinzipien Gleichheit, Wahlfreiheit und Partnerschaftlichkeit der Einwanderungspolitik deutlich (vgl. REICH 1996, S. 19). Zugewanderten sollen basierend auf dem Prinzip Gleichheit die gleichen Rechte und Pflichten eröffnet werden wie Nicht-Zugewanderten (vgl. ebd.). Dabei soll, wie durch das Prinzip der Partnerschaftlichkeit betont wird, ein kooperatives Zusammenwirken zwischen Menschen mit und ohne Migrationshintegrund ermöglicht werden. Das Prinzip der Wahlfreiheit hat zum Ziel, eine Wahlmöglichkeit zwischen der ‚eigenen' und der ‚schwedischen' Kultur zu schaffen (vgl. ebd.).

1.1 Berücksichtigung der Herkunftssprachen in schwedischen Schulen

Die Förderung der Herkunftssprache und auch die Förderung von Schwedisch als Zweitsprache erhalten vor dem Hintergrund des integrationspolitischen Ansatzes einen hohen Stellenwert im bildungspolitischen und schulischen Kontext Schwedens (vgl. REICH 1996; Skolverket 2005). Die Herkunftssprachen werden nicht nur an vielen Schulen systematisch unterrichtet, sondern darüber hinaus auch vielfach im allgemeinen Unterricht berücksichtigt.

Bereits in den 1960er Jahren hat der Unterricht in der Herkunftssprache an schwedischen Schulen eine zentrale Rolle eingenommen (vgl. REICH 1996, S. 27). Das Jahr 1977 war von der Herkunftssprachenreform geprägt (vgl. a.a.O., S. 20). Es wurde ein breites Angebot an Unterricht in den Herkunftssprachen eröffnet, was jedoch verschiedentlich, z.B. in der politischen Diskussion in den 1980er Jahren, in Frage gestellt wurde. Vor allem kam Kritik am finanziellen Aufwand des Herkunftssprachenunterrichts auf (vgl. a.a.O., S. 27, S. 48; OTTERUP 2004, S. 175). Ähnlich wie im aktuellen Diskurs in Deutschland wurde in Schweden in gesellschaftspolitischen Diskussionen der Frage nachgegangen, ob anstelle des Ausbaus der Herkunftssprache verstärkt der Ausbau von Schwedisch als Zweitsprache vorgenommen werden solle. Als Gegenargumente wurden, so OTTERUP (2004, S. 175), der Nutzen der Erstsprache für den Zweitspracherwerb und die Bedeutung der kulturellen Identität angeführt. Neben dem Einbezug der Herkunftssprache wird an der neunjährigen *grundskola* ein Schwerpunkt auf die Förderung von Schwedisch als Zweitsprache gelegt (vgl. Skolverket 2005). Ein Ziel ist dabei, Schülerinnen und Schüler mit wenigen Schwedischkenntnissen möglichst im regulären Klassenverband zu unterrichten: „Generally speaking, newly arrived pupils are placed in classes with pupils of the same age" (EURYDICE 2003/2004, S. 5).

Im internationalen Vergleich fällt Schweden durch ein vielseitiges Angebot an herkunftssprachlichem Unterricht auf (vgl. OECD 2006, S. 10). Jede Schülerin und jeder Schüler mit einer anderen Herkunftssprache als Schwedisch hat, so das Amt für Schule und Erwachsenenbildung *Skolverket* (2005), an der *grundskola* und am dreijährigen *gymnasium* das Recht auf Unterricht in der Herkunftssprache, wenn eine Gruppe von mindestens fünf Kindern vorhanden ist und eine Lehrperson zur Verfügung steht. Schulen können jedoch auch bei einer kleineren Anzahl von Kindern den Herkunftssprachenunterricht aus ihrem Budget zahlen (vgl. OTTERUP 2004, S. 175).

Der Unterricht in der Herkunftssprache kann an der *grundskola* im Rahmen des „persönlichen Wahlpflichtfachs des Schülers, des Sprachwahlpflichtfachs, des Wahlfachs der Schule oder außerhalb des stundenplangebundenen Unterrichts" (*Skolverket* 2005, o.S.) integriert werden. Es gibt somit verschiedene Möglichkeiten, Unterricht in den Herkunftssprachen anzubieten. Herkunftssprachen werden als gleichwertig zu anderen Sprachwahlpflichtfächern der Schülerschaft anerkannt. Die Schülerinnen und Schüler können folglich mitentscheiden, ob sie eine Herkunftssprache als Sprachwahlpflichtfach, als Zusatzfach außerhalb des stundenplangebundenen Unterrichts oder gar nicht wählen. Die Inhalte im Herkunftssprachenunterricht sollen, so *Skolverket* (2005), die Vermittlung der Herkunftssprache sowie Informationen über den Herkunftsstaat (Kultur und Landeskunde) umfassen. EURYDICE (2003/2004, S. 6) stellt heraus, dass in Schweden für ca. 60 Sprachen Herkunftssprachenunterricht angeboten wird. Von den 16,4% der Kinder und Jugendlichen, die im Schuljahr 2006/07 eine schwedische Schule besuchten und das Recht auf Herkunftssprachenunterricht hatten, hat dies ca. die Hälfte in Anspruch genommen (vgl. BARTH/HEIMER/ PFEIFFER 2008, S. 107).

Neben dem Unterricht in der Herkunftssprache gibt es in Schweden eine zweite Förderungsmöglichkeit, die wiederum im internationalen Vergleich auffällt: Wenn ein Kind zusätzliche sprachliche Unterstützung benötigt, um dem Regelunterricht zu folgen, ist es möglich, so *Skolverket* (2005), dass die Herkunftssprachenlehrkraft dem Kind den Lerninhalt in ausgewählten Unterrichtsfächern in der Herkunftssprache erklärt. Dies eröffnet dem Kind im Zweitspracherwerb innerhalb eines abgesteckten Zeitraums eine strukturierte Unterstützung beim Durchdringen des Lerninhalts in Erst- und Zweitsprache. Die Maßnahme kann sowohl innerhalb als auch außerhalb des Klassenverbandes umgesetzt werden (vgl. REICH 1996, S. 52; *Skolverket* 2005, o.S.). Den Schulen wird damit eine Vielzahl an Möglichkeiten eröffnet, die Herkunftssprache in den schulischen Kontext einzubeziehen. In welcher Form Schulen dies aufgreifen, steht im Folgenden im Zentrum.

1.2 Untersuchungsergebnisse zur Berücksichtigung der Herkunftssprachen im schwedischen Regelunterricht

Im Rahmen der qualitativen Studie von LÖSER (2009)[1] wurden an drei *grundskola* Interviews durchgeführt. Die Lehrkräfte sprechen sich für einen ressourcen-

---

1   Die Studie ist mit Unterstützung des „DAAD Doktorandenstipendiums" entstanden.

orientierten Umgang mit der Sprachenvielfalt aus, z.B. indem sie die Relevanz von Sprachenvielfalt für den Staat Schweden herausstellen. Auch beschreiben sie, dass durch die kulturell und sprachlich zunehmend heterogener werdende Gesellschaft Schwedens aus ihrer Sicht neue Fähigkeiten gefordert würden. Dazu zählen sie z.B. Sprachkompetenzen – auch um mit Menschen in anderen Staaten in Kontakt treten zu können. Eine Lehrerin stellt z.B. heraus:

> „(...) It's fantastic. You have (people who, J.L.) talk in three, four languages and are from other countries. You know, when you're coming from Iraq, you know three, four languages very often (...). All this knowledge in different languages and the behaviour, the culture (...)."[2]

Viele der befragten Lehrpersonen halten die Berücksichtigung und den Ausbau der Kompetenzen in der Herkunftssprache für sinnvoll. Eine Lehrerin betont z.B.:

> „If you look at our goals, the goal (is) in Swedish, which for them (immigrant students, J.L.) is called Swedish as a second language, one of the goals is that you should keep (...) your mother tongue (...). Don't leave your mother tongue language and just (talk) Swedish. So that's actually one of the goals that you should keep it."

Entsprechend wird die vorhandene Sprachenvielfalt nicht zu überwinden, sondern auszubauen versucht. Auch wird die Herkunftssprachenlehrkraft gezielt in den schulischen Inklusionsprozess einbezogen:

> „But for those who are newcomers, we also have a teacher coming here as a teacher who talks the same language as the child, coming here about one, two, or three hours per week to help them with their studies."

Die oben beschriebenen Rahmenbedingungen für den Einbezug der Herkunftssprache werden in den untersuchten Schulen breit genutzt. An einer dieser Schulen wird Kindern mit geringen schwedischen Sprachkenntnissen über die oben genannten Maßnahmen hinaus ermöglicht, dass erwachsene Migrantinnen und Migranten (finanziert durch den Stadtbezirk) sie durch den gesamten Schultag begleiten. Sie übersetzen einem Kind mit wenigen Schwedischkenntnissen den Unterrichtsinhalt in die Herkunftssprache, so dass das Kind die gesamte Zeit im Klassenverband verbringen kann. Auch in der Zusammenarbeit mit Eltern wer-

---

2 Alle hier angeführten Interviewzitate von Lehrpersonen stammen aus der Studie Löser (2009).

den vielfach Übersetzerinnen und Übersetzer hinzugezogen, um eine Transparenz über die schulischen Inhalte zu schaffen. Bei Elternabenden werden häufig die verschiedenen Herkunftssprachen zu berücksichtigen versucht (vgl. LÖSER 2009).

2 Bildungspolitischer und schulischer Umgang mit Mehrsprachigkeit in Kanada

Kanada zählt zu den traditionellen Einwanderungsländern. Entsprechend hoch sind die Einwanderungszahlen. Im Jahr 2005 waren 19,1% der Bevölkerung außerhalb Kanadas geboren (vgl. OECD 2007). Im gleichen Jahr kam der größte Anteil der Migrantinnen und Migranten aus China, von den Philippinen und aus Pakistan (vgl. ebd.; BARTH/HEIMER/PFEIFFER 2008). Auf Grund der hohen Einwanderungszahlen ist Kanada seit Langem mit dem Phänomen der Mehrsprachigkeit in schulischen und gesellschaftlichen Kontexten konfrontiert. Anders als in Deutschland ist nicht das Konzept der Assimilation handlungsleitend. Stattdessen werden das Miteinander und gemeinsame Feiern von Sprachen- und Kulturenvielfalt als wesentliche Bestandteile der kanadischen Gesellschaft beschrieben (vgl. GEISSLER 2003).

KASTEN 2 ▶ Integrationspolitischer Ansatz in Kanada
Zu Beginn des 20. Jahrhunderts waren in Kanada zunächst assimilierende Konzepte zu finden. Seit 1971 besteht jedoch die Politik des Multikulturalismus. Im Rahmen der Politik des Multikulturalismus wird die vorhandene Kulturenvielfalt nicht zu überwinden versucht (vgl. GEISSLER 2003; HORMEL/SCHERR 2005). Im Gegenteil, die Gestaltung von Curricula und Schulen soll sich an der Pluralität der Gesellschaft orientieren; die communities werden bewusst in die schulische Arbeit einbezogen (vgl. HORMEL/SCHERR 2005). Um auf die sprachliche Vielfalt zu reagieren, werden vielfach Unterrichtsangebote in den Einwanderungssprachen der community eröffnet (vgl. ebd.). Grundsätzlich wird die Vielfalt als Chance für die kanadische Gesellschaft verstanden (vgl. GEISSLER 2003). Differenzen können so aus der Perspektive der Ressource wahrgenommen werden. In diesem Zusammenhang stellt die Sprachenvielfalt einen wichtigen Bestandteil des kanadischen Nationalverständnisses dar (vgl. STEINER-KHAMSI 1992; HORMEL/SCHERR 2005; LÖSER 2009).

2.1 Berücksichtigung der Herkunftssprachen an kanadischen Schulen

Die schulische Förderung von Herkunftssprachen ist im kanadischen Kontext in die Politik des Multikulturalismus eingebettet (vgl. STEINER-KHAMSI 1992, S. 132f). „Offiziell wird in Kanada der Spracherhalt und die Sprachenvielfalt als Teil des Multikulturalismuskonzeptes (…) gefördert" (HÖRNER/WERLER 2007, S. 122). Am Beispiel der Provinz Ontario, welche den größten Anteil der ankommenden Einwandererschaft aufnimmt, wird im Folgenden dargestellt, wie bildungspolitisch in dieser Provinz auf die heterogene Schülerschaft reagiert wird (vgl. ebd.). In der Provinz Ontario wird der herkunftssprachliche Unterricht seit 1977 angeboten (vgl. FEUERVERGER 1997, S. 39). Eine Analyse der aktuellen Situation ergibt, dass ‚Mehrsprachigkeit' im Rahmen bildungspolitischer und vieler schulischer Konzepte eine wichtige Stellung einnimmt. So betont das *Ontario Ministry of Education* (2001, S. 7) beispielsweise: „(…) research indicates that students benefit academically, socially, and emotionally when they are encouraged to develop and maintain proficiency in their first language". Das Ministerium stellt ferner fest, dass die Erstsprache des Kindes für den Erwerb weiterer Sprachen sinnvoll sei. Im Jahr 1990 übten jedoch die kanadischen Autoren CUMMINS und DANESI (1990) in Bezug auf den Umgang mit Herkunftssprachen dahingehend Kritik, dass der Herkunftssprachenunterricht noch nicht genügend ausgebaut sei und der gezielte Einbezug der Herkunftssprachen in den Regelunterricht stärker vorgenommen werden solle.

In der internationalen Literatur wird der kanadische Umgang mit Herkunftssprachen demgegenüber vielfach positiv hervorgehoben. Das deutsche Bundesministerium für Bildung und Forschung (BMBF) stellt heraus, dass an vielen kanadischen Schulen bereits vom *kindergarten* bis einschließlich der *high school* ein Unterrichtsangebot zur Förderung der Herkunftssprachen vorhanden ist (vgl. BMBF 2003, S. 45f). Hervorgehoben wird in der Literatur ebenfalls, dass der Unterricht in der Herkunftssprache „nicht als Übergangsprogramm für die schnellere Integration, sondern als Bereicherungsprogramm, auch für die Kinder der zweiten und dritten Generation" (HÖRNER/WERLER 2007, S. 129) verstanden wird. So betonen auch BARTH, HEIMER und PFEIFFER (2008, S. 90), dass es neben dem Angebot an Herkunftssprachenunterricht bilinguale Lernmaterialien in ca. 20 Herkunftssprachen gibt.

Herauszustellen ist zudem, dass Kinder mit Migrationshintergrund auf verschiedenen Ebenen Unterstützungen erhalten, um sich in einer kanadischen Schule zurechtfinden zu können. In Ontario gibt es beispielsweise eine breit ausgebaute Förderung von Englisch als Zweitsprache (vgl. z.B. *Ontario Ministry of Education* 2001). Auf der schulischen Ebene wird sich demnach an einer pluralen Schülerschaft zu orientieren versucht. Dabei werden nicht nur die Kinder, sondern auch die Eltern wahrgenommen und angesprochen. Zum Beispiel werden Elterngespräche vielfach mit Übersetzerinnen und Übersetzern geführt. Außerdem werden unterstützende Maßnahmen zur Vermittlung zwischen dem Elternhaus, der Institution Schule und der Mehrheitsgesellschaft bereitgestellt, um so den Eltern mit Migrationshintergrund Hilfestellungen bei der gesellschaftlichen Integration zu eröffnen. Als Beispiel kann der Settlement Worker in School genannt werden (vgl. *Ontario Council of Agencies Serving Immigrants* 2003; 2005; LÖSER 2008). *Settlement Worker* gehören zum externen Fachpersonal an einigen Schulen in Ontario. Sie sind in ausgewählten Städten der Provinz Ontario (z.B. Toronto) anzutreffen und übernehmen die Aufgabe, frühzeitig mit neu zugewanderten Familien in Kontakt zu treten und sie zu unterstützen. Die *Settlement Worker* übernehmen eine Vermittlerrolle zwischen Schule und Familie – hilfreich ist vor allem, dass sie zumeist viele Sprachen der Einwandererschaft sprechen (vgl. *Ontario Council of Agencies Serving Immigrants* 2005; LÖSER 2008).

2.2 Untersuchungsergebnisse zur Berücksichtigung der Herkunftssprachen im kanadischen Regelunterricht

Die Sichtweisen von Lehrpersonen an drei ausgewählten kanadischen Grundschulen aus der Studie LÖSERS (2009), die ihren bildungspraktischen Umgang mit der Sprachenvielfalt beschreiben, bestätigen den hohen Stellenwert der Herkunftssprachen in kanadischen Schulen. Die Lehrkräfte betonen in den Interviews u.a., dass in ihrem schulischen Kontext das Sprechen der Herkunftssprache erwünscht sei und sie die Kinder aufforderten, ihre Sprachen zu gebrauchen und auszubauen. So hebt eine Lehrkraft hervor:

„And for everybody in the classroom to know that this (speaking another language, J.L.) is great. That the expectation doesn't need to be that they have to speak English all of the time."

Es wird eine klare Orientierung an Sprachenvielfalt als Ressource beschrieben. Die Ressourcenorientierung begründet sich aus Sicht der Lehrpersonen darin, dass die Herkunftssprache für den persönlichen und familiären Gebrauch sowie für spätere berufliche Chancen hilfreich sei. Entsprechend betont eine andere Lehrkraft:

„(...) Speaking another language should be celebrated (...). Those students at the end of their academic career in public school can speak English, French, and their first language. That's an amazing asset."

Im Unterricht wird die Herkunftssprache u.a. gezielt als Hilfe zur schulischen Inklusion der Kinder mit Migrationshintergrund einbezogen. Kinder können beispielsweise in ihren Herkunftssprachen Aufgaben lösen und sie anschließend ins Englische übersetzen; auch wenn sie bereits gute Kenntnisse in der Schulsprache haben. Eine Lehrkraft stellt heraus:

> „(…) I don't read Korean, but I encourage them to do that, and then he (a Korean speaking pupil, J.L.) translated (this) in English."

Die in den Interviews zum Ausdruck gebrachte pluralistische Grundhaltung, die eine ressourcenorientierte Sichtweise auf Mehrsprachigkeit mit sich bringt, stellt insgesamt einen Konsens zwischen den interviewten Lehrkräften dar (vgl. LÖSER 2009).

3   Zusammenfassung

Sowohl in Schweden als auch in Kanada wird den Herkunftssprachen von Migrantinnen und Migranten im bildungspolitischen und schulischen Kontext ein hoher Stellenwert zugesprochen. In beiden Ländern existiert ein breites Angebot an herkunftssprachlichem Unterricht. In beiden Ländern werden Herkunftssprachen darüber hinaus dafür genutzt, dass mehrsprachige Kinder sich in den Schulalltag einleben und dem regulären Unterrichtsinhalt besser folgen können. Anstatt ausschließlich die Mehrheitssprache (Schwedisch oder Englisch) zu fokussieren, werden den Kindern Möglichkeiten eröffnet, die von Haus aus mitgebrachten Sprachen als Ressource in die Schule einzubringen. Die Herkunftssprache wird somit als schulische Inklusionshilfe in Schweden und Kanada als bedeutsam erachtet und in den Schulen systematisch genutzt. Der ressourcenorientierte Umgang mit Herkunftssprachen ist im kanadischen und schwedischen Kontext auch deshalb erfolgversprechend, weil er eng mit der Zweitsprachförderung verzahnt ist. Strukturierte Förderprogramme für die Zweitsprache bei gleichzeitiger multilingualer Förderung scheinen in beiden Staaten hilfreich für eine gelingende Förderung von Kindern mit wenigen Kenntnissen in der Schulsprache zu sein. Herauszustellen ist, dass der Umgang mit mehrsprachigen Kindern in Schweden und Kanada nicht nur durch die individuellen Einstellungen und Handlungsansätze einzelner Lehrpersonen, sondern auch durch die für Kinder und Lehrpersonen zur Verfügung gestellten Unterstützungssysteme geprägt ist; ein Beispiel ist dafür die institutionalisierte Zusammenarbeit mit Übersetzerinnen und Übersetzern sowie dem kanadischen *Settlement Worker*. Insgesamt veranschaulichen die Formen der Berücksichtigung von Mehrsprachigkeit in Schulen in Kanada und Schweden, dass es möglich und erfolgsversprechend ist, Herkunftssprachen als Inklusionshilfen zu nutzen.

Fragen und Denkanstöße

1. Sammeln Sie konkrete Beispiele, wie ein gezielter Einbezug von Herkunftssprachen in den Regelunterricht vorgenommen werden kann. Welche unterschiedlichen Ziele werden mit den unterschiedlichen Strategien verbunden? Wie bewerten Sie die unterschiedlichen Ansätze?
2. Auf welche Barrieren können Lehrerkollegien stoßen, wenn sie den Einbezug von Herkunftssprachen an deutschen Schulen institutionalisieren möchten?

Literaturempfehlungen

REICH, H. H. (1996): Hemspråksundervisning. Herkunftssprachenunterricht in Schweden. Münster.

Das sehr detaillierte und systematisch sehr gut aufbereitete Buch von REICH ermöglicht einen vertieften Einblick in den Herkunftssprachenunterricht an schwedischen Schulen aus einer historischen Perspektive. In dem Buch werden Prinzipien der Einwanderungspolitik mit dem bildungspolitischen Handeln zusammengebracht und die historischen Entwicklungsschritte aufgezeigt. Davon ausgehend werden verschiedene Phasen der Bildungspolitik in Bezug auf Kinder mit Migrationshintergrund vorgestellt. Der Herkunftssprachenunterricht und seine Bedingungen (auch in Bezug auf die Ausbildung der Lehrkräfte) werden detailliert präsentiert und ein vertiefter Einblick eröffnet. Dies geschieht auf Basis ausgewählter politischer Dokumente, Unterrichtsprotokolle und Unterrichtsnotizen.

HORMEL, U./SCHERR, A. (2005): Bildung für die Einwanderungsgesellschaft. Wiesbaden.

Die Studie ermöglicht einen sehr guten Einblick in die aktuelle Situation Kanadas. In der Studie wird die kanadische bildungspolitische Situation von Kindern mit Migrationshintergrund im Kontext der gesellschaftlichen Integrationspolitik gesehen. Spannend ist dabei der Transfer zu Aspekten der Schulentwicklung. In dem Buch von HORMEL und SCHEER wird ein umfassender Einblick in die schulischen Bedingungen einer multikulturellen Gesellschaft eröffnet.

Literaturverzeichnis

Allemann-Ghionda, C. (2002): Schule, Bildung und Pluralität: sechs Fallstudien im europäischen Vergleich. Bern.

Barth, H. J./Heimer, A./Pfeiffer, I. (2008): Integration durch Bildung – Best Practices aus zehn Ländern. In: Bertelsmann Stiftung (Hrsg.): Integration braucht faire Bildungschancen. Gütersloh, S. 69-132.

BMBF Bundesministerium für Bildung und Forschung (Hrsg.) (2003): Vertiefender Vergleich der Schulsysteme ausgewählter PISA-Staaten. Berlin.

Cummins, J./Danesi, M. (1990): Heritage Languages. The development and denial of Canada's linguistic resources. Montreal.

Diefenbach, H. (2004): Bildungschancen und Bildungs(miss)erfolg von ausländischen Schülern oder Schülern aus Migrantenfamilien im System schulischer Bildung. In: Becker, R./Lauterbach, W. (Hrsg.): Bildung als Privileg? Wiesbaden, S. 217-241.

Eurydice (2003/2004): Integrating immigrant children into schools in Europe. Sweden. (http://www.mszs.si/eurydice/pub/eurydice/migranti/Sweden.pdf, download vom 02.05.2009).

Feuerverger, G. (1997): „On the edges of the Map": A study of Heritage Language teachers in Toronto. In: Teaching and Teacher Education, 13., 1, S. 39-53.

Geißler, R. (2003): Multikulturalismus in Kanada – Modell für Deutschland? In: Aus Politik und Zeitgeschichte B 26, S. 19-25.

Gogolin, I. (1994): Der monolinguale Habitus der multilingualen Schule. Münster.

Gomolla, M. (2005): Schulentwicklung in der Einwanderungsgesellschaft: Strategien gegen institutionelle Diskriminierung in England, Deutschland und in der Schweiz. Münster.

Hörner, W./Werler, T. (2007): Schulische Bildung im sozioökonomischen Kontext - Migration als Schlüsselfrage. In: Arbeitsgruppe Internationale Vergleichsstudie (Hrsg.): Schulleistungen und Steuerung des Schulsystems im Bundesstaat. Kanada und Deutschland im Vergleich. Münster, S. 121-140.

Hormel, U./Scherr, A. (2005): Bildung für die Einwanderungsgesellschaft. Wiesbaden.

Hornberg, S. (1999): Europäische Gemeinschaft und multikulturelle Gesellschaft: Anspruch und Wirklichkeit europäischer Bildungspolitik und -praxis. Frankfurt am Main.

Krüger-Potratz, M. (2005): Interkulturelle Bildung. Eine Einführung. Münster.

Kornmann, R./Kornmann, A. (2003): Erneuter Anstieg der Überrepräsentation ausländischer Kinder in Schulen für Lernbehinderte. In: Zeitschrift für Heilpädagogik, 54., S. 286-289.

Löser, J.M. (2008): Der „Settlement Worker in School" – Ein kanadisches Unterstützungsmodell für Familien mit Migrationshintergrund. In: Dirim, İ. et al. (Hrsg.): Ethnische Vielfalt und Mehrsprachigkeit an Schulen – Beispiele aus verschiedenen nationalen Kontexten. Frankfurt am Main, S. 55-65.

Löser, J.M. (2009): Schulischer Umgang mit kultureller und sprachlicher Heterogenität – Fallstudien im internationalen Vergleich. Dissertation. Leibniz Universität Hannover.

OECD (2006): Where Immigrant Students Succeed. Paris.

213

OECD (2007): International Migration Outlook. SOPEMI 2007 Edition. Paris.

Ontario Ministry of Education (2001): English as a Second Language and English Literacy Development. A Resource Guide. Ontario.

Ontario Council of Agencies Serving Immigrants (2003): Best Practices for School Settlement Workers. (http://atwork.settlement.org/downloads/atwork/Best_ Practices_ School_Settlement_Workers_final.pdf; download vom 22.02.2009).

Ontario Council of Agencies Serving Immigrants (2005): Settlement Workers in Schools (SWIS) – background information. (http://atwork.settlement.org/sys/ atwork_library_detail.asp?doc_id=1003365, download vom 28.08.2007).

Otterup, T. (2004): Sweden as a multilingual and multicultural nation. In: Luchtenberg, S. (Hrsg.): Migration, Education and Change. London, S. 167-185.

Reich, H. H. (1996): Hemspråksundervisning. Herkunftssprachenunterricht in Schweden. Münster.

Skolverket (2005): Unterricht für Schüler mit ausländischem Hintergrund und für nationale Minderheiten. (http://www.skolverket.se/sb/d/375/a/1991; download vom 05.06.2009).

Steiner-Khamsi, G. (1992): Multikulturelle Bildungspolitik in der Postmoderne. Opladen.

Werning, R./Löser, J.M./Urban, M. (2008): Cultural and Social Diversity: An Analysis of Minority Groups in German Schools. In: The Journal of Special Education, 42., S. 47-54.

Verzeichnis der Autorinnen

Mechthild DEHN, Dr. phil., emeritierte Professorin der Erziehungswissenschaft u.b.B. der Didaktik der deutschen Sprache und Literatur an der Universität Hamburg. Arbeitsschwerpunkte: Schriftspracherwerb im Kontext von Heterogenität, Lernschwierigkeiten, Textschreiben und Rechtschreiben, ästhetische Aspekte sprachlichen Lernens.

İnci DIRIM, Dr. phil., Professorin für Deutsch als Zweitsprache am Institut für Germanistik der Universität Wien. Arbeitsschwerpunkte: Erwerb und Gebrauch des Deutschen als Zweitsprache, gesellschaftliche Mehrsprachigkeit, bilinguale und interkulturelle Bildung und Kommunikation.

Marion DÖLL, Dipl.-Päd., Senior Scientist am Zentrum für Sprachstandsdiagnostik am Institut für Germanistik der Universität Wien. Arbeitsschwerpunkte: Sprachstandsdiagnostik, Erwerb und Gebrauch des Deutschen als Zweitsprache, Mehrsprachigkeit und bilinguale Erziehung in der multilingualen Gesellschaft.

Sara FÜRSTENAU, Dr. phil., Professorin an der Westfälischen Wilhelms-Universität Münster. Arbeitsschwerpunkte: Interkulturelle Bildung, transnationale Bildungslaufbahnen, Mehrsprachigkeit und sprachliche Bildung, Schul- und Unterrichtsentwicklung im Kontext sprachlich-kultureller Heterogenität.

Isabella GALLING, Lehramtsstudentin an der Universität Hamburg. Studienschwerpunkte: Schul- und Unterrichtsentwicklung im Kontext sprachlich-kultureller Heterogenität.

Ingrid GOGOLIN, Dr. phil., ist Professorin am Institut für International und Interkulturell Vergleichende Erziehungswissenschaft der Universität Hamburg. Arbeitsschwerpunkte: Migration und ihre Folgen für Bildung und Erziehung, Zwei- und Mehrsprachigkeit, international vergleichende Bildungsforschung, interkulturelle Pädagogik.

Mechtild GOMOLLA, Dr. phil., Professorin an der Helmut-Schmidt-Universität – Universität der Bundeswehr Hamburg, Arbeitsschwerpunkte: Bildungsprozesse unter Bedingungen von Migration, Bildungs(miss)erfolg von Kindern und

Jugendlichen mit Migrationshintergrund, Unterrichts- und Schulentwicklung im heterogenen Umfeld, Bildung und Demokratie, Schule als öffentlicher Bildungs- und Erziehungsraum.

Britta HAWIGHORST, Lehrerin in Hamburg, bis vor kurzem wissenschaftliche Mitarbeiterin im Modellprogramm FÖRMIG (Förderung von Kindern und Jugendlichen mit Migrationshintergrund) an der Universität Hamburg, Fachbereich Erziehungswissenschaft. Arbeitsschwerpunkte: Familiale Sozialisation im Kontext von Migration, Kooperation von Schule und Eltern, Schulische Sprachbildung.

Marianne KRÜGER-POTRATZ, Dr. paed., Seniorprofessorin für Vergleichende Erziehungswissenschaft und Interkulturelle Pädagogik an der Westfälischen Wilhelms-Universität Münster. Arbeitsschwerpunkte: Interkulturelle Bildung, Schule in der Einwanderungsgesellschaft, historische Minderheitenbildungsforschung.

Imke LANGE, M.A., wissenschaftliche Mitarbeiterin am Institut für Erziehungswissenschaft der Westfälischen Wilhelms-Universität Münster. Arbeitsschwerpunkte: Sprachliche Bildung, Unterricht in sprachlich-kulturell heterogenen Klassen, Schreibdidaktik.

Jessica M. LÖSER, derzeit Anwärterin für das Lehramt für Sonderpädagogik, bis vor kurzem wissenschaftliche Mitarbeiterin am Institut für Sonderpädagogik an der Leibniz Universität Hannover. Arbeitsschwerpunkte: International Vergleichende Erziehungswissenschaft und Sonderpädagogik, Inklusionspädagogik und Interkulturelle Bildung.

Ursula NEUMANN, Dr. phil., Professorin am Institut für International und Interkulturell Vergleichende Erziehungswissenschaft an der Universität Hamburg. Arbeitsschwerpunkte: Interkulturelle Bildung, bilinguale Erziehung, Sozialisation unter Migrationsbedingungen, Integrationspolitik, interreligiöse Fragen.

Heike NIEDRIG, Dr. phil., zurzeit Professurvertretung am Institut für International und Interkulturell Vergleichende Erziehungswissenschaft an der Universität Hamburg. Arbeitsschwerpunkte: Interkulturelle Bildung, Migration und Mehrsprachigkeit, transnationale Migration, Bildung im Kontext von Flucht und Asyl, Bildungspolitik in Südafrika.